▲ 图 2-1 线刻画陶拍，龙山文化（距今 4600~4000年），山东青州博物馆藏

▲ 图 2-2 陶塑雕题纹面人头像，蚌埠双墩遗址出土（距今约 7300 年），蚌埠市博物馆藏

▲ 图 3-1 形制及纹饰相同的三件铜鼎及其铭文（1. 荆子鼎；2. 燕侯旨鼎；3. 臣高鼎）

◀ 图4-1　太后匜鼎，沿口刻有"铸客为太后脰官为之"的铭文，安徽省博物馆藏

◀ 图5-1　孙氏阙画像，东汉，莒南蓝墩村出土，山东省石刻艺术博物馆藏

▲ 图 5-2　汉中山王内府铜锎及铭文，河北省博物
　　　　　馆藏

▲ 图 5-3　"张氏作竟佳且好"铭六乳瑞兽画像镜，
　　　　　东汉

▲ 图 5-4　"汉幽州书佐秦君之神道"石阙，首都博物馆藏

▲ 图 6-1　褚遂良临王献之《飞鸟帖》，台北故宫博物院藏

▲ 图 7-1　唐阎立本《萧翼赚兰亭》，台北故宫博物院藏

▲ 图 7-2　五代顾闳中《韩熙载夜宴图》，故宫博物院藏

▲ 图 7-4　敦煌莫高窟 45 窟，《胡商遇盗》

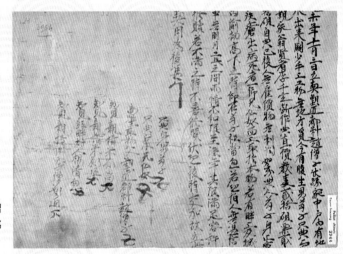

▶ 图 7-3　敦煌遗书《赵僧子典儿契》，巴黎国家图书馆藏

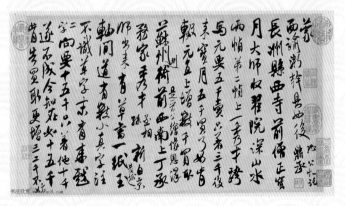

▶ 图 8-2　米芾《面谕帖》，翰牍九帖之一，台北故宫博物院藏

▲ 图 8-3　山西高平开化寺《报恩经》壁画（局部），
　　北宋

▶ 图 8-4　"丁都赛"戏剧砖雕，北宋，河南偃师出土，
国家博物馆藏

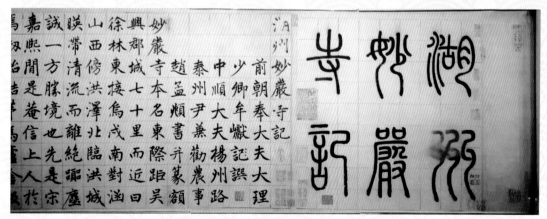

▲ 图 9-1　赵孟頫所书《湖州妙严寺记》，美国普林斯顿大学博物馆藏

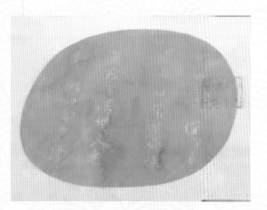

▲ 图9-2 山西省洪洞县明应王殿的元代壁画"大行散乐忠都秀在此作场"

▲ 图10-1 明鲁王墓出土宋高宗题跋《秋葵蛱蝶扇面》，绢本，山东省博物馆藏

▲ 图11-1 延禧宫烫样，故宫博物院藏

▲ 图11-2 清升平署艺人进宫腰牌，故宫博物院藏

▲ 图 11-4　十三行著名的庭呱画店场景（约 1830 年）

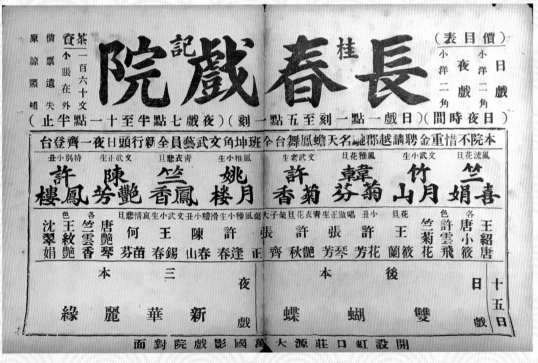

▲ 图 12-1　民国桂记"长春戏院"戏单

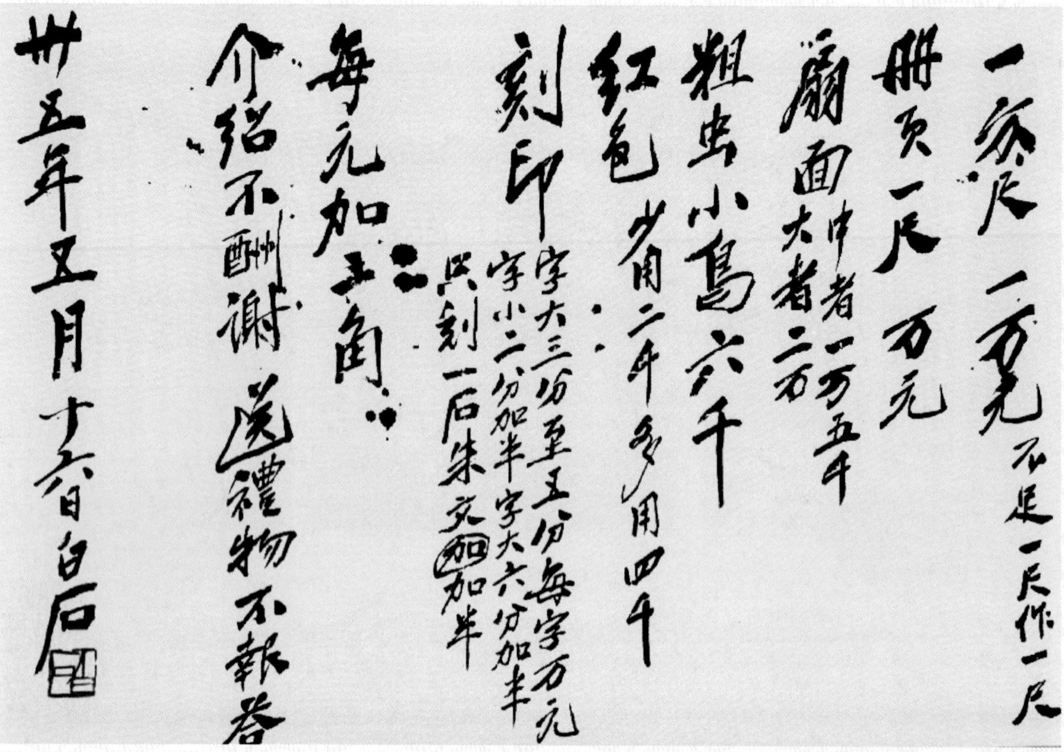

一尺一万元 不足一尺作一尺

册页一尺一万元

扇面中者二万五千大者二万

粗虫小鸟六千

红苞少用二千多用四千

刻印字大三分至五分每字一万元 字小二分加半字大六分加半 另刻一石朱文加半

每元加五角

介绍不酬谢 凡礼物不报答

卅五年五月 齐白石

▲ 图 12-2　齐白石润格（1946 年订立）

▲ 图 13-4　2004 年首届深圳国际文化产业博览会开幕（新闻图片）

普通高等院校文化产业管理系列教材

中国文化产业发展史

李向民◎著

清华大学出版社

北京

内 容 简 介

本书在内容安排上,共分为十三章,从原始社会的艺术起源中的经济因素开始,依据历史朝代交替的脉络,以艺术赞助的视角切入,梳理并分析文化产业各个阶段的发展情况,研究文化产品从古至今的生产、交换与消费,分析皇室赞助、私家赞助、公众赞助在各个阶段相关文化产业行业所发生的影响,总结归纳中国文化产业发展的规律。

本书适合文化产业相关专业的本科及以上学生阅读,有利于本专业学生建构学科基础知识框架体系。其他读者也可通过本书较为系统地了解中国文化产业发展的来龙去脉及相关特征。

图书在版编目(CIP)数据

中国文化产业发展史 / 李向民著. 一北京:清华大学出版社,2022.3

普通高等院校文化产业管理系列教材

ISBN 978-7-302-60279-8

Ⅰ. ①中… Ⅱ. ①李… Ⅲ. ①文化产业－产业发展－中国－高等学校－教材 Ⅳ. ①G124

中国版本图书馆 CIP 数据核字(2022)第 038383 号

责任编辑:杜春杰
封面设计:刘　超
版式设计:楠竹文化
责任校对:马军令
责任印制:丛怀宇

出版发行:清华大学出版社
　　　　网　　　址:http://www.tup.com.cn,http://www.wqbook.com
　　　　地　　　址:北京清华大学学研大厦 A 座　　　　邮　　编:100084
　　　　社 总 机:010-83470000　　　　邮　　购:010-62786544
　　　　投稿与读者服务:010-62776969,c-service@tup.tsinghua.edu.cn
　　　　质量反馈:010-62772015,zhiliang@tup.tsinghua.edu.cn
印 刷 者:北京富博印刷有限公司
装 订 者:北京市密云县京文制本装订厂
经　　销:全国新华书店
开　　本:185mm×260mm　　印　　张:14.75　　插　　页:5　　字　　数:349 千字
版　　次:2022 年 3 月第 1 版　　　　印　　次:2022 年 3 月第 1 次印刷
定　　价:59.80 元

产品编号:083832-01

普通高等院校文化产业管理系列教材
丛书编委会

丛书主编： 李向民

丛书副主编（按姓名拼音排序）：
陈少峰　范　周　傅才武　顾　江　姜　生　李凤亮
李　炎　祁述裕　单世联　魏鹏举　向　勇　尹　鸿

丛书编委（按姓名拼音排序）：

车文明	山西师范大学
陈　斌	厦门大学
陈　波	武汉大学
陈少峰	北京大学
戴伟辉	复旦大学
丁　方	中国人民大学
董泽平	台湾师范大学
范　周	中国传媒大学
傅才武	武汉大学
顾　江	南京大学
皇甫晓涛	北京交通大学
贾磊磊	中国艺术研究院
贾旭东	中国社会科学院
姜　生	四川大学
李凤亮	南方科技大学
李康化	上海交通大学
李向民	南京艺术学院
李　炎	云南大学
祁述裕	中共中央党校（国家行政学院）
单世联	上海交通大学
王　晨	南京艺术学院
魏鹏举	中央财经大学
吴承忠	对外经济贸易大学
向　勇	北京大学
尹　鸿	清华大学
张胜冰	中国海洋大学
张振鹏	深圳大学

总　序

党的十九大报告首次提出："中国特色社会主义进入新时代，我国社会主要矛盾已经转化为人民日益增长的美好生活需要和不平衡不充分的发展之间的矛盾。"这是具有里程碑意义的一个重大判断，从经济学上来说，是重新定义了财富的概念，对"美"和"好"的诉求变得前所未有的重要。

美好生活建立在生活美学的观念之上，这是社会生产力高度发达后呈现出来的一种全新的生存状态。文化将回归本质，将普照社会生活的每个角落。产业的文化化将是大势所趋。这是全新的精神经济时代，文化在经济生活中将拥有前所未有的重要地位。

在此前的几十年中，中国社会的进步更多体现在文化的产业化方面。从广州白天鹅宾馆的音乐茶座开始，"文化产业"这颗种子从20世纪70年代末破土而出，历经各种障碍，最终长成伟岸的大树和茂密的森林。我们都是亲历者和见证者。

也正因为此，很多人以为，文化产业是最近几十年的事，并且将文化产业的学术源头追溯到法兰克福学派。的确，法兰克福学派最早从学理上分析了cultural industries（文化工业、文化产业）这一概念。但他们对文化产业的研究是从哲学层面、从文化批判的角度进行的，并没有研究文化产业自身的产业特性。这与我们今天所要从事的研究并没有太大的关系。

其实，从更广阔的历史维度看，中国的文化产业化，或者是产业化的文化，拥有非常悠久的历史。从新石器时代的大规模玉器雕琢、交易，青铜器生产的全流程管理，到周代对艺术品市场的管理，再到汉唐的碑铭市场，宋代的瓦肆勾栏，元代的杂剧和青花瓷，明代的小说出版，清代的绘画市场和京剧戏园，直到民国的电影，等等，无一不是文化产业的生动例证。这一切，也为我们今天理解和分析文化产业提供了重要的历史依据和文化自信。

在很长一段时期内，我们对文化产业、文化经济的研究都是严重滞后的。1987年，钱学森在谈到精神经济理论时说过这么一段话："这个大问题，我国经济学家也出不了多少力，他们也没有研究过。还望有志于此的同志继续努力！"

进入21世纪以来，中国的文化产业研究者们从文学、艺术、经济、历史、伦理、社会学，以及哲学的角度，对文化产业问题进行了分析和解读，为推动国家的文化产业发展，推动相关学科建设发挥了重大作用。

但总体看，文化产业的理论研究落后于如火如荼的产业实践，相关研究也大多局限在政策研究和规划的层面。加上研究者不同的专业背景，文化产业研究难以形成最大公约数。也正因为此，文化产业作为学科的面目并不清晰。目前将文化产业管理作为二级学科归入工商管理的一级学科之下，只能说是权宜之计、无奈之举。

学科认知上的错位，反映了理论的贫瘠。缺乏理论的学科是肤浅的，更不用说在其上构建学术殿堂。正是学科定位上的不确定性和诸多专家五花八门的专业话语，给人一种文化产业管理是一个没有门槛的学科的错觉。但是，文化产业管理并不是一个不需要工具的学科。我们需要整合大家的理论贡献，并且凝聚共识，打造文化产业理论的中国学派。

从21世纪初国内开始有高校开设文化产业相关本科专业以来，发展到现在全国已经有上百所高校开设了文化产业管理专业，涵盖专科、本科、研究生等全部教育层次。此前，北京大学、上海交通大学等高校也先后组织出版了相应的文化产业系列教材，这些教材为推动专业建设和学科建设发挥了积极作用。同时，由于各高校开设的文化产业管理专业的学科归属千差万别，一定程度上存在着老师会什么就教什么，而不是根据专业需要，设置基础课、专业基础课和专业课。这既不利于文化产业管理专业的标准化和规范化，也不利于培养符合社会需要的合格的文化产业人才。当然，这也并不是一所学校、一位教师所能解决的。

应当看到，经过30余年的探索，尤其是近20年政策和实践的推动，以及20余年持续不断的人才培养，文化产业学科已经聚集了大量的从业者。教学科研队伍也因为专业多样性而显示出新文科和交叉学科的特点。我们对中国文化产业研究中所涉及的问题、提出的观点也是有价值的，对中国产业发展做出了重要的理论贡献。对此我们充满信心。

2017年，中国艺术学理论学会中国文化产业管理专业委员会成立，这是我国文化产业学科第一个全国性的学术组织，发起单位包括北京大学、清华大学、中国人民大学、复旦大学、上海交通大学、南京大学、武汉大学、厦门大学、四川大学、云南大学、中国传媒大学、中央财经大学、中国海洋大学、深圳大学、南京艺术学院等高校和国家行政学院，聚集了国内研究文化产业最活跃、最有影响力的专家学者，代表了从事文化产业教学和科研的主流力量。中国文化产业管理专业委员会成立后，大家一方面致力于推动文化产业的学科建设和智库建设，一方面致力于推动文化产业管理的专业建设，希望能够联合起来，形成一些较为规范和成熟的本科专业教材。

在这样的动议下，中国文化产业管理专业委员会成立了由会长、副会长及常务理事组成的教材编纂委员会，负责教材的遴选和把关。教材建设拟分步实施，成熟一本出版一本。计划通过几年的努力，完成30本左右的规范教材，推荐给全国的文化产业管理专业的教师和同学们。

在教材的编写中，我们坚持马克思主义的立场、观点和方法，博采众家之长，反映课程思政的最新成果。随着全面建成小康社会第一个百年目标的实现，我国开启了全面建设社会主义现代化强国的新征程，高质量发展成为社会的最强音。文化经济和文化产业发展任重道远。我们将以习近平新时代中国特色社会主义思想为指南，以生动宏伟的文化产业实践为归依，努力编撰出反映文化产业学科特点和水平的系列教材。

还望同行们共同努力！

李向民

2021年6月于南京

目　　录

第一章

导 论

 **学习目标**

通过对本章的学习，学生应了解或掌握如下内容：

1. 明确文化产业史的研究对象；
2. 了解文化产业史的研究方法和史料来源；
3. 了解文化产业史的基本结构；
4. 了解文化产业史的结论。

 导言

在很多人的印象里，文化产业是西方工业革命的产物，是典型的舶来品。因为直到20世纪三四十年代，德国的法兰克福学派才使用"文化产业"这个概念进行文化批判①。而中国出现文化产业是在改革开放以后，甚至直到21世纪初，党的文献中才正式提及"文化产业"，因此，在很多人眼里，中国文化产业是一个新生事物。

但如果我们撇开文化产业的表象，研究其本质，就会发现中国历史上有大量似曾相识的活动。如果说，文化产业是文化艺术的商品化、产业化生产及其交易的总称，那么，这个貌似洋气的新概念便不再神秘，甚至不那么陌生。

第一节　文化产业史的研究对象

顾名思义，文化产业史就是研究文化产业发展的过程及其内在规律。在中国，文化产

---

① 早在"文化产业"成为学术话语之前，西方就已经广泛使用"电影工业（电影产业）"这样的概念。从现有的资料来看，最早在1914年上海出版的英文报纸《大陆报》（*The China Press*）中，就已经有"Film Industry"（电影产业）的相关报道。该报纸是美国在华的主要报纸。电影产业词义比较中性，并没有法兰克福学派中的批判色彩。

业不仅不是一个新事物，而且可能是经济生活的最早形态。

文化产业不同于一般的文化艺术活动。首先，这是一种功利行为。王羲之约了一群文人墨客，去兰亭雅集，曲水流觞，吟诗写字，这种自娱自乐的行为不是文化产业。同样，俞伯牙坐在钟子期的坟前弹一曲《高山流水》，纯属艺术家个人的遣兴之作，也不是文化产业。但是，李白将一首"桃花潭水深千尺"送给汪伦，看起来没有发生一手交钱、一手给诗的交易，但是汪伦收留供养了李白多日，为他安排了生活，其实是一种变相的交易行为。这种所谓的"交易"并没有成为真正的市场，可以理解为朋友之间的馈赠，其动机是超出功利活动的。比如"扬州八怪"中的金农等曾经寄居大盐商家中，陪侍主公作画。历朝历代，皇宫里网罗了一大批杰出艺术家，他们为王昭君画像，为杨贵妃伴奏，陪武则天游龙门献诗，甚至在康熙的生日宴上演出《长生殿》，这些虽然也有经济关系，但不是艺术市场，属于"艺术赞助"。但艺术赞助只能说明资金的来源，不能决定文化活动本身的性质。为了不被纷繁的现象所淹没，我们将这些问题暂时放到一边。我们判断的标准只有一个：在一次具体的活动中，有没有拿钱。比如说，韩愈收了钱才帮人写墓志铭，李龟年在"安史之乱"以后才流落江南卖唱。

当然有些事情就比较清楚，比如郑板桥就明码标价地卖对联和竹子，梅兰芳收了包银才粉墨登场。至于杨柳青的年画、景德镇的瓷器、吴桥的杂技，显然都具有复杂的分工、标准化的流程、大规模的贸易、严密的组织，等等，很工业化，因而也就自然而然地成为文化产业史的重要角色。

这不是一般的艺术史，因为艺术史不愿谈钱。这也不是经济史，因为经济史拒绝浪漫。文化产业史将涉及文学业、绘画业、书法业、演艺业、工艺业、雕塑业和文化建筑业，当然还有后来出现的唱片业、影视业、网络游戏等。

马克思指出："历史的进程并不象范畴那样死板绝对。"[①]我们不能以今天的概念，去定义历史，而要从丰富的素材中丰富我们对文化产业这个范畴的认知。一般来说，文化产业应当具备四个特征。第一，精神化产品。无论是玉器、青铜器、大型的陵墓建筑，还是歌舞，其主要功能是表达精神内容，而不是实用功能。第二，专业化分工。从业者有专门的技艺，基本不从事其他物质生产，一些人专门以此为生。第三，商品化生产。已经出现相对成熟的市场，生产的动机就是为了交换，是为了让渡使用价值，实现交换价值。第四，规模化经营。不是一件两件的偶然制作，而是持续的生产，以及多人协作的生产模式和相应的经营管理。当然历史上的文化产业，尤其是早期形态，有时并不典型，条件也不完全具足，但仍然是弥足珍贵的历史足迹。

有一个需要讨论的问题，就是建筑。鉴于文化产业所特有的精神属性，文化产业史需要考察的建筑并不是一般的城市建设或者民居，而是具有意识形态意义的文化建筑，主要包括宫殿、皇城、陵墓、园林、塔寺。这些建筑被统称为文化建筑，其主要功能是表达

---

① 马克思. 哲学的贫困[M]//马克思，恩格斯. 马克思恩格斯全集：第4卷. 北京：人民出版社，1965：159.

社会等级、彰显文化理念和审美趣味。文化建筑往往投入了大量人力、物力和财力，大型建筑还有严格的规划和管理。

为梳理清楚中国文化产业的发展脉络，我们首先需要研究一些与经济有关的文化活动，比如交换工艺品，在街头卖唱，还要寻找那些文化艺术活动背后的经济支持，比如说是谁给了艺术家工钱。这样我们就能陆续地发现一些零散的价格资料，从中知道青铜器的工钱、名家的画价。再进一步，我们可以了解在这些文化活动中，艺术家的功利动机和对利益的计较。当然，更多的是社会下层奔波的民间艺人，他们对文化产业理解最深、最质朴，所做的探索也最大胆。中国文化产业的最早的行业协会是由一帮在寺庙作壁画的画工组织的。正是从这些蛛丝马迹中，我们可以寻找出中国文化曾经跋涉过的崎岖泥泞的产业化道路。

与此同时，中国古人也一直在思考艺术品的价值和价格。唐代张彦远认为，绘画价格根本无从确定，不可捉摸。他说："书画道殊，不可浑诘。书即约字以言价，画则无涯以定名……画之臻妙，亦犹于书，此须广见博论，不可匆匆一概而取……但好之则贵于金玉，不好则贱于瓦砾。要之在人，岂可言价？"[①]按照这种看法，绘画的价值实体完全无从把握，其市场交换价值（价格）的确定并不来自绘画艺术品内在的因素，而完全由外部因素确定。这种外部因素，最重要的是人们对绘画艺术水平的认识。由于各人审美趣味迥异，价格会大相径庭。因此，价格取决于人的主观判断，全无客观标准，更谈不上其实质内涵，实际上陷入了价格不可知论。宋代大画家米芾也有同样的困惑，他说："书画不可论价，士人难以货取，所以通书画博易，自是雅致。"[②]其实这并不是中国文人想不通，就连经济学说史上赫赫有名的、19 世纪英国古典政治经济学的集大成者大卫·李嘉图也弄不懂，他认为，像艺术品这样一种所谓稀少性商品，"它们的价值与原来生产时所必需的劳动量全然无关，而只随着希望得到它们的人的不断变动的财富和嗜好一同变动。"[③]

当然，文化产业史不需要研究这些复杂的问题，但这些思考本身，却折射出文化产业史的复杂性和丰富性。

第二节　文化产业史的研究方法

马克思、恩格斯在其合著的《德意志意识形态》中，明确了历史研究的正确方法，这就是从物质生产实践出发，从现实出发，人首先必须是生产方式的主体、实践的主体、社会活动的主体。决定历史发展的根本条件是物质生活条件，即物质资料的生产和再生产。这一切，为我们研究文化产业史提供了重要的方法论。

---

① 出自张彦远《历代名画记》卷二《论名价品第》篇。
② 米芾《画史》。
③ 李嘉图. 政治经济学及赋税原理[M]. 北京：商务印书馆，1962：8.

从宏观上看，文化艺术是精神生产的一个重要组成部分。在《1844年经济学哲学手稿》和《德意志意识形态》中，马克思指出，精神生产是人们为满足精神文化生活的需要而进行的生产活动。精神生产的成果即精神产品。精神生产同物质生产相对，着重探索人的内部精神世界，关注人的内心和社会的精神生活层面，以满足人的求知、审美、娱乐、情感等精神需求为根本目的，生产过程具有抽象性、创新性、传承性等特点。其外在体现主要是文化生产。精神生产的范围涉及哲学、自然科学、社会科学、科学技术和文学艺术等几乎人类生活的全部领域，是人类区别于动物的一个根本性标志。

由于物质决定意识，精神生产依附于物质生产。也就是说，一定的精神生产由物质生产的一定形式决定，即物质生产是决定精神生产的。精神生产必须依附于一定的物质条件才能实现。文化艺术活动从一开始就表现为物质生产方式的延伸。精神生产的基本要素——精神生产者、精神生产手段、精神生产对象，都体现为物质生产的产物。文化艺术生产者，像其他精神生产者一样，是从物质生产者中分离出来的。马克思、恩格斯在《德意志意识形态》中指出，"分工只是从物质劳动和精神劳动分离的时候起才开始成为真正的分工。""分工不仅使物质活动和精神活动、享受和劳动、生产和消费由各种不同的人来分担这种情况成为可能，而且成为现实。"①中国的文化产业史生动地证明了这一点。在新石器时代遗址中，我们发现人类最早的艺术品都是用吃剩的鸟兽骨并利用闲暇时间制作的，而后就会发现，随着生产力水平的提高，出现了更大的分工和社会分化，财富向少数人手中集中的同时，也出现了一些非常专业的匠师，艺术生产完全从物质劳动中分离出来。

在文化产业史研究中，要以辩证的方法研究史料。

所谓辩证的分析方法，就是用辩证法分析具体的矛盾事物，遵循对立统一法则、质量转化法则和否定之否定法则。其中对立统一是最为基本的法则。用辩证法分析历史，首先要注意"一切以条件、地点和时间为转移"，具体情况随着时间、地点、条件的变化而变化。同时要把"问题提到一定的历史范围之内"，在特定的时间、地点和条件内确定其所处的历史范围，不能超越历史、超越时代。

对于历史进程中一些事物的发展可以采取分段和分类研究的方法，通过这种分段和分类，可以深入研究不同文化产业活动的基本特征和变化规律，从而弄清楚某种文化业态发生、发展和消亡的原因和趋势。

理论联系实际，也是一重要的原则。史学大家克罗齐曾经说过，一切历史都是当代史，或在当代"重演"。既然每部历史对这广阔的世界都抱有某种感觉方式、某种存在方式和某种想象方式，既然一切过去的历史都必须联系到现在才能理解，那么只有这样，才会有"活的历史"。马克思谈到历史的"复合"和"再生"，也正是这个意思。正如德国著名哲学家恩斯特·卡西尔所指出："历史知识是对确定的问题的回答，这个回答必须是由过去给予的。"②

---

① 马克思，恩格斯. 德意志意识形态[M]//马克思，恩格斯. 马克思恩格斯选集：第1卷. 北京：人民出版社，1972：36.
② 卡希尔. 人论[M]. 北京：西苑出版社，2003：204-205.

第三节　文化产业史的史料

今天，我们能看到的史料，大致可分为文字材料和实物材料。有关文化经济历史的文字材料很多，甚至无法准确划定其外延。一切能够反映历史事实的文字材料，无论是正史、文学作品还是笔记野史等都可成为史料。不少人对这些文字材料，尤其是文学作品和笔记野史的可靠性提出质疑，其实这大可不必。我们知道，历史的真实至少包括两个方面，即历史事件的真实和历史背景的真实。在某些文学作品中，事件的真实性颇可怀疑，甚至可以认为是完全出于虚构，但我们没有理由因此而否认其背景的真实性。作为一个时代的作者，他的思想不能不受到当时社会背景的深刻影响，其记载和创作无不被打上时代的烙印。从这个角度说，几乎所有的文字材料对于某一具体时代来说，都是真实可靠的。《四库全书总目》说，"然稗官所述，半出传闻，真伪互陈，其风自古。未可全以为据，亦未可全以为诬，在读者考证其得失耳。"[①]

余英时在《古代知识阶层的兴起与发展》一文中的议论颇有见地：

> 《史记》《战国策》及诸子著作中涉及游士之生活与思想者，其个别故事之真实性几乎全都可疑，其中当然有夸张、误传，以至捏造等等情况。但是从社会史的观点说，它们所显示的时代通性则绝对可信，因为即使是捏造，也是当时的社会心理的产物也。本文采用这些材料，仅取其通性之真实，并不表示接受个别故事为历史事实。[②]

本书也出于同样的认识，广泛而大胆使用这些似乎可疑实则可信的文字材料。这种文字材料的延用，对于艺术经济史来说有着特别的意义。因为艺术经济活动有很大一部分属于民间活动，在各代的社会地位和功用远远赶不上政治、军事、经济等，在中国传统的英雄史观指导下完成的历代正史中，并没有艺术经济的位置。在那里，我们几乎很难找到史学先贤的记载。因此，我们只能把注意力转向其他文字材料。当然这并不意味着，我们就此放弃对文字材料的鉴别和考证。

事实上，有许多文字材料具有相当的可信度。如书画题跋、笔记、日记等，事件大多为作者亲历，也相当可靠。同时正史中也有不少材料从侧面反映了各代艺术经济的情状。实物材料也相当有用。这种实物随着考古发掘的不断开展而越来越丰富，这些历代文物遗址都从一定的角度反映了艺术经济的发展状况。

比如，我们通过研究某宫阙遗址，测定建筑工程的规模，可以估算人力、物力和财力的投入，分析大型艺术经济活动的组织情况；通过寻找雕梁画栋的陈迹，可以了解当时艺术消费的状况和水平；等等。再如，通过分析某地出土的玉器，研究其来源，进而认识当

---

① 纪昀《四库全书总目》卷一百四十二。
② 余英时. 士与中国文化[M]. 上海：上海人民出版社，1987：73.

时进行工艺品商品化生产的情况和运输、交易情况。

第四节　中国文化产业史的结构

中国文化产业的发展历程有着普遍的规律，也由于不同的文化艺术门类显示出特殊性。因此文化产业史便自然形成两个维度，一是时间维度，从新石器时代，经过夏商周、春秋战国，至大一统的秦汉，再到封建帝制覆灭，中华民国肇始，直至中华人民共和国的光辉 70 年。从这条时间长河中，我们看到相同的政治、经济和社会条件下，文化发展的共同命运和大致相同的产业化阶段。另一个维度，是不同文化艺术门类，如歌舞、书画、戏剧、文学、电影等，它们有着不同的样貌，这些样貌其实反映了各自的产业化程度的差异。一般说来，歌舞是最早商业化的，而文学是较晚商业化的。这种差异，与中国传统意识形态及艺术家的社会角色有很大关系。

自汉代以来，儒家思想长期主导国家的主流意识形态，隋唐以后的科举制度，又将四书五经提高到治国平天下的高度。读书不仅为了识文断字，而且为了明理修身，继而齐家治国平天下。文化不同于物质资料，更不同于手工技艺只是用来糊口，文化具有高尚的归宿和社会评价。学而优则仕，读书乃进身之阶，近则光宗耀祖，远则入相封侯。因此，当一个文人开始靠文字挣钱，不啻是个人形象的崩塌和"社会性死亡"，更为社会所不容所不齿。因此，当人们谈到润笔时，总是有一种异样的神情。在这样的背景下，蔡邕、韩愈的"谀墓金"尤其显得不可理喻。要不是他们的文学地位和社会地位，恐怕早就被人唾弃。

相比之下，同为春秋时期，韩娥在城门卖唱，余音绕梁，三日不绝，大家赞不绝口。而伍子胥过昭关后，吹箫乞食，则被看成是英雄落难，虎落平阳，是权宜之计。要是伍子胥真的放弃理想，专注于街头吹箫，就会有些滑稽可笑。另一个例子是"安史之乱"后，杜甫在长沙偶遇老朋友李龟年，"岐王宅里寻常见，崔九堂前几度闻。正是江南好风景，落花时节又逢君。"这样的重逢没有一丝他乡遇故知的欣喜，更多的是唏嘘，尽管李龟年是一位职业艺术家，但过去都只有岐王、崔九这样非富即贵的人家才请得起，如今却流落到江南小城，同样让杜甫感慨不已。

与李龟年遭际相仿的是李唐。这位宋徽宗宣和画院的干将，在靖康之难之后，画院失散，逃往江南。第一次面对市场的李唐不谙行情，坚持画他擅长的山水画，可是，民间趣味和皇家口味差异甚大，一代山水大师的作品并不被市场认可，于是他在画上调侃自己："云里烟村雨里滩，看之容易作之难。早知不入时人眼，多买胭脂画牡丹。"对于书画家这样的抱怨，大家并不觉得突兀，只是嘲笑他的时运不济。尽管在宋代市民社会已经兴起，城市生活的丰富性和多样性已经足以让史家赞叹，但动笔的交易，对于士大夫阶层仍然是一个心照不宣的禁地。直到清乾隆年间，"扬州八怪"中的郑板桥，这位康熙秀才、雍正举人、乾隆进士、潍县县令，居然在西方寺的住所挂出惊世骇俗的笔榜，为中国艺术市场和文化产业史留下浓墨重彩的一笔（见图 1-1）：

大幅六两，中幅四两，小幅二两。书条、对联一两。扇子、斗方五钱。凡送礼物、食物，总不如白银为妙。公之所送，未必弟之所好也。送现银则中心喜乐，书画皆佳。礼物既属纠缠，赊欠尤为赖账。年老神倦，亦不能陪诸君子作无益语也。画竹多于买竹钱，纸高六尺价三千。任渠话旧论交接，只当秋风过耳边。乾隆己卯拙公和尚属书谢客。板桥郑燮。

图 1-1　郑板桥手书润格，原碑藏潍坊博物馆

这一革命性的笔榜彻底颠覆了士大夫阶层的固有形象，好在郑板桥已经"辞官下海"，成为"扬州八怪"的首领。而康乾盛世时期的扬州，对于"八怪"的举止，显然是宽容的，最多是善意地揶谕。这样明码标价的字画交易，逐渐成为一种风尚，成为艺术界特立独行的标配。所以，后世文人挂单卖字，并不显难堪。清末状元实业家张謇为了大生纱厂在上海筹资，几度明码标价卖字，趋之若鹜。卖字为生，不仅不以为耻，反而成为文化人自食其力的常态。更不用说齐白石这样的职业画家，成为书画市场上的"老江湖"。

从中我们可以看出，在同样的时间维度上，文化产业各业态的发展发育水平是不一样的，但总体上，又有着大致相同的趋势。文化产业和文化市场的规模在不断扩大。

正因如此，我们在研究和叙述中国文化产业史的时候，只能采用以时间为纬，业态为经的结构。通过这样的方式，我们或许可以勾勒出中国文化产业丰富多彩、又不断发展壮大的历史进程。

第五节　文化产业史的结论

文化产业史研究不仅仅观察和分析文化市场和精神生产的现象和过程，还为我们揭示了精神生产与物质生产之间的规律。

根据马克思主义分工理论，分工是在社会发展到一定阶段而产生的。人类社会起初只是行为方面的分工，后来由于天赋、需要、偶然性等而出现了自发地或自然地产生的分工。这种"自然地产生"的分工还不是真正意义上的社会分工。真正意义上的社会分工是原始社会后期出现的。那时由于人口的增长和生产的进一步发展，出现了三次社会大分工：第一次是农业和畜牧业的分离，形成了专门从事农业或牧业的劳动者；第二次是手工业和农业的分离，出现了专门的工匠和独立的手工业者；第三次是商业的出现，产生了专门从事商业活动的商人。在三次社会大分工的过程中逐渐形成了物质生产劳动和精神生产劳动、体力劳动者和脑力劳动者的分离和对立。

正是在这样的分工下，文化艺术才有可能独立地发展，成为灿烂的精神之花。也正是在这样的分工下，物质生产部门向精神生产部门提供物质资料，形成广义的"赞助"关系。从形式上看，这种赞助体现为皇家（国家）赞助、私家赞助和公众赞助。其中，公众赞助是通过市场实现的，艺术家更少地依附于特定的供养人，也显示了更多的创作独立性，培养了相对独立的艺术人格。

但是，正如亚当·斯密所说："引出上述许多利益的分工，原不是人类智慧的结果，尽管人类智慧预见到分工会产生普遍富裕并想利用它来实现普遍富裕。它是不以这广大效用为目标的一种人类倾向所缓慢而逐渐造成的结果，这种倾向就是互通有无，物物交换，互相交易。"[1]于是，我们看到，在新石器时代的中国，开始有了文化产品的大规模生产，如山东日照两城镇遗址的玉器作坊、山西临汾陶寺的陶器加工遗址、浙江吴兴钱山漾的竹编工场，等等。然后，在这种分工的推动下，逐步发展出丰富多彩的文化艺术。当然在这里，市场作为交易载体，发挥了重要作用。

文化产业史的基础是分工，是交换关系，是市场，精神生产者通过这种交换，获得生活资料和生产资料。正是在这种分工下，物质和精神的纠缠有了新的方式，这就是文化产业。一方面，文化具有意识形态的特点，它是主体的，自觉的，自我的，独特的；另一方面作为用来交换的产品，文化具有商品的属性，只有让渡使用价值，才能实现价值。从这个意义上说，文化产品的使用价值就只能以市场需求为导向，艺术家不得不部分放弃自己的趣味和风格，去迎合市场，迎合委托方的需求。

从一定程度上说，文化的产业化是对文化的异化，是艺术家对自我的部分否定，因此是痛苦的、不快乐的。与其他消费不同的是，文化艺术的消费不完全是一个被动的消耗行为，它是在消费者主动参与配合下完成的。马克思在《1844年经济学哲学手稿》中指出，"从主体方面来看，只有音乐才能激起人的音乐感。对于没有音乐感的耳朵说来，最美的音乐也毫无意义，不是对象。因为我的对象只能是我的某一种本质力量的确证。"因此，文化消费者是文艺作品最终实现其价值的最后重要一环。

精神生产的分工是最本质的分工。"一个阶级是社会上占统治地位的物质力量，同时也是社会上占统治地位的精神力量，支配着物质生产资料的阶级，同时也支配着精神生产资料。"[2]但随着生产力水平的持续提高，尤其是进入后工业社会之后，马克思所预言的

---

① 斯密. 国富论[M]. 呼和浩特：内蒙古人民出版社，2008：11.
② 马克思，恩格斯. 马克思恩格斯选集：第1卷[M]. 北京：人民出版社，1995：98.

分工消亡的两大条件逐步形成。一是生产力内部结构的划时代变化。生产过程走向自动化，人力基本退出直接生产过程，生产成为人控制能动的生产资料的过程——自动机器体系的作用。人力不再是生产过程的主体和源泉，社会的基本经济资源随之由人力和自然资源转换为智力资源。随着机器排挤活劳动，最终会达到这样一个极限：活劳动不再被包括在直接生产过程中。[①]二是生产物质产品的时间被压缩到最低限度，社会的主要财富形态由物质产品转变为自由时间，对自由时间占有的多少，以及对它的利用程度，成为衡量财富的新尺度。在自由时间里，人们会充分地、有效地发展个人能力，从而为自由地、不断地交替从事各种具体劳动创造条件。

　　进入 21 世纪，随着精神经济时代的到来，马克思所预言的这些条件正在逐步实现，精神劳动与物质劳动的界限开始模糊，精神产品和物质产品的界限也开始模糊起来。我们很难界定路易威登的皮包、爱马仕的围巾、兰博基尼的跑车到底是物质产品还是精神产品。在网络游戏中，虚拟人生与玩家的现实角色孰真孰假，"庄生梦蝶"不再是一个古老的寓言，更像一个时代的谶语，让人分不清哪一种体验更真实。

　　因此，随着文化产业发展到较高级的形态，精神经济开始兴起，文化业态更新迭代加剧，精神生产不仅成为社会经济的支柱性产业，而且会改造整个经济的面貌。文化将渗透到社会政治经济的各方面，成为最重要的资源要素。产业文化化，将为文化产业史展开全新的篇章。这也将为社会分工的模糊乃至消亡，拉开大幕。

 **本章小结**

　　▶ 就其本质而言，文化产业是文化艺术的商品化、产业化生产及其交易的总称。文化产业史将涉及文学业、绘画业、书法业、演艺业、工艺业、雕塑业和文化建筑业，当然还有后来出现的唱片业、影视业、网络游戏等。

　　▶ 马克思、恩格斯在其合著的《德意志意识形态》中，明确了历史研究的正确方法，从物质生产实践出发，从现实出发，人首先必须是生产方式的主体、实践的主体、社会活动的主体。决定历史发展的根本条件是物质生活条件，即物质资料的生产再生产。这一切，为研究文化产业史提供了重要的方法论。

　　▶ 有关文化产业历史的文字材料很多，甚至无法准确划定其外延。一切能够反映历史事实的文字材料，无论是正史、文学作品还是笔记野史等都可成为史料。

　　▶ 文化产业史自然形成两个维度，一是时间维度，从新石器时代，经过夏商周、春秋战国，至大一统的秦汉，再到封建帝制覆灭，中华民国肇始，直至中华人民共和国的光辉 70 年。另一个维度，是不同文化艺术门类，如歌舞、书画、戏剧、文学、电影等。我们在研究和叙述中国文化产业史的时候，只能采用以时间为纬、以业态为经的结构。

---

① 马克思，恩格斯. 马克思恩格斯全集：第 46 卷下册[M]. 北京：人民出版社，1982：218.

▶▶ 文化产业史研究不仅仅观察和分析文化市场和精神生产的现象和过程，还为我们揭示了精神生产与物质生产之间的规律。

 思考题

1. 如何理解中国的文化产业？
2. 文化产业史的研究对象是什么？
3. 简述文化产业史的研究方法。
4. 简述文化产业史的研究结构。

第二章

新石器时代

 学习目标

通过对本章的学习，学生应了解或掌握如下内容：

1. 掌握艺术起源的三个因素；
2. 掌握艺术生产商品化的起源；
3. 掌握艺术等价物的概念。

 导言

从生物学角度看，原始社会是人猿揖别、渐行渐远的时代；从文学的角度看，这是盘古开天辟地、女娲造人补天的时代；从考古学的角度看，则是旧石器进化到新石器的时代。对于人类文明来说，那是从混沌、蒙昧跨入文明门槛的标志性时代。中国古人所说的太极生两仪，两仪生四象，也就是从无到有的过程，都是在这个时期完成的。这是一个充满可能性的时代。一切都显得那么稚拙，甚至粗糙，但其蕴含的文明基因，却为后世订立了规范。这不是人与上帝的盟约，这是文明与蒙昧的鸿沟。研究原始社会，我们可以发现后世许多重大事件的"密码"，并且为理解这些事件找到一把"钥匙"。

第一节　艺术起源的经济学视角

从上古社会的研究中，人们不难发现，功利作为生存的本能是动物性的，是本原的，而审美，作为文化艺术活动的心理学基础，却是派生的。人们被迫在功利欲和审美欲之间进行斡旋，在实用物品中表达出美的趣味和意向。这说明文化与经济本是同根生，并不是不共戴天的"仇人"，他们曾经亲密无间，曾经雌雄同体。

一、实用艺术——物质生产中"走私"的美感

实用艺术在本质上属于物质生产的范畴，实用价值是第一位的。从比较宽泛的意义上讲，实用工艺是和人类劳动共同产生的。《淮南子·道应训》说，"今夫举大木者，前呼'邪许'，后亦应之，此举重劝力之歌也。"这些有节奏的号子是为了协调动作，减轻疲劳，提高工作效率。物质功利的目的是第一位的。

同时，原始人在追求实际功用的过程中，对工具的形式感有了最初的体验，并最早认识到形式的功利价值。在旧石器时代，形式感在自然工具的取舍选择中不断受到强化，进而驱使人们进一步摆脱自然形式而创造人工形式，这就是远古人类由旧石器时代进化到新石器时代的契机。人们创造了非自然的形式，这是人类的一次划时代的进步。

二、装饰艺术——物质生产外派生的美感

实用艺术是审美倾向的最初表达，但这种表述是隐晦、痛苦的，审美倾向在功利目标中挣扎着，却始终无法挣脱。随着人性中"游戏冲动"或"游戏倾向"的流露，利用物质生产生活的剩余物品，进行纯精神性的展示，从而直接导致了远古装饰品的出现。

中国最早的装饰品出现在旧石器时代晚期。如北京周口店山顶洞人的"装饰品中有钻孔的小砾石、钻孔的石珠，穿孔的狐或獾或鹿的大齿、刻沟的骨管，穿孔的海蚶壳和钻孔的青鱼眼上骨等。……所有装饰品的穿孔，几乎都是红色，好像是它们的穿带都是用赤铁矿染过"[①]。显然，最早的独立审美活动表现为功利活动的"剩余"。首先，材料是物质生产生活的剩余，动物的牙齿、骨骼是古人吃肉后的余物。其次，对装饰材料的加工在最初也是不经意进行的，是物质生产劳动的剩余。当时物质生产力极其低下，人们绝无可能专门划出一部分劳动时间来刻划这些装饰材料，只是在物质生产劳动的一些十分短暂的闲暇时间（如因季节、天气因素影响无法外出劳动时或休息时）来对此进行简单的加工。这些加工活动远没有达到与物质生产劳动相分离的地步，因而也根本谈不到物质劳动与精神劳动的分工。

远古装饰艺术不同于实用艺术，还在于实用艺术中精神劳动与物质劳动紧密结合，并统一于物质生产活动之中；而装饰艺术则主要是一种精神劳动，尽管它并没有与物质劳动相分离，但至少已独立于物质生产活动之外。从当时的社会劳动分工体系来看，装饰品加工不同于实用艺术品的加工，尚不能纳入社会总体劳动，这种活动是非生产的，而实用艺术品的加工显然是属于生产性的。艺术发生和发展，其基础在于实用艺术品的生产，但将实用品引入艺术殿堂的却是早期装饰品所发扬的尚美精神。

---

① 贾兰坡. "北京人"的故居[M]. 北京：北京出版社，1958：41.

三、原始宗教——古代艺术发生的助推器

根据一般的理解，人们对精神（非肉体的存在）的直接感觉是在原始人的睡梦中初见端倪的。人们首先认识到人似乎可以离开其肉体而存在，这种存在我们称为灵魂。既然灵魂能脱离肉体，而且能在肉体消灭（人死去后）继续在活人的梦中出现，原始人就很容易产生灵魂不死的概念，并因此而敬畏灵魂，甚至产生万物有灵论。

灵魂观念是原始宗教的思想基础，随着旧石器时代晚期，母系氏族公社的建立，原始宗教获得了它最古老的形式——图腾崇拜。图腾主义的经济功能是不能被忽视的，图腾崇拜直接催发了古代艺术的产生，并决定了古代艺术的早期经济形式。英国人类学家哈顿（A. C.Haddon）认为，因各地产生的生物不同，每个原始人类集团只能以单一动植物作为猎取对象，各集团便以他们所能猎取到的动植物作为图腾。史密德（P.Smidt）更提出了商业化的图腾解说，认为各图腾集团因猎取的动植物不同，便和附近的集团交换，故图腾制的产生具有原始人类交换食物的商业关系。

中国国家博物馆陈列着一件人面鱼纹彩陶盆，准确地说这是西安半坡遗址的一座小孩瓮棺的陶盖。这种人面含鱼的纹样实际上是以鱼为图腾的黄河流域原始民族的标志。一方面反映了仰韶文化对鱼的崇拜，并使之人格化，另一方面又体现了某种功利性的巫术意味，表现了先民希望捕食更多的鱼，提高物质生产能力的愿望。

祭祀歌舞也同样具有物质功利动机。《周礼》《吕氏春秋》等都记载了黄帝时期有一种被称为《咸池》的乐舞。"咸池"本是天上西方的一个星座的名称，古人认为它是主管五谷的（见《史记·天官书》及唐司马贞注）。人们奏乐跳舞祭祀咸池，显然是为了祈求五谷丰收。我国古代所谓的"鸟兽跄跄""凤凰来仪""击石拊石，百兽率舞"[①]很可能都是图腾舞蹈的形象写照，其目的都与狩猎生活有关。

图腾艺术需要的物质条件十分简单。不少原始舞蹈都是徒手的，即使有道具也很简单。如出土的新石器时代舞蹈纹彩陶盆，三组舞人只是在头上装点饰物或结成发辫，身后也仅仅拖了一根树枝或羽毛之类的东西表示尾巴。《尚书·大禹谟》还记载了禹拿着羽毛舞蹈的传说，当然这是后话。

乐器也一样。不少学者认为，"打击乐器是最先发现的，最原始的乐器可能是鼓，绝大多数原始部落有这种乐器。"[②]因为"图腾民族的经济生产，概以狩猎为主，采取动物的皮制造大鼓，也属必然。"[③]河南省博物院藏新石器时代裴李岗文化的骨笛（距今7000～8000年前），是用吃剩的水禽长骨加工的，也是同样的情况。

图腾艺术活动不仅与物质生产有直接的关系，也与产品的分配和消费有关。在母系

---

① 《尚书·益稷》。
② 林耀华. 原始社会史[M]. 北京：中华书局. 1984：427.
③ 岑家梧. 图腾艺术史[M]. 北京：学林出版社. 1986：105.

氏族社会，图腾制度规定了社会生活的基本框架，物质产品的生产、再生产各个环节都被深深地笼罩在图腾迷信的梦幻之中，图腾艺术作为图腾制度的基本表达形式也因而渗透到社会物质生产生活的各个角落。人们在劳作前通过艺术活动表示自己获得更多物质资料的愿望；在劳作过程中，也通过艺术活动来协调劳动，鼓动精神；在劳作之后，仍通过艺术活动进行食物的分配和消费，以表示对图腾动植物的歉意。如澳大利亚土著阿兰达部族举行的"阴特丘摩"仪式就是典型的例证。

图腾仪式使全部族的人员动员起来，进行大规模的歌舞艺术活动，精神劳动与物质劳动的差异在综合性的物质生产活动中被掩盖。但自从巫师阶层出现后，情况就有了质的变化。正如马克思、恩格斯在《德意志意识形态》一书中指出的："分工只是从物质劳动和精神劳动分离的时候起才开始成为真实的分工。（与此相适应的是思想家、僧侣的最初形式）"[1]

中国在传说中的炎帝、黄帝时代出现了世袭的专职巫师。巫师的一个显著特点就是善舞。《尚书·伊训》曰："恒舞于宫，酣歌于室，时谓巫风。"《说文解字》对"巫"做了进一步明确的说明："巫，祝也。女能事无形，以舞降神者也。象人两襞舞形，与工同意。"

专职巫师的出现，意味着艺术活动与物质生产之间的分离开始固定在具体的个体上，劳动的分工开始发展为人的分工、劳动者的分工。艺术劳动作为一种精神劳动，终于从物质劳动中分离出来，因此，以歌舞为能事的巫师阶层的出现，标志着人类劳动最重要的分工已经开始。尽管巫师不直接参与物质生产劳动，但他们的活动对原始部落的重大决策产生影响，特别是他们极富创造性、感染力的通灵歌舞，决定了他们是真正的劳动者——精神劳动者。巫师是人类文化最早的承担者、创造者和传播者。他们摆脱了一般的物质生产活动，能够有较充沛的精力、较充裕的时间去进行文化艺术活动，从而极大地推动了艺术的发展。

巫师阶层的出现，反映了人类物质生产力水平的提高。经过长期的定居生活，当时已形成了不少人口众多的村落。同时由于家畜的饲养、种植业的发展、生产工具的改进（特别是弓箭的发明），人们已经能够生产出超过本人消费需要以外的食物。这才使极少数人脱离物质生产劳动成为可能。巫师阶层事实上操控着全部落的生产生活指挥权，也在一定程度上垄断了文化艺术。利普斯说："原始人的世界是一个巫术的世界。"[2]巫术是由巫师掌握的，巫术的施术方法中有很大一部分属于艺术，如绘画、雕刻、歌舞，等等。因此，可以说原始人的世界是一个巫师的世界，也是一个艺术的世界。

第二节　艺术品交换与艺术等价物的出现

一般认为，交换是私有制的产物，但现在看来，在私有制尤其是生产资料私有制确立

---

① 马克思，恩格斯. 马克思恩格斯选集：第 1 卷[M]. 北京：人民出版社，1972：36.
② 利普斯. 事物的起源[M]. 成都：四川人民出版社，1982：325.

之前，就已经出现了一些归个人所有的财富。这些归个人所有的最早的私有财产就是人类最早的交易对象。

一、装饰艺术品是人类最早的私有财产

原始人最初并没有财产概念。只是到了原始社会后期，随着生产活动的发展，人们才逐渐给物质财富加上"所有格"。这个命题需从实证材料中得到证实，那么我们如何判定别人对财产的最初认识呢？俄国历史学家马·柯瓦列夫斯基说："为了判定在蒙昧人中什么东西是个人财产，必须考察哪几种财物在埋葬死者的时候，必须加以销毁。"[①]

蒙昧人的财产是微不足道的：粗糙的武器，家什，衣服，燧石制的、石制的工具以及"个人的装饰品"，这就是他们的财产的主要项目。从中国考古发掘来看，最早的私人财产并没有呈现出如此庞杂的序列，而只是在今天看来最没有功利价值的物品——个人装饰品。

中国目前发现的时代最早的墓葬是距今 18 000 年的北京周口店山顶洞人墓葬。在紧包着其中一个女性头骨的土中，发现七颗穿孔的小石珠[②]，经过磨、钻精心制成，并用赤铁矿粉染成红色。这显然是属于项链之类的装饰品。另外还发现一些用兽牙、蚌壳和鱼骨做的饰品。

距今约 10 000 年左右的北京门头沟"东胡林人"墓葬，也证实了装饰品在个人财产中的先驱地位。人们在这个墓葬中发现了两个成年男子和一个少女遗骨。在少女身上，有一个用 50 多枚小螺壳穿成的项链和用七段牛骨组成的骨镯。另外，还有两件残破的蚌类制品[③]。可见，随身佩带的装饰品是人类最早的私有财产或最早的私有财产之一。这印证了拉法格以下的论述："个人的财产采取物质的形式出现只限于野蛮人的贴身之物，或者说得确切些就是那些与他结合一起的东西，例如穿在鼻子上、耳朵上、嘴唇上的装饰品，围在脖子上的兽皮，防治风湿病的人油，假想为神粪的水晶石以及其他装在树皮篮里并挂在所在主人身上的珍贵之物。这些个人使用之物就在死后也离不开它，与死者尸体一起烧毁或者一起埋葬。"[④]

二、艺术商品化的滥觞

艺术品作为人类最早的个人财富，自然要最早进入交易行列。但这些个人装饰品的内部交易似乎还远不能冠以"商品交换"的名目，因为这种交易的经济价值确实难以让人

---

① 马克思. 马·柯瓦列夫斯基《公社土地占有制，其解体的原因、进程和结果》一书摘要[M]//马克思，恩格斯. 马克思恩格斯全集：第45卷. 北京：人民出版社，1972：210.

② 贾兰坡. 中国大陆上的远古居民[M]. 天津人民出版社，1978：125.

③ 周国兴，尤玉桂. 北京东胡林村的新石器时代墓葬[J]. 考古，1972（6）：12-15.

④ 拉法格. 财产及其起源[M]. 北京：生活·读书·新知三联书店，1962：44-45.

做过高的估计。不同部族间的互相交易才能成为现代商品交换的滥觞。在新石器时代，随着人们活动范围的不断扩大，信奉不同图腾的部族难免会有所遭遇。在接触中，大家都发现对方拥有自己想要的东西，于是战争成了获得对方产品的首选途径。人类自此揭开了大规模杀戮同类的历史。上古时期战争频仍，喊杀之声不绝于耳，但也有停战的时候。这一时期人们比较平和地相处，物质产品的交换遂渐渐开始。远古人在其投桃报李的过程中，把艺术品也推上了讨价还价的行列。

艺术商品化和物质产品商品化几乎是同时开始的。马克思说："商品交换是在共同体的尽头，在它们与别的共同体或其成员接触的地方开始的。"[1]这一点可以在有关艺术品交换的考古发现中得到进一步证实。

前面已提及，装饰艺术品及其材料似乎是交换的最初内容之一。远离海滨的青海西宁、乐都等地都曾发现有随葬的贝壳；大汶口文化遗址中，较普遍地发现了一些非本地出产的玉石、象牙原料等物品，甚至还出土了雕刻精致的透雕象牙梳和透雕象牙雕筒，这是我国目前发现的最早的象牙雕刻品。南京北阴阳营新石器时代遗址出土了琢磨和雕刻都很精致的玉石玛瑙制品近300件。其中一个墓的随葬品达32件[2]。

三、艺术生产商品化的萌芽

由于交换的需要，本来在氏族物质生产中不占重要地位的某些艺术产品（主要是装饰品）逐渐成了商品生产的先锋。既然这些产品能够与外界换取自己所需的物品，就要大批量地生产，尽管他们自己并不需要这么多产品。

大汶口文化、青莲岗文化、龙山文化、良渚文化等遗址的考古发掘，证明创造这些文化的部落中，都有人用玉和玛瑙成批地制作璜、璧、管、坠、珠、镯等饰物。尤其是山东日照两城镇的发现，为我们提供了重要的考古证明。在这里，人们发现了成坑的半成品玉器和材料，数量相当大。用这些玉材精工磨制成仿生产工具的斧、锛、铲、刀等礼器，表面光润，厚仅0.2～0.5厘米，有的还刻着纹饰，相当美观。如此之多的玉材和玉器显然不是留着本部族用的，而是为了交换。陈绍闻和叶世昌在其《中国经济思想简史》中也指出："江苏境内不产玉，可是，在南京北阴阳营和吴县草鞋山等遗址，都出土了许多琢磨和雕刻都很精致的玉饰。可见当时已有以交换为目的的制玉业，它们是墓主人通过交换获得的。"[3]

同装饰艺术品的商品生产一样，实用工艺品也是商品生产的先驱。浙江吴兴钱山漾良渚文化遗址，人们在一个面积仅4.75平方米的房屋遗址及近旁发现了200多件竹器。其中有竹席、鱼篓、竹篮、谷箩、簸箕，等等。大多用刮光的竹篾条编织而成，

① 马克思. 资本论：第1卷[M]. 北京：人民出版社. 1975：106.
② 赵青芳. 南京市北阴阳营第一、二次的发掘[J]. 考古学报. 1958（1）：7-23.
③ 陈绍闻，叶世昌. 中国经济思想简史：上册[M]. 上海：上海人民出版社，1978：3.

均匀细薄，编织紧密。有的编成一经一纬人字纹，有的编成二经二纬或多经多纬人字纹，有的编成梅花眼、菱形花格、密纬疏经十字纹等各式纹理，表现了很高的编织技艺，具有一定的工艺价值。林耀华认为，"这些竹器如此集中地存放，也可能是当作商品交换的。"[①]

陶器是新石器时代原始人类的一项重大发明，特别是仰韶文化举世闻名的彩陶在艺术史上也占据了辉煌的一页。彩陶是部落间交换的主要内容之一，制陶也是早期商品生产极其重要的组成部分。从艺术角度考察，陶器的纹饰和造型是其艺术价值的两个基本方面。仰韶文化不少陶器的造型美观大方，修整细致，还配有合适的器盖和底座。而彩陶描绘的花纹，一类是人像和各种动植物形象的图画，一类是由动植物花纹演化的几何线纹组成的图案，都有很高的艺术价值。大汶口、龙山文化（见插页图 2-1）则不仅在器形上有所创新，还在纹饰方面发展出更加整齐纤细的花纹和仿编竹大镂孔雕镂花纹，显示了新的艺术创造力。无论是彩陶中各具形态的鱼、奔跑的狗、爬行的蜥蜴还是稚拙的鸟和蛙，都反映了人们对美的追求。而山东龙山文化遗址的鸟头黑陶器盖、江苏吴江梅堰出土的鸟形壶、河南庙底沟出土的陶器残片上的蜥蜴形高浮雕，则使人们不得不将注意力由其实用价值转向审美价值。

最早的彩陶生产大概是没有土窑的，但考古学上不可能发现平地烧制陶器的遗迹，所发现的烧陶遗址都是有土窑的。仰韶文化的遗址中大多有陶窑遗址，其中在半坡发现六座，规模都比较小，每次只能烧制四五件陶器。根据近现代国内外的民族学资料，制陶业在新石器时代早期的母系氏族社会里，是在这方面有经验的妇女的公职。到新石器时代晚期的父系氏族社会，制陶业不仅数量大大增加，而且在制坯、造型、建窑和烧窑技术上都有很大发展，一类更趋向实用化，一类则向工艺化发展。前者多表现为大型的罐、盆、鼎等器皿，后者以精巧的薄如蛋壳的黑陶杯为代表，并包括不作为日常使用器具的陶塑和玩具。生产方式也开始变化，过去制陶属于氏族的普遍性生产活动，而这个时期逐渐为少数富有制陶经验的家族所掌握。氏族村落中的公共窑场逐渐减少以至消失，分散的靠近住房的单个陶窑渐次出现。长安客省庄和邯郸涧沟遗址都发现这种情况。这种陶窑由于专业性和技术性强，产量比过去大有提高。家庭作坊式的陶窑生产的大量彩陶成为新石器时代晚期商品性生产的重要组成部分。

四、商品观念向氏族内部的渗透

对外交换的发展，使原始人产生了所有权意识，进而强化了私有意识。个体从利益上悄悄地与集体分出了"楚河汉界"，划地为牢式的财产分割在氏族内部也展开了，家庭意识逐渐取代了氏族意识。图腾制度也逐渐衰落，图腾崇拜逐渐变为英雄崇拜，原始部落在私有制建立以后便开始面临日薄西山的命运。

---

① 林耀华. 原始社会史[M]. 北京：中华书局. 1984：32.

马克思曾十分精辟地指出了原始社会交换关系由外部向内部渗透的必然性：

物本身存在于人之外，因而是可以让渡的。为使让渡成为互相的让渡，人们只需默默地彼此当作被让渡的物的私有者，从而彼此当作独立的人相对立就行了。然而这种彼此当作外人看待的关系在原始共同体的成员之间并不存在，不管这种共同体的形式是家长制家庭，古代印度公社，还是印加国，等等，商品交换是在共同体的尽头，在它们与别的共同体或其成员接触的地方开始的。

但物一旦对外成为商品，由于反作用，它们在共同体内部也成为商品。①

彩陶生产也逐渐结束了公共劳动的历史。在家庭窑场取代了公共窑场后，村社时期又进一步出现了专门的陶工。他们以制陶为职业，技艺发展更快。陶器也不仅是不同村社间交换的对象，而且成了这部分陶工个人获取生活资料来源的可靠保证。他们用自己制作的陶器，平等地与村社内其他成员进行简单的交换，从而获取自己所需的其他物品（见插页图 2-2）。

在彩陶生产逐步"产业化"的同时，原始人盛行的文身艺术也成为产业化的行业。文身的报酬数额和支付形式因部落、性别、婚姻状况等有所差别。

五、艺术品是一般等价物的早期形态

汉字中的"珍""宝"等字，都与玉有关，从一定的角度也反映了人们对玉饰等工艺品价值的认识。第一，这些工艺品精致美观，容易为人们所钟爱、珍惜。在私有制产生以后，这些工艺品首先被人们当作私有财产，并作为心爱之物而成为殉葬品，被大量埋入土中。第二，由于加工这些工艺品往往需要专门的技艺，花费较多的时间，或者由于这些工艺品得之不易（由远方换来），在当地属于稀有物品，因而常常与牛、猪等其他贵重商品一样被当作最早的价值符号，成为一般等价物。诚如马克思所说："货币形式或者固定在最重要的外来交换物品上，这些物品事实上是本地产品的交换价值的自然形成的表现形式；或者固定在本地可让渡财产的主要部分如牲畜这种使用物品上。"②更重要的是，早期工艺品（尤其是装饰艺术品）大多体积小、易保存、不易磨损，在很多方面比牲畜等活物更便于携带、储藏，价值也更大。在金银等贵重金属被人们发现并使用之前，这些精美的装饰艺术品无疑是最好的一般等价物，是最好的货币商品。

更重要的是，装饰艺术品作为货币商品具有相当大的广泛性、普遍性。直到春秋时期，这些装饰艺术品都是我国的重要货币，在中国货币史上占据重要地位。

---

① 马克思. 资本论：第 1 卷[M]. 北京：人民出版社.1975：105-106.
② 马克思. 资本论：第 1 卷[M]. 北京：人民出版社.1975：107.

 **本章小结**

▶▶ 从上古社会的实用艺术、装饰艺术和原始宗教的研究中不难发现，文化与经济本是同根生。

▶▶ 在私有制尤其是生产资料私有制确立之前，就已经出现了一些个人所有的财富。这些个人所有的最早的私有财产就是人类最早的交易对象。

▶▶ 最早的私人财产并没有呈现出庞杂的序列，而只是在今天看来最没有功利价值的物品——个人装饰品。

▶▶ 由于交换的需要，本来在氏族物质生产中不占重要地位的某些艺术产品（主要是装饰品）逐渐成了商品生产的先锋。

▶▶ 装饰艺术品作为货币商品具有相当大的广泛性、普遍性。直到春秋时期，这些装饰艺术品都是我国的重要货币，在中国货币史上占据重要地位。

 思考题

1. 艺术起源有哪些形态？
2. 原始宗教如何助推古代艺术的发展？
3. 为什么说装饰艺术品是人类最早的私有财产？
4. 新石器时代有哪些产业化的艺术生产？

第三章

夏商西周

 学习目标

通过对本章的学习，学生应了解或掌握如下内容：
1. 掌握夏商西周青铜器和玉器的生产方式；
2. 了解夏商西周王室的艺术消费活动；
3. 掌握夏商西周艺术市场的基本情况。

 导言

这是一个从传说走向文献的年代。物质生产的窘迫使人们热衷于崇拜大自然的无上法力，人与神的关系远比人与人的关系重要。祭祀成了最要紧的社会活动。为了悦神、媚神，中国的古人创造了青铜礼器和玉器，也创造了古朴稚拙的歌舞绘画。当上天对牺牲和舞乐无动于衷时，人类才觉悟到这些都是好东西。特权阶层开始代天享受，其他人也开始以此自娱，甚至将其作为自己的衣食之源。

第一节　青铜器和玉器及其生产

青铜时代是人类文明的重要阶段。在十分单薄的农业经济基础之上发展出的上层建筑，几乎囊括了全社会除农业生产以外的全部领域。无论是商代的周祭制度还是西周的封侯礼制都是对神权（包括王权在内的）的顶礼膜拜。社会生活笼罩着一层浓厚的精神色彩。手工业、商业、艺术、战争、祭祀等各方面活动都成了神权崇拜的组成部分。

青铜器特别是钟鼎礼器并不直接服务于物质生产生活，其动机、造型和使用都反映了当时人们的精神生活。人们的艺术活动在很大程度上，是围绕青铜礼器的制作和使用来进行的。

一、以青铜器为中心的经济活动

　　殷周人所获得的铜锡原料很可能是多方面的，既有中原和附近产的，也有东南、西南产的，甚至还有东北产的。20 世纪 70 年代中期在辽宁省林西县大井发现的古铜矿遗址，据测定，使用期距今约为 2700～2900 年，即西周时期。

　　冶炼通常是在矿山进行的，主要是因为运输粗铜比矿石更为经济。目前我国发现的三代矿山遗址也都有冶炼的遗存，如湖北省大冶市铜绿山古铜矿遗址（商代晚期至西周）、辽宁省林西县大井古铜矿遗址（周代中晚期）、湖南省麻阳县古矿井遗址（东周时期）。在遗址中人们发现了采掘工具、装载工具、提升工具等，反映当时不仅包括初采、选矿、冶炼等工序，而且在安全设施和排水技术方面都已有了很大发展。湖北铜绿山发现的炼铜遗物炉渣达 40 万吨之多，这绝不是小规模生产的结果。

　　不少青铜铸造工场里有冶炼好的粗铜块。如在山西省侯马市牛村古城铸铜器遗址的一窖穴内曾发现两堆铜锭，共 110 块，其中最大的一块长 32 厘米，重 4 千克。两堆铜锭总重量为 95.5 千克。这些粗铜很显然是从矿山经冶炼后运来的。运输粗铜在当时很可能是武装押运的。而且由于冶炼规模大，铸器需要量又大，粗铜的运输规模也必然相当大。

　　据 1958—1961 年对殷墟的进一步发掘，考古学家一次就获得了大量的铸铜遗物，包括熔铜工具（熔炉、陶制器皿和与熔铜有关的陶管）、铸铜工具（泥质范模）、修饰工具（切削工具、雕剔工具、修整工具）和其他遗物（铜块、炉渣、木炭）。[①]从某种意义上说，正是由于人们早期对精美青铜礼器的追求，才带动金属加工业的发展。

二、国家青铜器生产的管理

　　三代时期有着"工商食官"[②]的传统。这种提法尽管明显地带有重农思想的烙印，却也比较客观地反映了当时工商业活动与国家政权机构的关系。考古发现的青铜器中，不少是气魄雄浑的巨制，如此之大的青铜器绝不是小型作坊和个人经营所能制作的，非依赖国家的组织和管理不可。张光直曾指出："在三代统治范围内有许多铜矿和锡矿的来源，但像这样的技术复杂的铜器的大规模制造，一定需要许多种的专家的多步骤的作业，而这些专家又得要在国家的组织与监督之下。"[③]

　　这就是说，青铜器的生产不能直接为人们提供衣食住行的功利服务，因而必须以一大批劳动力从农业和纺织业中分离出来为前提。这种分离不是一种自发的自然行为，而是在国家的引导和组织下进行的。这就导致了青铜器的生产必然是一种官营的手工业。

① 中国社会科学院考古研究所殷墟发掘报告 1958—1961[M]. 北京：文物出版社，1987：28-58.

② 《国语·晋语四》。

③ 张光直. 中国青铜时代[M]. 北京：生活·读书·新知三联书店，1983：23.

（一）"工商食官"的经济条件

青铜器制作需要有一大批人彻底摆脱农业生产，专门从事这项活动。这样的条件在商代已基本具备。一是农业生产的发展使剩余产品更加丰富。至西周初年，还出现了"乃求千斯仓，乃求万斯箱"[①]和"亦有高廪，万亿及秭"[②]这样的诗句。从而可以使一部分人脱离农耕，从事青铜器制作有了物质保证。二是国家税收使社会剩余产品得以集中使用。"夏后氏五十而贡，殷人七十而助。"[③]

殷商税制已很完备，西周税赋则更是名目繁多。农业税的用途是"给郊社宗庙百神之祀，天子奉养百官禄食庶事之费"[④]。《周礼·天官上》载，周代使诸侯封地收税，到时以其收入的一部分，或组织生产或交换美物作为邦国之贡。邦国之贡有九种，其中就包括器贡（宗庙之器三年一贡）、服贡（祭祀）等。

三代时期，国家垄断矿山资源，并设专职官员驻扎把守，这种官员周代称为"丱（矿）人"，负责在矿床上设置藩界禁令，并管理守护。另一方面采冶铸造都是大规模劳动，私人和小集团无法提供如此庞大的劳动条件和劳动工具。

（二）国家对青铜生产的管理及青铜冶铸工场

国家对青铜器的生产有一套专门的组织管理制度，并有专人负责。手工业的最高职官，文献上称为司空、司工，由于"工商食官"体制，手工业生产者集体编制，分为左、中、右等组织，故有"右尹工""左尹工"之称。这些直接管理手工艺人的小官吏有时又直接简称为"工"。

青铜器铸造工场的职能主要是天子王室宗庙彝器的制作。其原料和产品均归国家所有。同时由于铜锡矿源有限，粗铜等供应也不一定够用。青铜器工场因此也派生了一种次要的职能，就是接受来料加工业务，只是由于青铜生产是特种行业，外来加工也必须是天子许可的，制造规格也必须受礼制制约。

从青铜器形制、纹样及铭文中，可以发现诸侯在宗周参加相关的仪式之后，在当地订制铜器，之后再运回诸侯国的例子。如在湖北随州叶家山墓地 M2 号墓中出土的"荆子鼎"，与现藏日本泉屋博古馆、传出自北京城外的"燕侯旨鼎"和西安文物保护中心从该市废品回收站征集的"臣高鼎"三者之间存在特殊的关系（见插页图 3-1）。这三件鼎，形制、纹饰极为接近，显然这些器物应是同一作坊在相当短的一段时间内的产品。由于燕侯旨鼎和荆子鼎铭文分别记载了从燕、楚两地到宗周朝见周王，臣高鼎铭文则记载臣高受到了周王的赏赐，那么这三件铜器最大的可能就是在宗周地区的铜器作坊订制、生产的。荆子鼎与保尊、保卣中涉及的荆子、太保以及东国五侯，应是同时

---

① 《诗经·小雅·甫田》。
② 《诗经·周颂·丰年》，"亿"是十万，"秭"是十亿。
③ 《孟子·滕文公上》。
④ 《汉书·食货志上》。

参加了周成王举行的一次大型典礼。^①

民间铸器的方式大致有以下几种。

第一，天子赐金（铜锡）铸器。如陕西临潼发现的西周青铜器"利簋"，其铭文云："辛未，王在阑师，赐有事利金，用作檀公宝尊彝。"大意说，灭商后的第八天，武王在阑师这个地方，赐给有事利金（铜）做成祭祀檀公的宝器。

第二，天子赐币购金铸器。大概当时流散在民间的青铜原料不少，殷周天子可以直接赐给臣属以货币（贝）让他们自己从市场购买粗铜等来铸青铜器。这方面的铭文不少，如"克厥师相赢，王为周窓锡贝五朋，用为宝器，鼎二敦二，其用享于乃帝昔。"（《窓鼎》）及"何锡贝卅朋，用作口公宝尊彝。"（《何尊》）等。但天子准其铸器通常要有成文的证书。如西周册命时往往准予铸器，但也同时要"授王命书"，并令有司记录。受命者大概就是凭这种证书之类进入青铜工场铸器的。

下面我们来研究一个饶有兴趣的问题，即当时生产制造一个青铜器需要多少钱。首先我们要了解夏商西周时期的货币及其单位。我国商代和西周时期仍处于装饰品货币阶段，当时的货币主要是贝和玉。贝的单位是"朋"，《诗经·小雅·菁菁者莪》说："既见君子，锡我百朋。"一朋相当于五至十枚贝。1969—1977年，在殷墟西区发掘的939座墓葬中，有300多座出土了2000多枚贝，即约三分之一的墓葬中平均有不到7枚的贝。足见当时社会财富仍然是相当贫乏的。与此同时，社会财富集聚的情况也相当严重。在殷王武丁的夫人妇好墓中，一次竟出土6800多枚贝。也就是说，当时约有三分之一的富裕或小康家庭，舍不得或者拿不出一朋来用于陪葬，其他三分之二的家庭竟连一枚也拿不出。相比之下，王后妇好真可谓富可敌国了。

现在再来看，制作一个青铜器究竟需要多少钱？

《乙卯尊》铭："乙卯，子见在大室，白口一、弭琅九，侑百牢。王赏子黄瓒一、贝百朋。子光赏口贝，用作己口盘。"^②

《何尊》铭："王咸诰，何锡贝卅朋，用作口公宝尊彝。"

《小臣单觯》铭："王后返克商，在成师，周公赐小臣单十朋，用作宝尊彝。"^③

从贝朋的数量看，当时制作一个小型青铜器并不需要太多贝朋。这并不是说青铜器生产成本低，恰恰反映出当时人们获得贝朋极其不易，贝朋的购买力相当高，难怪当时人们找不出更多贝朋来陪葬。

海贝，是由商人从远地贸易中得来的。……西周初年的景象。那时贝还是珍品，分配不匀，人得之视为至宝，与殷代同。所以周初金文赏贝之数，只有一贝、五贝，最多不过十朋。如《令簋》铭载"姜商令贝十朋、臣十家、鬲百人。"以贝十朋与臣十家和鬲百人同赏，则十朋价值之高可知，矢令的身份之高亦可知。到穆王以后，周代疆域渐扩，商人

① 陈小三.三组西周青铜器的产地分析及相关问题[J].考古.2018（12）：98.
② 李学勤.沣西发现的乙卯尊及其意义[J].文物，1986（7）：62-24.
③ 赵德馨.中国经济通史：第1卷[M].长沙：湖南人民出版社，2002：1005.

运贝渐多，已敷社会上周转流通，在金文上就出现了赏贝二十朋（如《效卣》等铭）、三十朋（如《吕鬻》等铭）、五十朋（如《小臣静》等铭）之大数目。《诗经·菁菁者莪》："既见君子，锡我百朋。"这数目更大了，这是海贝已多时的现象。[①]

我们再来看，用金属作为计价单位时，需要多少"钱"才能做出一个青铜器。

《禽簋》铭："王伐盍侯，周公某，禽祝。禽有振祝，王赐金百寽，禽用作宝彝。"[②]

禽可能是一个诸侯，他因从征受赏铜百寽，寽通锊，一锊约为六两。他把这些"钱"用来做了青铜器。

这件簋的铭文为铸铭，很明显是在预订阶段就知道价格，才能把造价也写在铭文中并浇铸在铜器上的。由此可知，在订制铜器之前，至少要和生产作坊的管理者沟通，按照订制产品的规格支付相应的费用。这些王室控制的作坊生产铜器的盈余，自然也是王室财政收入的一部分。[③]

西周后期，诸侯日益强大，尾大不掉，甚至要"问鼎"中原。僭越行为屡禁不止，高大规格的彝器铸造逐渐失控，导致周代以后青铜器大量增加。其中有不少属私铸的，如"唯正月初吉丁亥，王子午择其吉金"（《王子午鼎》铭）、"伯雍父自作用器"（《伯雍父盘》铭）。

考古发现也证明，三代越往后期，青铜器的量越大。说明由于王权的削弱，中央对青铜器生产的控制管理已越来越力不从心。

三、玉器艺术及其生产

玉在中国古人眼中是一种神圣和美好的象征。三代时期，无论是佩玉、瑞玉、祭玉还是葬玉，都与民生实用无关。江苏常州武进寺墩良渚文化的两个墓葬均出土了不少玉器，其中1982年发现的M3中，随葬品有陶制生活用具、玉石制生产工具、玉制装饰品、玉制礼器璧琮等，共100件。[④]

到了夏代，玉器制作已达到较高的水平，目前考古发掘出的器物有玉戈、玉刀、玉圭、玉琮、玉板、玉钺、玉柄形器、玉铲形器等多种。正如《淮南子·精神训》说："夫有夏后氏之璜者，匣匮而藏之，宝之至也。"因此，夏代美玉到了后代甚至成了政权和财富的象征，为人争相攻取。鲁哀公十四年（前481），桓魋自卫国出逃，卫大夫公文氏出兵"攻之，求夏后氏之璜焉"。可见，玉器在先秦有时有着和青铜彝器相似的地位。一国战胜另一国后，不仅要"迁其重器"，还要没收其玉器。甚至有亡国之君自毁珠玉者：

甲子日，纣兵败。纣走入，登鹿台，衣其宝玉衣赴火而死。[⑤]

---

① 张光直. 中国青铜器时代[M]. 北京：生活·读书·新知三联书店，1983：96-97.

② 赵德馨. 中国经济通史：第1卷[M]. 长沙：湖南人民出版社，2002：1005.

③ 陈小三. 三组西周青铜器的产地分析及相关问题[J]. 考古. 2018（12）：99.

④ 汪遵国，李文明，钱锋.1982年江苏常州武进寺墩遗址的发掘[J]. 考古，1984（2）：109-129.

⑤ 《史记·殷本纪》。

可见在三代时期，玉器不仅重要，而且制造量也相当大。

（一）玉石的来源

《山海经》中"玉"字共出现了 137 次，其中 127 次是与山相结合的，多指某某山多金玉、多玉，或其山之阳或山之阴多玉。[①]这些山遍布东南西北，但一个很明显的事实是，中国并非到处有玉石。显然，玉石是从外地运入中原地区的。地矿资料表明，新疆和田地区与西伯利亚贝加尔湖畔两处，是角闪玉矿分布的主要地区。两地距离华东、华北都十分遥远，"但新石器时代物物交换的商业行为，应足以使大量的玉璞，辗转运销华北，甚至远及东边的滨海地区。唯这种村落间的贸易行为，仍待考古学家进一步的研究。"[②]甚至有学者认为，丝绸之路其实早在三代时期就已经存在，只不过其主要功能是将昆仑山下的玉石反向运往中原。"这条路线的中国部分其实早就存在，而且不是为了外销丝绸而存在，而是为了向中原国家传播西域的玉料而开通并持续存在的。是西玉东输的历史过程，带出了东丝西传的派生过程。其原生与派生的因果关系不容忽视。因此……（应当）改称'丝绸之路'为'玉帛之路'。"[③]

（二）玉器的制作

三代时期玉器大部分是用砾石形的玉料加工而成的，制作技术精巧，规模也很大。据现在有经验的琢玉艺人推测，二里头文化遗址（相当于夏代）中出土的玉器，决不是少数琢玉人所能做出的。[④]当时很可能已经有了一支相当规模的专业制玉人员。1976 年发掘殷王武丁配偶妇好墓时，出土的玉石雕刻品达 750 余件，有力地证明了当时曾有大规模玉器制作业存在。

玉器生产也是在手工业作坊中进行的。1975 年冬，考古学家在小屯村北发现两座殷代晚期的地穴式房子。出土物包括残存的 600 多块圆锥形石料和 200 多块磨石，以及少量经过加工的玉器半成品。同时还发现了几件完整的圆雕艺术品，包括玉鳖、玉龟、石鳖、石虎和石鸭等。这里显然是一处专为王室磨制玉器的作坊。玉器作坊大概也像青铜器作坊一样完全效命于王室，而没有商品经营的余地。

第二节　王室的艺术消费

三代时期最重要的艺术品——青铜器和玉器多是作为礼器生产的，一些纯艺术活动

---

① 袁珂. 山海经校注[M]. 上海：上海古籍出版社，1980：14-16.
② 邓淑萍. 山川精英：玉器的艺术、美感与造型[M]. 台北：联经出版事业公司，1983：258.
③ 叶舒宪. 玉石之路踏查记[M]. 兰州：甘肃人民出版社，2015：204.
④ 北京市玉器厂技术研究组. 对商代琢玉工艺的一些初步看法[J]. 考古，1976（4）：229-233.

在很大程度上也是直接服务于祭祀活动的，如诗歌、音乐、舞蹈、绘画、雕塑等。祭祀之事也由氏族、部落的大事发展为国家大事，所谓"国之大事，在祀与戎"[①]。祭祀活动成为国家组织的大型仪式，也是三代时期最重要的艺术活动。

一、祭祀

殷商时迷信之风十分浓厚，事无巨细都要通过占卜请示鬼神，尤为突出的是祭祀繁多。

事实上，三代时期流传的主要歌舞几乎都是祭祀时演出的，如夏代的《大夏》和防风氏之乐，商代的《大濩》《隶舞》《羽舞》，西周的《帗舞》《皇舞》《方相舞》，等等。这些舞乐活动大多由巫师组织并主演，有时天子也亲自参加。周代，王室和诸侯每年岁终都要代表国家举行"国傩"，以驱除疠疫恶鬼，祈求一年的平安清吉。王室还设有庞大的礼乐机构并有专职官吏。乐官和乐师在商代已有。《史记·殷本纪》中有"殷之大师、少师乃持其祭乐器奔周"[②]的记载。可见商代乐官至少有大（太）师和少师之分，他们掌管祭祀礼乐。到了周代，管理机构就更加庞大了。据《周礼·春官》载，当时"大司乐"是最高乐官，他和下属不仅掌管各种场合的乐舞演出，而且还负责乐舞教育，直接管理奏乐、歌唱、舞蹈及其他工作人员将近 1500 人。

祭祀在商周是重要的财政开支之一。尤其在殷商时期，贵族祭祀更是不遗余力，不惜工本。这一点我们可以从殷墟甲骨卜辞中窥其一斑。河南省安阳市小屯村出土的刻有文字的龟骨兽骨，据 1955 年版《殷墟发掘》统计，多至 16 万片以上，差不多全是占卜所用。从卜辞中又可以看到殷人用牲的数量，有的多至一次用"羊三百"（天 51）、"五百宰"（乙 9098）、"千牛"（乙 5157）、"百豕"（掇 2.39）、"三百犬"（续 2.17.5）。殷人用牲如此慷慨，在祭祀中用于歌舞等方面的费用估计也不少。周人同样重视祭祀的财政开支，《周礼》中明确记载了祭祀款项的筹措。周襄王曾对晋文公说："昔我先王之有天下也，规方千里以为甸服，以供上帝山川百神之祀，以备百姓兆民之用，以待不庭不虞之患。"[③]三星堆遗址文化距今4800～2800 年，跨越中原的三代时期，即从新石器时代晚期延续至商末周初，有着鲜明的地域特色。其祭祀坑遗址出土了难以计数的象牙和大型青铜器，生动地反映了当时祭祀规模的浩大。

二、文化建筑

建筑是一种独特的实用艺术。三代时期，社会有了一定发展，人类精神生活的多样化和生产力水平的提高，为需要巨大物质财富支撑的建筑艺术带来了生机。由国家组织的

---

① 《左传·成公十三年》。
② 《史记·殷本纪》。
③ 《国语·周语中》。

大型建筑除实用功能外，往往带有强烈的意识形态色彩。三代时期，城市出现，宫殿宗庙开始产生。

（一）城垣

史籍关于建设城市的年代记载较早，《吕氏春秋·君守》《世本·作篇》《淮南子·原道训》等均说到鲧作城。宋代《太平寰宇记》更记载鲧曾在今山东、河北等地筑城或筑堤。目前，考古学家已发现三处夏城遗址：河南登封王城岗、山西夏县东下冯、河南淮阳平粮台等。

商代城址也已发现四处，即早商河南偃师二里头、中商郑州、中商湖北黄陂盘龙城、晚商安阳殷墟等。当时城市范围已很大，据1972年对郑州商城进行钻探考查的结果，初步获知夯土城垣周长6960米。北京大学历史系考古人员曾算过这样一笔账：以全部城墙的长、宽、高计算，郑州商城共有夯土量约87万立方米，相当于二里头宫殿的40多倍。在当时的劳动条件下，若按起土、运土夯筑每立方米需15个劳动日计算，修建如此巨大的工程，总共需要约1300万个劳动日。即使每天有上万的奴隶参加筑城劳动，也需要四五年的时间才能完成。[1]而为供给城垣建筑的物资及其运输，以及上万劳动者的衣食都需要有大量的开支，没有一定的经济实力根本无法建筑如此庞大的城池。

（二）宫殿台阁

宫殿是我国成就最高的建筑类型。夏代宫殿虽尚未发掘，但古籍记载，"桀作瑶台，罢民力，殚民财"[2]，似非无稽之谈。脆弱的经济基础尚不足以承受如此豪华壮美的建筑，营造瑶台对经济的破坏可想而知。商周宫殿建筑又有了新的发展，基本上形成了"四阿重屋"和"前堂后室"的典型中国式宫殿。统治者对其居处的宫殿，不仅要求高大壮观，而且极尽奢华。据载，"纣为鹿台，七年而成，其大三里，高千尺，临望云雨"[3]，大型工程除了泥瓦匠外，多种工匠如画工、雕工、刻工、绣工、玉工等咸集于此。"纣为鹿台糟丘，酒池肉林，宫墙文画，雕琢刻镂，锦绣被堂，金玉珍玮。"[4]这些描述在殷墟等地的考古发掘中，都得到了证实。如此奢侈的装饰布置，难怪要"殚百姓之财"了。

三、宫廷宴乐与乐舞奴隶

传说，《九韶》本来是舜帝的祭神乐舞，后来夏启把它从天上带回人间享用，使得天帝百姓都对他不满。末代夏王桀则更是肆无忌惮、胡作非为。他"作为侈乐，大鼓、钟、磬、管、箫之音，以钜为美，以众为观。"[5]结果，"伊尹高逝游薄，而女乐终废其国。"[6]

---

① 北京大学历史系考古教研室商周组. 商周考古[M]. 北京：文物出版社，1979：59.

②《新序·刺奢》。

③ 同②。

④《说苑·反质》。

⑤《吕氏春秋·侈乐》。

⑥《盐铁论·力耕》。

商汤以伐桀无道为名，结束了夏的统治，但其建立的商朝也并没有舍弃歌舞之乐，甚至有过之而无不及。最终商纣王再现了夏桀"荒于声色"以至国破家亡的命运。他们之所以备受指责，并不仅仅是因为他们酷爱珍玩酒色和乐舞，更重要的是他们为此大量耗费财物，加重人民的负担。如此庞大的艺术消费既然是通过"厚赋"和"大敛"实现的，自然引起国人的愤恨。无怪乎人民有"是日何时丧，宁与女皆亡"①的切肤之痛。因此，从本质上讲，桀纣亡国的原因在于艺术消费超出了当时社会物质生产的水平，超出了人民的经济负担能力。这也有力地证明了，艺术活动是受物质经济发展水平制约的。

这一时期，原先集政治、军事、文化诸方面功能于一身的巫师阶层分化为两个部分。一部分是部落酋长成为集权国家的帝王后，独占了政治、军事、经济的大权；另一部分是一些有专门技艺的中下层巫师逐渐削弱了通神、娱神的功能，成为娱人的工具。尽管在祭神仪式上，帝王偶尔也会粉墨登场，亲作乐舞，但那已像"籍礼"一样成为某种象征性的行为。更多的，他们是作为观赏者，而不是表演者出现在载歌载舞的盛典宴会上。这时，中下层巫师中除了分离出专门的科学家、哲人、官吏以外，很多人地位迅速下降，成为专门的艺人。这部分人成为第一批专职的艺术家，也就是靠技艺谋生的人。他们是技艺方面的专才，但在社会的转变（由原型的部落到集权帝国）中，无可奈何地成为古代的"俳优"。这些俳优有留在宫廷者，亦有流落到民间的。当时不仅新兴艺术门类多，而且从艺人数也很多。如夏桀、商纣女乐多达几千几万人虽然可能有所夸大，但也反映了当时女乐人数确实很多。商周时代艺术家的社会地位大致都比较低，尽管有一部分人属于平民阶层，仍有大部分人沦为宫廷乐舞奴隶。但从物质生活上看，后者往往反而高于前者。《墨子·非乐上》记载：

　　昔者齐康公兴乐万，万人不可衣短褐，不可食糠糟。曰食饮不美，面目颜色不足视也；衣服不美，身体从容丑羸不足观也。是以食必粱肉，衣必文绣。此掌不从事乎衣食之财，而掌食乎人者也。

伴君如伴虎，宫廷艺人虽然衣食无忧，但也承受巨大压力。如《拾遗记》载乐人师延（一说师涓）若不为纣王创作"北里之舞，靡靡之乐"，就会受炮烙之刑处死。更残酷的是，甚至还有以艺人殉葬的。1950 年春，在武官村殷墓中，椁室西侧有殉葬的女性骨架 24 具，随葬的还有乐器和小铜戈 3 件。铜戈皆有绢帛，其中之一还有鸟羽残迹。据考证，这 3 件小铜戈并不是武器而是舞蹈用的道具。由此可见，这 24 个女性生前很可能是乐舞奴隶。

第三节　艺术市场

三代时期，中国艺术市场很不发达，甚至由于金玉特殊社会地位的确立，原始社会后

---

① 《史记·殷本纪》。

期发展起来的装饰艺术品（主要以金玉材料制成）市场也受到了制约，到了西周甚至被禁绝。在对外经济交往中，青铜器和玉器、珠宝等虽然仍大量出现，但在国内却因礼制和伪饰之禁而无法上市交易，获准存在的只是金玉原材料市场。

一、对外交易：宜侯矢簋的证明

殷商人以善于经商著称，在其对外经济交往中，由于礼制尚未成熟定型，青铜器和玉器也大量参与交易。在商周墓葬和生活遗存中，有不少非商周本地所产的鲸鱼骨、朱砂、海贝、占卜用龟甲和玉石、铜锡原料。商人向内地输入各种珍宝异物，同时也向外地输出一部分玉器和青铜器。如在江南发现的宜侯矢簋，其铭文内容涉及西周实行分封的情况，与吴国没有任何关系，其形制也完全是中原式的，很可能是早期交换的结果。再如，广西早在商周时期就与黄河、长江流域存在着经济文化的交流，在武鸣全苏、灌阳钟山、忻城大塘、横县镇龙、恭城嘉会等地出土商周出产的卣、甬钟、鼎、罍、编钟、剑、戈、矛等，都反映了商周时期中原商人的势力范围和交换地域。

玉材及玉器的交换也留下了一些珍贵的价格方面的资料，1975年陕西岐山董家村出土了一批西周铜器，其中一件恭王三年的卫盉铭文（见图3-2）记载：

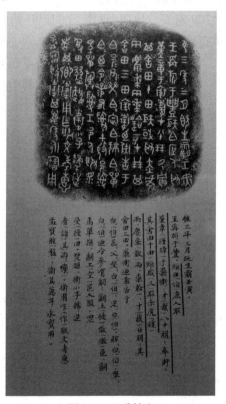

图3-2 卫盉铭文

唯三年三月既生霸壬寅，王称旂于丰。矩伯庶人取瑾璋于裘卫，才八十朋。其价其舍田十田。矩又取赤虎两、麀賁两、賁鞈一，才廿朋，其舍田三田。

这是迄今为止最早的有确切年代记载的物价资料。同样，人们也对其他艺术品、材料和珍异之物的价值进行计量，当然这种计量也是以当时的货币——"贝"来进行的。《易经》损、益二卦中，皆有"或益之十朋之龟"之说，分明是以朋来评龟价。又如《遽伯睘簋》铭："遽伯睘作宝尊彝，用贝十朋又四朋。"显然是在用朋贝来计算制作尊彝的成本，其中自然包含了铜锡原材料的价值。

二、国内市场：玉器转让的中介人

随着商业的发展，商周时期的国内市场也很发达，西周的市场管理已相当完善。当时不仅有一整套管理制度，还设置了多种专门机构和人员，如司市、质人、廛人、贾师、肆人等。但当时工艺品是不能进入市场交易的。

周代商品出入市场须有"玺节"（批文）。国家对进入交易的商品有严格规定。《礼记·王制》云：

有金璧玉璋不粥于市，命服命车不粥于市，宗庙之器不粥于市，牺牲不粥于市，戎器不粥于市，……锦文珠玉成器不粥于市，衣服饮食不粥于市……

之所以禁止它们，"是为了维护贵族的身份等级和礼制，不让混淆等级差别和僭越的事发生"①。这部分物品尽管不能在市上买卖，但并不就是所谓"伪饰之禁"。"伪饰"实际是加入过多的人工进行雕琢加工的产品，即奢侈品。西周禁止生产出售侈靡淫巧之物主要是为了维持市场价格均平，制止劳动力的浪费。

一般说来，工艺品要么属于礼器，要么属于伪饰，很难进入市场进行交易。西周中期以后，市场管理也并不像周初那样严格。岐山董家村出土的卫盉，铭文记载了周恭王三年裘卫用价值一百朋的一件瑾璋、两件赤琥、两件麀贲和一件贲鞈换取矩伯土地十三田（1300 亩）。②说明当时贵族间已开始用工艺品交换土地，不仅打破了"伪饰之禁"，而且也打破了"田里不鬻"的根本法则。从而为春秋战国时代艺术品市场的兴起开了先例。

更有意思的是，当时还出现了玉器买卖的中介人，这从文化产业史和艺术市场史上看，无疑是一个具有划时代意义的事件。《亢鼎》铭：

乙未，公大保买大球于口亚，才五十朋。公令亢归口亚贝五十朋，以口口、爸口、牛一。亚宾亢驿金二钧。③

这位叫"亢"的人显然是买卖大球（玉器）的中介人，大球的价格是 50 朋。买家"公大保"和卖家"口亚"都分别给了"亢"馈赠，实质是佣金。驿金二钧就是红铜二钧（三分之二两为一钧）。

 本章小结

▶▶ 青铜器特别是钟鼎礼器并不直接服务于物质生产生活，其动机、造型和使用都反映了当时人们的精神生活。当时人们的艺术活动在很大程度上是围绕青铜礼器的制作和使用来进行的。

▶▶ 夏商西周青铜器的生产是在国家的引导和组织下进行的。这就导致了青铜器的生产必然是一种官营的手工业。

① 叶世昌. 中国古代经济管理思想[M]. 上海：复旦大学出版社，1990：133.

② 周瑗. 矩伯、裘卫两家族的消长与周礼的崩坏[J]. 文物. 1976（6）：46-48.

③ 马承源. 亢父铭文[M]//上海博物馆. 上海博物馆集刊. 第八期. 上海：上海书画出版社，2000.

▶▶ 夏商西周的玉器作坊大概也像青铜器作坊一样完全效命于王室，而没有商品经营的余地。

▶▶ 三代时期最重要的艺术品——青铜器和玉器多是作为礼器生产的，一些纯艺术活动在很大程度上也是直接服务于祭祀活动的，如诗歌、音乐、舞蹈、绘画、雕塑等。祭祀活动成为国家组织的大型仪式，也是三代时期最重要的艺术活动。

▶▶ 三代时期，社会有了一定发展，人类精神生活的多样化和生产力水平的提高，为需要巨大物质财富支撑的建筑艺术带来了生机。在这一时期，城市出现，宫殿宗庙开始产生。

▶▶ 三代时期，艺术市场很不发达。在对外经济交往中，青铜器和玉器、珠宝等虽然仍大量出现，但在国内却因礼制和伪饰之禁而无法上市交易，获准存在的只是金玉原材料市场。

 思考题

1. 夏商西周的艺术活动是如何围绕青铜礼器进行的？
2. 简述三代时期王室的主要艺术消费方式。
3. 简述三代时期艺术市场的概况。

第四章

春秋战国

学习目标

通过对本章的学习，学生应了解或掌握如下内容：

1. 掌握春秋战国时期工艺业的生产方式和市场概况；
2. 掌握春秋战国时期文化建筑业的组织形式；
3. 掌握春秋战国时期演艺业的发展历史。

导言

这是中国人的青春期。当权力来源于实力较量，也许是最公平的，于是有了春秋五霸的粉墨登场。血气方刚的人们不会盲从于权威，这才有战国七雄的锋芒毕露。虽然有些叛逆，有些粗鲁，但他们随心所欲，生得尽兴，死得其所，岂不快哉！这是一个创造寓言的时代，讲故事的人成了故事里的人。

因此，当艺术成为自娱和娱人的手段，文化也真正成为一种生活的状态，一切都在漫不经心中恣意挥洒，仿佛一场游戏一场梦。

第一节　工艺业

在人们对物质财富的追逐中，器物之美得到了不同程度的展示。

一、艺术价值的经济认同

艺术品的美学价值自有其本质的评估标准，但在商品经济初步发展的春秋战国时代，人们开始用经济价值，即用货币标准来衡量艺术品的珍贵程度。

春秋战国时期，人们为了说明或描述艺术品的精美、珍贵，常用一些抽象的经济价值来形容。这些艺术品主要包括工艺品和天然的奇珍异宝。关于工艺品的描述，如"千金之玉卮""千金之剑""千镒之裘""百金之剑"等，以"金""镒"（二十两）为单位来描述艺术品价值，并不表示其实际价格，而只是艺术价值的经济标度。关于珍异之宝的描述也很多，如"千金之马""璞玉万镒"等。赵惠文王得楚和氏璧，"秦昭王闻之，使人遗赵王书，愿以十五城请易璧"①。尽管这次交换并不成功，或者说一开始就是一场骗局，但却实实在在地说明了和氏璧价值连城。

二、青铜器的生产管理：物勒工名

春秋战国时代的"礼崩乐坏"首先表现在礼器的衰变上。象征天子权威的青铜礼器随着宗周的没落而悄悄地背离原先的宗旨，就连那狰狞可怖的饕餮纹饰也很知趣地变得秀美俊朗，世俗功能强化，宗教色彩日益淡薄。

这种变化不仅是形式上的，而且是本质上的。"列鼎制度"被各种僭越行为冲击得支离破碎，周礼受到了致命打击。按周礼，"名位不同，礼亦异数"。②不同名位身分的人所用的鼎是有一定级差的，史称"升鼎制度"。但到了春秋以后，诸侯不仅敢于问鼎，而且敢于自设九鼎。诸侯国除了占有铜矿（如楚国有铜绿山），大部分都要用现成的铜改铸。青铜器生产规模和制造技术都比过去有了很大发展。如山西侯马牛村发现的晋国铸铜遗址，宽约300平方米，中有大批陶范出土，工场规模明显扩大。③再如湖北随县曾侯乙墓，这是战国初期小诸侯国曾国国君乙的墓葬，也用了九鼎陪葬。其中65件巨型青铜器，总重量达10吨左右，如果加上铸造过程的损耗，所需金属约为12吨之多。④一个小诸侯国可以铸造这么多巨大的青铜铸件，也说明了当时青铜制作工艺的盛况。

生产技术也有了发展。分铸、焊接、失蜡、模印、镶嵌、细线刻纹等技术的发明，为青铜艺术的臻于完美创造了条件。同时，春秋战国时期的青铜工场也十分重视产品的质量管理，如《周礼·考工纪》中对制造青铜器的工艺规范做过明确规定。人们对青铜器质量的管理首先表现为对原材料的严格选择，事实上已建立了原材料定期审查的管理制度。《吕氏春秋·季春纪》记载：

是月也，命工师令百工审五库之量，金铁、皮革筋、角齿、羽箭干、脂胶丹漆，无或不良。

不仅要求原材料保证质量，而且生产过程也要一丝不苟。为此，当时实行了生产的责任制，对生产出来的产品由生产者本人或督造者的机构、司造的各级官吏标上自己的铭

① 《史记·廉颇蔺相如列传》。
② 《左传·庄公十八年》。
③ 张万钟. 侯马东周陶范的造型工艺[J]. 文物，1962（Z1）：37-42.
④ 华觉明，郭德维. 曾侯乙墓青铜器群的铸焊技术和失蜡法[J]. 文物，1979（7）：46-48.

记，以明确制造者或督造者的责任，即所谓"物勒工名"。河北平山县中山国墓中出土的战国末期的九鼎，都刻上了制器负责人、官衔及重量①，若做工不考究、工艺不精湛，不符合规格要求，则必对制造者进行惩罚。除了每年一度的大检查，平时的管理也毫不含糊，"日省月试，既禀称事，所以劝百工也"。②这就是说，每天每月都例行考核，并按考核的结果赐给钱粮，将质量与工匠收入直接挂钩。

1933年，在安徽寿县朱家集（今淮南市杨公镇）李三孤堆战国楚王墓出土了9件升鼎（现藏安徽省博物馆），其中部分鼎的沿口刻有九字铭文："铸客为王后小府为之"。其他器物中也刻有："铸客为集既铸为之""铸客为太后脰官为之"等（见插页图4-1）。"铸客"，即楚国之外的铸造工匠，他们来为楚王铸器，说明当时存在一些从事铸造的专业工匠，他们可以自由流动揽活，青铜器的铸造已经市场化了。

三、艺术品市场的出现：珠宝之利百倍

西周时期严格禁止的艺术品交易，至春秋战国乱世之际开始萌动发育。人们既已认识到艺术品的经济价值及其保值功效，便大胆地搜求这些人间奇珍。于是艺术品市场在挣脱西周"伪饰之禁"的枷锁后，终于顺应时代的召唤，再度复兴。

春秋战国时期，艺术品市场主要是珠宝市场和工艺品市场。而这两者又有一定的联系，珠玉经过人工雕琢后便成为工艺品。相比之下，珠宝市场更具有时代特征和典型经济意义。

当时艺术品市场的参与者比较广泛，上至王公贵族，下至平民百姓，都可直接或间接地参与艺术品的买卖。楚王后死，楚王因立后之事为难，昭鱼劝他买五双饰耳之玉，以便立后。子贡更以卖玉为喻请教孔子是否应及时使自身的才学用于治世。子贡曰："有美玉于斯，韫椟而藏诸？求善贾而沽诸？"子曰："沽之哉！沽之哉！我待贾者也。"③

春秋战国时期的艺术品市场内容繁杂，生意大概也很兴隆，甚至有不少商人专营此道，以谋取巨利。当年吕不韦在邯郸做生意，遇到在赵国做人质的秦国庶孙子楚。子楚在秦国不受重视，在赵国也受到冷遇。但吕不韦却深谋远虑，打算在子楚身上做一笔真正的大生意。

濮阳人吕不韦贾于邯郸，见秦质子异人，归而谓父曰："耕田之利几倍？"曰："十倍。""珠玉之赢几倍？"曰："百倍。""立国家之主赢几倍？"曰："无数。"曰："今力田疾作，不得暖衣余食；今建国立君，泽可以遗世，愿往事之。"④

看来吕不韦之父也是一个商场高手，他对各种生意的利润率都了如指掌。他说经营

①张守中，郑名桢，刘来成. 河北省平山县战国时期中山国墓葬发掘简报[J]. 文物，1979（1）：1-31.
②《中庸》第二十章。
③《论语·子罕》。
④《战国策·秦策五》。

珠玉可获得百倍的利润，估计是一个虚数。但珠玉经营比种田或其他行业更为赚钱，却是肯定的。

一般的珍珠璞玉的价格要比成品的工艺器件价格低得多，而且可能很难跨区域流通，所以子罕感于宋人献玉之诚，而为之攻玉并璧还之。

宋人或得玉，献诸子罕。子罕弗受。献玉者曰："以示玉人，玉人以为宝也，故敢献之。"子罕曰："我以不贪为宝，尔以玉为宝，若以与我，皆丧宝也。不若人有其宝。"稽首而告曰："小人怀璧，不可以越乡，纳此以请死也。"子罕置诸其里，使玉人为之攻之，富而后使复其所。[①]

子罕为宋人把璞加工好又替他卖了钱，再悉数赠返，确实可谓仁至义尽。更重要的是，这时出现了"玉人"，他们分布在不同的地方，是专门从事玉器加工的匠师，不仅有精湛的技艺，而且也精通玉材的鉴定和估价。

四、艺术品价格及其变动：陶朱公的白璧

由于珍宝工艺品的频繁交易，人们对工艺品价值的认识日益精确，不再满足于"千金"这样模糊的质的判断。风湖子向楚昭王推荐湛卢剑，昭王不解其价值，于是风湖子说：

臣闻此剑在越之时，客有酬其直者：有市之乡三十，骏马千匹，万户之都二。是其一也。薛烛对曰："赤堇之山已令无云，若耶之溪深而莫测，群臣上天，欧冶死矣，虽倾城量金，珠玉盈河，犹不能得此宝，而况有市之乡，骏马千匹，万户之都，何足言也？"[②]

有人以"有市之乡三十、骏马千匹、万户之都二"来交换这湛卢剑，薛烛还大不以为然，觉得太少，可见湛卢剑价重之至。豪富陶朱公有一次和梁王也谈起家藏二白璧的价格差别及其原因：

朱公曰："……臣之家有二白璧，其色相如也，其径相如也，其泽相如也，然其价一者千金，一者五百金。"王曰："径与色泽相如也，一者千金，一者五百金，何也？"朱公曰："侧而视之，一者厚倍，是以千金。"[③]

从陶朱公和梁王的讨论中，我们可以看出当时决定白璧价格的因素有四个："色"，指玉的成色；"径"，指玉的大小、面积；"泽"，指玉的光泽；"厚"，指玉的厚度。这里并没有提及玉人攻玉琢磨之工费，也许是这在玉器的价值构成中并不占重要地位。更确切地说，攻玉之工相对玉材本身的价值而言实在微不足道，所以陶朱公在谈玉璧价格构成时，

---

① 《左传·襄公十五年》。
② 《吴越春秋·阖闾内传》。
③ 《新序·杂事第四》。

也就不需要提及砂磨雕琢之工了。

第二节　文化建筑业

春秋战国时期，建筑艺术经济更加繁荣，各诸侯国一方面为了抵御入侵而不断修筑城池，另一方面，为了享乐而大肆修造观台宫殿。由于统治者在建筑上投入大量的人力、物力和财力，使筑城建台成为当时最重要的社会经济活动之一，每有重要建筑活动，史书多要或简或繁地记上一笔。而且这一时期建筑出现等级制，设立了掌管土地，负责土地测量、道路工程，掌管土木建筑的官员——司空。孔子在鲁国为官时就当过司空。

一、工程预算：大型工程的计划性

春秋战国时期，大型工程的建设更加有计划性。工程指挥注重工程预算和规划。他们不仅对工程的规模做到心中有数，还要估算所需劳力、材料的来源、工程造价，甚至连工匠的粮食供给也不忽视。鲁昭公三十二年（前510年），周请晋增修成周城。于是晋国派魏舒、韩不信于十一月与各诸侯大夫在狄泉会盟，决定助周筑城。

己丑，士弥牟营成周，计丈数，揣高卑，度厚薄，仞沟洫，物土方，议远迩，量事期，计徒庸，虑材用，书糇粮，以令役于诸侯。属役赋丈，书以授帅，而效诸刘子。韩简子临之，以为成命。①

可见，当时不仅有工程计划，还有计划地逐层审批。晋国理官士弥牟作为总规划师草拟好工程计划草案，送给各诸侯大夫审阅，经过提议修改后，再呈刘文公，并经总指挥韩不信（简子）批准，这样才把方案最后确定下来。这样形成的工程方案一方面符合建筑工程的技术要求，另一方面也能适应各诸侯国的人财物承受能力，因而是比较科学的。正由于事先准备充分，周王城的修建工程只经过30天就圆满完成了，所谓"城三旬而毕，乃归诸侯之戍。"②

二、劳动力的安排：不误农时

春秋战国时期，建筑工匠主要有两方面来源，一是囚徒，二是农民。春秋战国乃乱世之秋，"盗匪横行"，囚徒当不在少数，让他们筑城又省事又省钱。如《庄子·则阳》说，魏惠王与田侯牟定约，田侯牟背约，魏惠王盛怒之下要去攻打他。苏秦因而讽谏道："筑十仞之城，城者既十仞矣，则又坏之，此胥靡之所苦也。今兵不起七年矣，此王之基也。"

---

① 《左传·昭公三十二年》。
② 《左传·定公元年》。

这里以筑城为比，指出筑城者为胥靡（囚徒）。

但事实上筑工主要还是临时征发的农民。农民之天职在乎躬耕南亩，如果不择时间地把他们抽调出来就会直接妨碍农活，动摇社会经济的农业基础。在夏代，营建城郭、宫室等都安排在秋收以后。《夏令》说："九月除道，十月成梁"[①]。周制也规定"不夺农时，不蔑农功"[②]。春秋战国时期的人们则在这一点上形成了具体的惯例，征发劳役的最合适时间是夏历每年九月至十一月。要求建筑工程的安排不误农时，实际上反映了人们这样一种认识，即农业生产是第一位的活动，所谓"民以食为天"。其他一切活动，特别是满足精神需要的活动都要服从于这个第一位的活动，从事艺术劳动的时间只能是物质劳动的"农闲时间"。

三、材料供给：许绾的死谏

春秋战国时期，建造楼阁均以夯土为基础，追求巨大体量的高台建筑应运而生。如《老子》所说："九层之台，起于累土。"高台是夯土成台，可分数层呈阶梯状逐层收小，以此为核心，在各面分层建筑围屋，台顶再耸起中心建筑，外观十分宏伟。

由于追求高大华美，建筑时期相当长，如楚灵王建章华台花了七年时间，吴王夫差为造姑苏台，"三年聚材，五年乃成"[③]，"齐宣王为大室，大盖百亩，堂上三百户。以齐国之大，具之三年而未能成，群臣莫敢谏者"[④]。由于高台以累土为基础，追求其高也就客观上要求占地面积之大。如"楚庄王筑层台，延石千重，延壤百里"[⑤]。魏王的胃口比楚王还要大，他竟发下宏愿，要建一座"中天台"，没人敢去劝谏。最后，是许绾通过帮助魏王计算筑台所需占地、土方、劳力、木材和粮食，才使魏王打消了念头[⑥]，可见占地和土方确是建台面临的严重问题。而过多占用农田并从他处挖运土方，势必毁费大量良田耕地，不仅严重影响农业生产，还会使一批农民无地可耕，流离失所。

为了稳定建筑材料的来源，诸侯甚至派专职官员去看守山林。有时各国之间也有建材之馈赠，越王勾践为了雪耻复仇，听文种之策向夫差送去高大木料，供其建台，以激民怨。伍子胥识破其中有诈，苦谏夫差。但"吴王不听，遂受而起姑苏之台。三年聚材，五年乃成，高见二百里。行路之人，道死巷哭，不绝嗟嘻之声：民疲士苦，人不聊生"[⑦]。

四、赋敛聚财：勾践的阴谋

建筑取费于民。特别是大型建筑，当年的赋税收入不敷使用，往往要积几年之资，倾

---

① 《国语·周语中》。
② 同①。
③ 《吴越春秋·勾践阴谋外传》。
④ 《新序·刺奢》，又见《吕氏春秋·骄恣》。
⑤ 《说苑·正谏》。
⑥ 《新序·刺奢》。
⑦ 《吴越春秋·勾践阴谋外传》。

全国之财。统治者为其奢侈享乐之需在建筑上不厌其精，不厌其美，进一步增加了资金的耗费。建筑上过于讲究观赏性、艺术性，势必要增加赋敛，从而加重百姓的经济负担。如楚灵王建章华台，"国人怨焉，财用尽焉，年穀败焉，百姓烦焉"。[1]

由于厚敛筑台，激化社会矛盾，往往会危及统治者的统治地位。越王勾践在纵使夫差造姑苏台，弄得吴国百姓怨声载道之后觉得时机已熟，乃发兵攻吴。出兵前，勾践宣称："我闻吴王筑如皇之台，掘渊泉之池，罢苦百姓，煎靡财货，以尽民力，余来为民诛之。"[2]作为其罪状之一，夫差敛赋筑台竟把天下给丢了。

五、筑工地位：歌手助兴提高效率

春秋时期大部分筑工均为临时征发的农民，其劳动有一定的特殊性。首先是无偿性。他们不是出卖劳动力，而是履行百姓对国君的义务来服徭役，不仅没有报酬，还要自备干粮。因而这种建筑劳动并不表现为简单的雇佣劳动或惩罚，也不是一般的剥削关系，而是人民与国家，被剥削阶级与剥削阶级之间的关系。其中并没有明确的经济对立。这就使得建筑劳动者有时显得轻松和自由，甚至肆无忌惮。他们甚至可以讥讽战败的将军。统治者对于征发来的筑工们也无法苛求，即使要求他们加快工程进度，有时也不完全用强制措施，还得讲究点方式方法。如宋国为了建筑一座武宫（练武之宫），居然想出一个在今天看来也很时兴的管理方法，请歌手在工地上唱歌助兴：

宋王与齐仇也，筑武宫，讴癸（名叫癸的歌手）倡（唱），行者止观，筑者不倦。王闻，召而赐之。对曰："臣师射稽（歌手名）之讴又贤于癸。"王召射稽使之讴，行者不止，筑者知倦。王曰："行者不止，筑者知倦，其讴不胜如癸美，何也？"对曰："王试度其功。"癸四板，射稽八板；擿其坚，癸五寸，射稽二寸。[3]

射稽的歌看来比癸的歌更具有生产促进作用，一曲下来，听癸的歌，工人只筑四板，而听射稽的歌，却可筑八板；用手指按所筑的墙，听癸的歌时，所筑墙不够硬，可按进去五寸，而射稽唱时所筑墙只能按进去二寸。

第三节　演艺业

春秋战国时期，礼乐正逐步从娱神的活动中褪去华丽的装饰，成为娱人的手段。可以说，这种礼乐还兼具娱神和娱人的双重功效。在祭祀活动中，不同等级的人们可以用不同

---

[1]《吴越春秋·王僚使公子光传》。
[2]《韩非子·外储说左上》。
[3] 同②。

的礼乐敬神，在平时的生活中，由于周礼崩坏，王公贵族都过着奢华的生活，极尽声色之娱，旺盛的乐舞需求催生了职业艺人，也使卖艺成为社会所接纳的谋生方式。

一、贵族的纵乐：侏儒有余酒

关于当时贵族阶层的艺术性消费，我们可分两个层次来观察，一是国君，二是其他贵族。国君是各诸侯国之君主，他们按"礼"有权力也有条件享受较高级别的艺术生活。但其中有不少人却穷奢极欲，弄得人们怨声载道。①

诸侯追求生活享受，公卿大夫也不甘示弱，不少公卿甚至富比诸侯。如鲁大夫臧孙辰为大龟建造了专门的龟椟，而且画栋雕梁，连孔子也讥讽他不智。②齐贵族孟尝君养门客三千，生活极其奢侈。统治者对奢侈生活的享受，是建立在大量下层百姓的贫困基础之上的。一极是雕梁画栋，宴乐文绣；另一极是食不果腹，衣不蔽体。这种巨大的鸿沟在当时不断扩大，如咎犯指责晋平公的那样，出现了"柱梁衣绣，士民无褐""侏儒有余酒，而死士渴""民有饥色，而马有粟秩"③的情况。更为严重的是，统治者还要贪得无厌地继续榨取百姓的财物，其结果必然是"上乐其乐，下伤其费"④。

二、祭祀与歌舞戏剧：李悝的账单

春秋以后，国之大事中，戎已远远超出了祀的地位。相反，一般百姓苦于连年不断的天灾人祸，期望通过祭祀消灾除病，生活美满。魏文侯时，李悝曾经为当时农民的家庭收支算了一笔账：

> 今一夫挟五口，治田百亩，岁收亩一石半，为粟百五十石……食，人月一石半，五人终岁为粟九十石，余有四十五石。石三十，为钱千三百五十，除社闾、尝新、春秋之祠，用钱三百，余千五十。⑤

也就是说，当时每户农户将年收入的五分之一以上都花在祭祀上了。春秋战国时期，一般平民只有在社祭和腊祭时才有机会参与群众性的娱乐活动。当社祭和腊祭时，常常宰杀牲畜，男女齐集，举行酒会，开展各种娱乐活动，十分热闹。淳于髡说："若乃州闾之会，男女杂坐，行酒稽留，六博投壶，相引为曹。"⑥即当时祭祀的真实写照。这些娱乐活动与祭祀本身并没有直接关系，也可能就是后来民间迎神赛会上大规模游乐活动的滥觞。这一点非常重要，因为这样，民间用于祭祀钱财中的一部分功能就更加明朗，即为了

---

① 《墨子·辞过》。
② 《论语·公冶长》。
③ 《说苑·正谏》。
④ 《说苑·贵德》。
⑤ 《汉书·食货志上》。
⑥ 《史记·滑稽列传》。

观赏艺术表演。因此，祭祀费用也许是民间娱乐的最初的一种开支。

三、艺人待遇：齐宣王爱听三百人的合奏

春秋战国时期的宫廷艺术家相当多，门类也比较齐全，包括舞女、乐工、画工、书工、侏儒弄臣等。出于公私需要，诸侯蓄养的艺术家人数往往相当多，著名的"滥竽充数"故事就生动地反映了这种情况。《韩非子•内储说上七术》载，"齐宣王使人吹竽，必三百人。南郭处士请为王吹竽，宣王说之，廪食以数百人。"

《说苑》里有这么一个故事：

齐王起九重之台，募国中有画者赐之钱。狂卒敬君居常饥寒，妻端正。敬君工画，贪赐画台。[1]

可见，宫廷里可能有不少画工是属于临时招聘的，这种招聘带有一定的雇佣性，即一方出钱，一方提供技艺和劳动力。这部分人不是徭役性的无偿劳动，但也不同于画史，接受俸禄。

四、演艺歌舞：中山国少女的热门职业

春秋战国时期，由于宫廷和民间对歌舞的需求极其旺盛，艺术成为人们一种重要的谋生途径，并且以此形成了颇具规模的艺术人才市场和劳动力市场。由于重农轻商、重本轻末的思想，因此只要有一点希望，人们都不愿放弃田亩。但是，对于一些土地贫瘠、人多地少的地方，人们不得不学一门技艺，离乡背井，寻找生路。据《史记•货殖列传》记载，中山国的人们为了谋生，男子长于工艺制作，女子多从事歌舞业，是中国最早的一批职业艺人。

当时艺术人才的转让和买卖也是寻常事，对于一些有一技之长、有一定名声的，往往出价不菲。《战国策》载，当时的小国韩国想巴结秦国，苦于囊中羞涩，拿不出钱，只好卖"美人"，也就是年轻貌美的女艺人。但是"美人"太贵，一般小国买不起，最后竟以"三千金"卖给了秦国，然后韩国再用这笔钱给秦国送礼。

五、卖艺生涯：韩娥卖唱，余音绕梁

春秋战国时期，街头卖艺似已成为一些民间艺人的谋生之路。他们或讴歌，或奏乐，以邀宠于人，乞求得钱或得食。《楚辞•宋玉对楚王问》提到"客有歌于郢中者"，这位在郢中吟唱的民歌手不像是宫廷乐工，很可能是民间以卖唱谋生的职业艺人。《列子》中讲述了"余音绕梁"的故事，"昔韩娥东之齐，匮粮，过雍门，鬻歌假食。既去而余音绕梁

---

[1]《太平御览•人事部•卷二十二》引《说苑》。

栀，三日不绝，左右以其人弗去。……乃厚赂发之。"韩娥卖唱得食在当时似应不是什么新鲜事。因为韩娥本不是专门来卖艺的，只是到齐国临时匮乏粮食，才去鬻歌假食，这确是一种无须花费什么本钱的交易。如果说韩娥卖唱只是救不时之需，那么伍子胥的卖艺则更是万般无奈了：

伍子胥橐载而出昭关，夜行昼伏，至于陵水。无以糊其口，膝行蒲伏，稽首肉袒，鼓腹吹篪，乞食于吴市，卒兴吴国，阖闾为伯（霸）。①

伍子胥吹篪乞食虽属虎落平阳，却成了中国艺术史上卖艺乞食的第一位名人。

本章小结

▶▶ 春秋战国时代的"礼崩乐坏"首先表现在礼器的衰变上，诸侯敢于自设九鼎，导致青铜器生产规模和制造技术都比过去有了很大发展。

▶▶ 西周时期严格禁止的艺术品交易，至春秋战国乱世之际开始萌动发育。人们既已认识到艺术品的经济价值及其保值功效，便大胆地搜求这些人间奇珍。于是艺术品市场在挣脱西周"伪饰之禁"的枷锁后，终于顺应时代的召唤，再度复兴。

▶▶ 春秋战国时期，建筑艺术经济更加繁荣，各诸侯国一方面为了抵御入侵而不断修筑城池，另一方面，为了享乐而大肆修造观台宫殿。由于统治者在建筑上投入大量的人力、物力和财力，使筑城建台成为当时最重要的社会经济活动之一。这一时期建筑出现等级制，设立了掌管土地，负责土地测量、道路工程，掌管土木建筑的官员——司空。

▶▶ 春秋战国时期，礼乐正逐步从娱神的活动中褪去华丽的装饰，成为娱人的手段。在祭祀活动中，不同等级的人们可以用不同的礼乐敬神，在平时的生活中，由于周礼崩坏，王公贵族都过着奢华的生活，旺盛的乐舞需求催生了职业艺人，也使卖艺成为社会所接纳的谋生方式。

思考题

1. 春秋战国时代的周礼崩坏对当时的文化产业产生了哪些影响？
2. 春秋战国时期的艺术品市场因什么而复兴？
3. 简述春秋战国时期的文化建筑业的产业结构。
4. 简述春秋战国时期的艺人的生存状况。

---

① 《史记·范雎蔡泽列传》。

第五章

秦 汉

 学习目标

通过对本章的学习，学生应了解或掌握如下内容：

1. 了解秦汉时期宫廷艺术的财政收支情况；
2. 掌握秦汉时期建筑雕塑业官营和民营的区别；
3. 掌握秦汉时期宫廷工艺业、民间工艺业和工艺品出口的历史；
4. 掌握秦汉时期书画业的发展历史；
5. 了解秦汉时期演艺业的规模；
6. 了解秦汉时期文学业发展和收入的关系。

 导言

秦汉国力强盛，帝王豪右皆崇侈尚奢，宫阙陵寝、台榭苑囿莫不形制壮观，饰金填玉。更有俳优戏弄于前，女乐歌舞于后，而丝路初通，高鼻深目之幻人麇集于鸿伊馆下，梵音乐渐代华夏正声，化胡之说始焉。倾府廪以资艺事，殚民力而兴土木，国之未尝有也。上行则下效，民风从此不古。碑碣云起，丧乐娱宾，长门买赋，佣书为钱，艺术市场日趋繁茂以至唯利是图，临街卖艺者亦有之。

第一节 宫廷艺术的财政收支

一、少府：皇家文化事业的大管家

秦汉时期，供给宫廷艺术活动资助、供养艺人的主要机构都和"少府"这个部门有关。负责雕塑的"东园匠""考工室""尚方"，负责绘画的"黄门署长""画室署长""玉堂署长"，负责乐舞百戏的"乐府""黄门鼓吹署"，负责文学辞赋的郎官，等等，都归少府统领，连负责建筑的将作大匠，在汉以前也只是少府的一个属官，名"将作"①，只是汉以后才分出来成为"将作少府"和"将作大匠"。

　　按照杨宽的考证，秦少府的主要税收包括山泽市井之税和人口税。②汉代宫殿、苑囿和陵墓建筑由将作大匠掌管，费用由大司农开支，不归少府。尽管这样，少府的赋税收入还是相当多的。据王嘉上汉哀帝的奏文，汉元帝时"都内钱（即大司农掌管的钱）四十万万，水衡钱（水衡都尉掌管的钱）二十五万万，少府钱十八万万"③。西汉末、东汉初的桓谭又说，汉代一年的收入，都内钱四十余万万，"少府所领园地作务之八十三万万"④。有如此庞大的钱库作后盾，难怪汉代宫廷艺术发展如此蓬勃繁荣了。

　　需要指出的是，少府开支并不包括有官职的宫廷艺术家的俸禄。官俸一向是由治粟内史、大司农开支的，少府所开支的主要艺术性费用包括无官职的艺术家和宫廷乐舞、百戏艺人、大内作坊工人工资和有关艺术活动的物质资料支出。瞿兑之也指出过，"侏儒为宫中戏弄小臣，所支自不在官俸之内"⑤，这些支出显然是该由少府承担的。

二、宫廷艺术开支：一百四十六万乐器费

　　专业艺人的薪水从个人来说并不高，但庞大的宫廷艺人队伍的总开支就相当可观了。同时，为艺术活动提供的其他物资费用也绝不能低估。比如艺术表演化装费用，陈蕃谏汉桓帝时说："宫女数千，脂粉之耗，不可胜数。"⑥这里主要不是指宫廷艺人，但可以想见她们的表演化装耗用也是相当大的。再如制作乐器，宫廷乐队庞大，表演频繁，其乐器制作要求高，费用也相当大：

　　　　上以太常乐丞鲍邺等上乐事，下车骑将军马防。防奏言："建初二年七月，邺上言：……愿与待诏严崇及能作乐器者共作治，考工给所当。诏下太常。太常上言：'作乐器，直钱百四十六万，请太仆作成上。'奏寝。"⑦

　　少府的另一部分开支与民间的艺术活动有关。汉武帝时"乐府"派出专人去各地搜集民歌。这些派出人员几乎走遍中国⑧，俸禄、盘缠和其他杂费应当不是一个小数目，而他们采集民歌的目的是用来供帝王娱乐，因而这部分开支自然要由少府支出。可见秦汉时

① 加藤繁. 汉代国家财政和帝室财政的区别以及帝室财政的一斑[M]//中国经济史考证：第 1 卷. 北京：商务印书馆，1959.
② 杨宽. 从"少府"职掌看秦汉封建统治者的经济特权[M]//中国秦汉史研究会. 秦汉史论丛：第 1 辑. 西安：陕西人民出版社，1981：219.
③《汉书·何武王嘉师丹传》。
④《太平御览》卷六百二十七《治道部八》引桓谭《新论》。
⑤ 瞿兑之. 汉代风俗制度史[M]. 北京：广业书社，1928：133.
⑥《北堂书钞》卷一百三十五引司马彪《续汉书》。
⑦ 徐坚《初学记》卷一六引《后汉书》。
⑧《汉书·艺文志》。

期，少府几乎成了宫廷艺术活动的财务总管。

第二节　文化建筑与雕塑业

一、国家的文化工程管理：将作大匠

秦代官营文化工程的记载较少。汉承秦制，汉代官营文化工程的管理制度更具有代表性。秦汉建筑工程如此庞大，必然要在宫廷中设立专门机构来进行工程组织和管理筹划。汉承秦制，设立了品位很高的"将作大匠"职。"将作大匠一人，二千石。"①与先秦时代一样，秦汉两代也重视建筑工程的预算，有些重要工程的建设计划甚至要直接送呈天子审批。

由于秦汉两代是中央集权国家，可以动员全国的人财物资源，因而工程之浩大远远超过此前各代。据载，为造阿房宫和骊山陵，竟征发隐宫（受宫刑者）、徒刑者七十万人，始皇死后"生埋工匠计以万数"②，工程周期也特别长，仅骊山陵园就造了三十余年。而修造长城对人力、财力的耗费更是难以计数。秦王朝的重赋繁役，最终引发了陈胜、吴广起义。

为了这些巍峨的宫殿、陵寝，秦汉两代在耗材上也极尽侈靡。黄肠题凑是西汉皇室贵族专用的一种葬制。黄肠是一种黄心柏木枋材，题凑即枋材一端都向内垒成四堵围墙。燕王墓的黄肠题凑共用了 15 880 根长 90 厘米、宽厚各 10 厘米的黄肠木；四周共铺有 30 层，中间没有一个榫卯。没有丰富的计算知识，这一巨大工程是不能想象的。

如此规模巨大的工程是以数以亿计的财政投入为支撑的。汉代建筑工程浩大，自然要以巨大的财力开支为基础。晋代索靖之子索琳曾对晋愍帝说："汉天子即位，一年而为陵，天下贡赋三分之，一供宗庙，一供宾客，一充山陵。"③若此，汉武帝执政五十四年，其茂陵的修建竟要耗费汉代鼎盛时期十八年的贡赋，确实太铺张了。

建造金碧辉煌的宫殿庙宇，耗费同样惊人。如王莽"乃博征天下工匠诸图画，以望法度算，乃吏民以义入钱、谷助作者，骆驿道路。环彻城西苑中建章、承光、包阳、犬台、储元宫及平乐、当路、阳禄馆，凡十余所，取其材瓦，以起九庙。……殿皆重屋。……为铜薄栌，饰以金银雕文，究极百工之巧。带高增下，功费数百巨万，卒徒死者万数。"④

---

① 《后汉书·百官志四》。
② 《汉书·刘向传》。
③ 《晋书·索靖传》。
④ 《汉书·王莽传下》。

二、厚葬成风：丰厚的赙仪

汉代富贵之家不仅自家声色犬马、歌舞升平，而且常常出钱资助一些"公益性"活动。东汉永寿年间，鲁相韩敕倡议为孔庙造立礼器，这实际上是一次工艺制作活动，当时的官吏皆出钱赞助。立于东汉永寿二年（156年）的《韩敕造孔庙礼器碑》（简称《礼器碑》，现存曲阜孔庙），其碑阴及两侧刻满了出钱者的"芳名"，也记载了汉代人对艺术赞助的热情和慷慨。

为建筑大型宅院府邸，人们花费的财力确实不可胜数。汉哀帝为娈童董贤建筑宫室和修祖茔，竟"费以万万计，国家为空虚"[①]。霍光为淳于衍起第宅也是耗资无数，"又与走珠一排，绿绫百端，钱百万，黄金百两，为起第宅，奴婢不可胜数"[②]。

达官显贵遇到丧事，更是宾客盈门，赙金山积。汉代官吏之丧，国家按规定给于赙赠，谓之法赙，此外，同僚及门生故吏也助钱送葬，其数多者达千万以上。《汉书·游侠传》记载："涉父哀帝时为南阳太守。天下殷富，大郡二千石死官，赋敛送葬皆千万以上。"著名的如《曹全碑》《张迁碑》，其碑阴都镌刻了当时出钱助葬的人员名单和出钱数额。《荡阴令张迁碑》立于中平三年（186年），碑阴刻有故吏姓名三列，以安国、从事、守令、吏、督邮的顺序排名，出钱数有三百、四百、五百、七百、八百、千不等，随各人所愿，并不是官级越高，出钱越多。这一类碑刻可谓比比皆是，数额巨大的赙仪为举办丧葬相关的文化活动提供了雄厚的经济基础。

三、雕塑业

（一）官营雕塑业：兵马俑的作者

从秦始皇陵兵马俑坑一号坑的发掘中，可以看出这批陶俑、陶马的制作者主要有两个来源，一是官府作坊的工匠，一是外地征发的民间艺人。从发掘材料看，官方工匠和民间雕塑艺人根据"物勒工名"的周制，在不少陶俑上印或刻自己的名字。宫廷技师都用戳记，共发现宫彊、宫得、宫系、宫臧、宫欬、宫颏、宫颇、宫朝、宫魏、宫口等11种。这批陶工可能并不全是雕塑艺人，有人是临时改行的，大多是秦中央官署控制下的制陶作坊内的一批陶工名。[③]

在秦兵马俑上还发现了另一类带有地名的陶文，这些文字都是刻文，字体草率，其格式多为"某地某"，如成阳衣、咸阳午、咸庆、成敬、栎阳重等共54件，共见陶工名21

① 《汉书·佞幸传》。
② 刘歆《西京杂记》卷一。
③ 陕西省考古研究所，始皇陵俑坑考古发掘队. 秦始皇陵兵马俑坑一号坑发掘报告：上册[M]. 北京：文物出版社，1988：199.

个，这批人显然是民间具有丰富雕塑、制陶经验的陶工。21 名陶工中，来自咸阳地区的 19 人，来自栎阳和临晋的各 1 人。

由于秦汉时期文化产业往往与其他手工业结合在一起，还不像今天这样分工明确、特征明显，因此，其从业人员也是艺术精英与助手、一般工匠、囚徒混为一谈。尽管用今天的眼光看我们感觉很无奈，但它在很大程度上体现了一种历史的真实。

汉代经过文景之治的休养生息以后，经济实力大大加强。这时虽然没有产生像秦始皇兵马俑这样宏大的雕塑艺术，但气势飞扬、生动浑朴的陵墓神道石雕和陶俑，仍是中国雕塑史上不可多得的精品。这其中大部分石雕和陶俑都是由宫廷作坊的艺术家塑造的，王伯敏指出："汉代许多大型的具有重大政治意义的或供皇室贵族享用及赏赐臣僚的贵重精工的雕塑品，大多是由中央和各地官营手工作坊生产出来的。在官营作坊从事雕塑艺术创作的，有专业的工匠、服役的民工，以及大批的'刑徒'，奴隶制的残余在官营作坊中还严重存在着，然因官营作坊一般少受材料、工本、时间的限制，且工匠技艺世代相传，故规模巨大、材料贵重、形制壮伟、技艺精湛的雕塑作品，多出自官营作坊匠师之手。"①汉代宫廷雕塑仍承秦俗，由少府总管。少府下又分多个具体职能部门负责不同类型的雕塑制作。

大型陵墓石雕由"左司空"负责。这个部门本是役使刑徒造砖瓦的部门，但也兼管大型石雕。如陈直所说，"少府属官有左右司空令，内有大量刑徒。1958 年霍去病墓上亦发现有'左司空'三大字石刻，盖秦汉时代，左司空主要在造砖瓦，兼管石刻工艺。"②东园匠"主作陵内器物"③，其重要工作之一就是主管制作随葬的俑和犬马等动物雕塑品④。王仲殊指出：少府属官中有东园匠，它与考工室、右工室并称为三工官；东园匠专门为皇帝制作丧葬用品，诸如棺椁、金缕玉衣及各种明器之类，称为"东园秘器"，每年所费达数千万。⑤宫廷日用小型陈列雕塑工艺品由"主作器械"的"考工室"负责⑥。东汉则由"尚方"负责制作金银、珠玉、犀象、瑎瑂诸雕镂玩好之物。⑦

（二）民间雕塑产业：墓表和石狮子

汉代民间雕塑产业是随着厚葬之风发展的。汉代墓葬建筑之美者可从石阙中看出，如四川雅安的高颐阙，高约六米，在檐下还刻出仿木的斗拱。墓阙的制作同享堂建筑一样，也同样需要耗费巨资。山东嘉祥武氏祠西阙的铭文载："使石工孟孚、李丁卯造此阙，直钱十五万。"⑧1934 年发现的山东东阿县芗他君石祠堂题记：

---

① 王伯敏. 中国美术通史：第 1 卷[M]. 济南：山东教育出版社，1987：
② 陈直. 史记新证[M]. 天津：天津人民出版社，1979：369.
③《汉书·百官公卿表》，颜师古注。
④《后汉书·礼仪下》。
⑤ 王仲殊. 汉代考古学概说[M]. 北京：中华书局，1984：104.
⑥《汉书·百官公卿表》。
⑦《后汉书·百官志三》。
⑧《金石索·石索》。

无患、奉宗，克念父母之恩，思念忉怛悲楚之情，兄弟暴露在冢，不辟晨昏，负土成墓，列种松柏，起立石祠堂，冀二亲魂零（灵），有所依止。岁腊拜贺，子孙懽喜。堂虽小，经日甚久，取石南山，更逾二年，迄今成已。使师操义，山阳瑕丘荣保，画师高平代盛、邵强生等十余人。价钱二万五千。

山东嘉祥武氏祠有石阙和一对石狮，西阙铭文记载了其制作的开支："建和元年（147年）岁在丁亥，三月庚戌朔四日癸丑……孙宗作师（狮）子，直钱四万。"[①]立于东汉元和二年（85年）的山东莒南孙氏石阙，阙身梯形，左侧有阴刻铭文："元和二年正月六日孙仲阳口升父物故行口口礼口作石阙贾直万五千。"是现存最早的刻有纪年的汉代石阙（见插页图 5-1）。从这两帧价格资料看，墓表雕刻的造价主要取决于雕刻艺术性。嘉祥处鲁西南，莒南处鲁东南，都是石料产地，因而材料成本不高，石阙虽体积比石狮大得多，但工艺制作比石狮要简单。即使考虑先后六十年的物价因素，一万五千也远比四万少。

第三节　工艺业

《汉书·百官公卿表》："大司农供军国之用，少府以养天子也。"少府管辖的手工业包括砖瓦制造、陶器生产、金属制品、玉石雕刻、漆器、画工、纸墨笔砚、纺织品等。宫廷工艺品制造业由于不计成本和技艺高超，成为一个时代物质文明的象征。与此同时，民间工艺品制造业也逐步兴起，市场繁荣，分工也日趋完善。

一、宫廷工艺品制造业

秦代因时间较短，记载工艺制作发展的遗存资料不多。当时宫廷官府工艺品制作的组织和管理比春秋战国时期更为完善，国家设立了一些专职官员，这些官职和机构为汉代所继承和发展。这里值得提出的是秦代漆器的制作，人们在漆器遗迹上可以看到"咸亭""陬里""许市"等铭文，可见当时产地较多。秦代官府工艺品制造业继承了周代以来重视产品质量管理的传统，对生产原料的质量也十分注意。云梦睡虎地秦简载，"公禀髹它县，到官试之"。漆器艺人到别县领漆，要送到官府检验。正是由于当时重视原料及成品质量，秦汉工艺品制作才达到一个新水平，出现了如错金博山炉、长信宫灯、金缕玉衣等官工精品。

（一）生产规模：金缕玉衣需费十年之功

汉代工艺品制作的规模相当大。1961 年在西安市三桥镇出土的铜器铭文记载，仅上

---

① 《金石索·石索》。

林苑宫馆中所用的铜鉴，从阳朔元年到鸿嘉三年的短短8年内共造铜鉴1258件。又如铜鼎，甘露三年（前51年）工匠王意造了116件，鸿嘉二年六月工匠左恽造200件，数量也相当大。[①]

漆器也是这样，朝鲜平壤附近出土的二件新莽时期的漆盘，在底部分别刻有"常乐大官，始建国元年正月受，第千四百五十至四千"和"常乐大官，始建国元年正月受，第二千一百七十三至三千"字样，说明在当时的长乐宫（新莽时改称"常乐室"）中主管皇家膳食的官署中所用的漆器，仅漆盘一种，即达数千件，其数量达到惊人的程度。[②]

关于玉器，比较典型的是金缕玉衣，由金丝将两千多片小玉片连缀而成，整个制作过程所花费的人力和物力是十分惊人的。按照现今的工艺水平推算，西汉时代制作一件"玉衣"，约需一名玉工费十余年的工夫。[③]

（二）生产机构：尚方令和考工令

秦汉以前，我国基本上还没有私营手工业。自汉代始，私营手工业开始出现。这种情况也反映在工艺品的生产制作上。汉代工艺品的制作机构主要有两类：一类是官营，一类是私营。本节先讨论官营工艺制作业。

官营工艺品制作主要归少府管理。其分管制作工艺品的主要属吏有：尚方令和考工令（东汉时属太仆），负责在首都制造御用和官用的铜器、漆器、玉器；左、右司空，右司空主管造陶瓦、陶俑，左司空兼管石刻工艺。

据《汉书·地理志》记载，汉朝在河南、河内、济南、蜀郡等郡县设有工官，由中央政府直接控制。工官既管漆器的生产，也管铜器的生产。工官每年的开销相当大，据《汉书·贡禹传》说，"蜀广汉主金银器，岁各用五百万"。除用于必要设备工具及吏工薪水以外，最大的开支是购买原材料。1955年，在西安汉长安城遗址附近发现一块铜锭，上面刻有"汝南（郡）富波（县）宛里田戎卖"的字样，证实了当时收购民间铜材的情况。[④]

二、民间工艺品产业

（一）市场化程度提高：繁华的都市

东汉中期以后，官营工艺品制作逐渐衰落，代之而起的是由各地豪强地主商人经营的私营工艺制造业，其产品大多供应市场。如时人"或作泥车、瓦狗、马骑、倡俳，诸戏弄小儿之具以巧诈"。市井内十字形的市道（称随），划分出4个交易区，各区内有长廊式建筑（称为列肆）。市井中央有一座市楼，管理市井的官署当设于其中。市楼上置一鼓，

① 陈直. 古器物文字丛考[J]. 考古，1963（2）：80-86.
② 王仲殊. 汉代考古学概说[M]. 北京：中华书局，1984：47.
③ 中国社会科学院考古研究所. 满城汉墓发掘报告[M]. 北京：文物出版社，1980：37，357.
④ 贺梓城. 西安汉城遗址附近发现汉代铜锭十块[J]. 文物参考资料，1956（3）：82.

击鼓以令市。①河北满城汉墓中发现了大量工艺制品，其中几件铜器铭文记载了铜器的买卖情况。②有的铭文反映中山王内府的铜器有买之于市者，如购于洛阳：

> 中山内府铜钫一，容四斗，重十五斤八两，第一，卅四年，中郎柳市雒阳。
> 中山内府铜钫一，容四斗，重十五斤十两，第十一，卅四年，中郎柳市雒阳。

而 1965 年 2 月在河北行唐北高里村发现的另一件中山内府铜鋗（见插页图 5-2），也有相似铭文：

> 中山内府，铜鋗一，容二斗，重六斤七两，第八十三，卅四年四月，郎中定市河东。③

可能是当时雒阳（洛阳）产的铜钫和铜盆比较好，故“中郎柳”前往购买，而河东产的铜鋗较好，故有“郎中定”购置。其中 2：4106 号铜鋗铭文中还标明了成交价为八百四十钱。汉代工艺品价格情况我们也可从《居延汉简》中增加一些了解：

> 铜銚一直五十（一〇〇·三三 A）
> 赍责鹑缕一匹直千（一一二·二七）
> 卖缣一直钱八百约至口（一六三·三）④

民间工艺品要比宫廷工艺品的制作成本低得多，其产品生产完全是为了获取市场收益。在市场竞争中，工艺品商业广告也开始出现。《龙氏神兽镜》铭：

> 龙氏作竟佳且好，明而日月世少保，上有仙人不知老，渴饮玉泉饥食枣。

这些广告词一般刻在铜镜上，自夸铜质优良和制作精良（见插页图 5-3）。由于“一杯棬用百人之力，一屏风就万人之功”⑤，汉代奢靡之风的扩大对物质经济造成负面影响。贾谊把“天下之所以困贫而不足”归因于民间工艺制作的兴盛，虽多过激之辞，但确也说明了工艺品制作和交易如超出物质经济承受能力，将对社会经济带来破坏性影响。

（二）工艺品的国际贸易：丝绸之路

汉代工艺品的国际交易十分兴旺，这一切似乎都可归功于张骞当年开辟的丝绸之路。汉朝输出的艺术品主要是精美的丝绸织品、漆器、釉陶和装饰品等。输入的艺术品主要有毛织物、宝石制品等。这种交易既有官方的，也有民间的。官方艺术品交易往往被蒙上一层由赏赐和进贡织成的礼仪之纱，民间艺术品交易则相对要明晰一些。

汉代官办的贸易商队多作为使节出访，沿途跋涉于沙漠、碱滩、草原和峡谷之间，

---

① 王符《潜夫论·浮侈》。
② 中国社会科学院考古研究所. 满城汉墓发掘报告[M]. 北京：文物出版社，1980：49，57，250.
③ 郑绍宗. 河北行唐发现的两件汉代容器[J]. 文物，1976（12）：1.
④ 中国社会科学院考古研究所. 居延汉简甲乙编[M]. 北京：中华书局. 1980.
⑤ 桓宽《盐铁论·散不足》。

和远方的塞人、大月氏人、希腊人、波斯人和印度人交换商货。在中西交易中，商人的作用也不可轻视。他们翻山越岭，将中国的工艺品运到西方诸国以至罗马，也将西方的珍异珠宝源源不断地送到中原。人们在新疆北部、中亚细亚等地都曾发现过汉朝的彩绢、绵绮、纱罗。而当时罗马帝国的男女贵族争穿绸衣也早已是人所共知的事实。另一方面，外国的工艺品也在中国屡屡出土，如在塔里木盆地的汉墓中，英籍匈牙利人斯坦因曾发现"装饰的织物中，精制的地毯残片所显示的风格，丝毫不错是'希腊罗马式'的，无论是本地制造或是从极西的中亚输入，我们可以看出一种文化力量显著的说明"[①]。

在文化对外贸易中，汉朝获得了巨大的贸易顺差。"普林尼曾约略估算，罗马每年向阿拉伯半岛、印度和中国支付的货款，在一亿赛斯特（sesterces）上下，约合十万盎斯黄金。帝国的黄金储备在奥古斯都统治的全盛时期，曾达一百亿金马克，约合十七万九千一百千克。非常巧合的是，这个数字和23年王莽死时汉朝府藏黄金七十匮（七十万斤），折合十七万九千二百千克几无两样。罗马钱币在德干高原和南印度各地都有成批出土，在中国山西也发现过14—275年的罗马钱币。罗马黄金确曾大量流入印度和中国，并且受到希米雅尔商人的盘剥，以致罗马国库在连年对外战争和入超贸易的消耗下，迅速亏空。估计从前31年到192年的二百二十年间，罗马因东方贸易而损失的价值约合1930年的一亿英镑。"[②]

后代中国文人多认为汉代黄金太多，恐怕与这种巨大的贸易顺差有很大关系，只是当时中国尚不习惯于使用金币，而将罗马金币化为金块罢了。

三、国家对工艺品出口的鼓励政策：桑弘羊的贸易战略

汉昭帝始元六年（前81年），召开了名垂史册的盐铁会议。会议上发生了激烈的论辩。一方是以御史大夫桑弘羊为代表的政府当局，一方是以贤良茂陵唐生、文学鲁万生、汝南朱子伯、中山刘子雍、九江祝生等为代表的六十余位民间贤士。贤士们认为这些制作工艺品的奇技淫巧妨碍农耕，伤风败俗，更耗费太多的人工却不能增加使用价值，"夫一文杯得铜杯十，贾贱而用不殊。"[③]因而主张禁止工艺品的制作。

曾长期负责财经的桑弘羊却认为，由于外国人喜爱中国的工艺品，因而有可能用对于中国"无用的"工艺品与外国的有用商品进行交换，从而解决工艺品实际劳动耗费与其物质使用价值低下的矛盾。因此汉代对外工艺品贸易的动机并不在于获取外国奇货，恰恰相反，是为了用中国的奇货去换取外国的有用之物，增加国富。

---

① 斯坦因. 斯坦因西域考古记[M]. 向达，译. 上海：中华书局，1936：108.
② 沈福伟. 中西文化交流史[M]. 上海：上海人民出版社，1985：59.
③ 桓宽《盐铁论·散不足》。

第四节　书画业

一、宫廷画工的非正常收入：毛延寿的死

秦汉宫廷绘画艺术也有一定发展，壁画、帛画都比前代进步。汉代宫廷少府下设"黄门署长、画室署长、玉堂署长各一人"[1]。画室内有"黄门画者"或"尚方画工"。这些"职任亲近，以供天子"的宫廷画工在汉代总人数虽不能算多，但种类却相当多。画工既为宫廷任职，自有稳定的经济收入，还可以在为人画像时获得"美颜"贿赂。为了得到皇上的恩宠，"诸宫人皆赂画工，多者十万，少者亦不减五万。"只有王昭君不愿送钱，因而不得见。后来匈奴来请和亲，元帝看图像点了昭君。临行前，元帝亲自召见，一看之下大为震惊，"貌为后宫第一，善应对，举止闲雅"。皇上非常后悔，但又不便换人，只好先送昭君出塞，再事后算账。"乃穷案其事，画工皆弃市，籍其家资皆巨万。画工有杜陵毛延寿，为人形丑好老少，必得其真。安陵陈敞、新丰刘白、（洛阳）龚宽，并工为牛马飞鸟众势，人形好丑不逮延寿。下杜阳望亦善画，尤善布色，（长安）樊育亦善布色，同日弃市。京师画工于是差稀。"[2]这些宫廷画工竟"资皆巨万"，令人惊叹。

二、民间绘画市场：四处觅活的画匠们

王符曾说："图西施、毛嫱，有悦于心，而不若丑妻陋妾之可御于前也。"[3]这里尽管是在喻指一种哲学道理，但其用来比拟之事倒也颇有意思。我们是否可作这样的推测，即汉代可能已有"美人图"出卖，既然西施、毛嫱之形容可以有悦于心，若图之于帛、竹而售之不是颇有市场么？从秦汉建筑雕梁画栋的情况看，在富贵人家的房屋墙壁、栋梁门楣和墓室上留下这些画迹的显然是民间画工。这种画工即使对于普通人家也同样是不可缺少的。和当时的书法市场一样，大部分的绘画市场还只是以"佣画"的形式出现，即主家提供绘画材料和资金，画工自带专门工具前去作画或雕刻。如汉代画像石上就刻有王次、孟孚、李丁卯、卫改、石巨宜、操义、荣保、代盛、邵强生等画工名。这些民间画工不仅创作了墓室壁画、画像石、画像砖等作品，而且对绘画市场的发展起了很大的推进作用。

在西安理工大学基建工地 M1 汉墓东壁射猎图中，我们可以看到在草图中，有的马前腿本来是向后收起的，但在定稿时，画者又将前腿改为平行前伸的样子，这样一来，马儿

---

① 《后汉书·百官志三》。

② 刘歆《西京杂记》卷二。

③ 王符《潜夫论·实贡》。

的动势更加强烈。可以想见,"这位画工并不只是在被动地工作,他面壁而立,端详,沉思,推敲,不为这些绘画在丧葬礼仪中的功用,不为雇主的工钱,只是为了把这些奔跑的马儿画得更好。这时候,他就不再是一位仅仅为稻粱谋的普通工匠,而是一位富有自觉意识的艺术家了"①。

三、职业书法家的出现:书佐与章草

秦汉时,宫廷书法家中有三大类。第一类是具有官职的善书者,如秦代李斯、东汉蔡邕,他们的书法水平较高,也不以书法为业,并不是宫廷的专业书家。但他们为书法也要花费不少,如扬雄善书,"及为郎,诏令尚书赐笔墨钱六万"②。

第二类是书佐。宫廷中蓄养了一大批专业书法家或善书者,这批人主要征自民间。主要的任务是抄写诏谕简牍等往来文书。因此,他们与其说是"书工",不如说是"书佐"。案书佐一般被看作是地方官府佐史。汉代州郡以至县皆分曹治事,诸曹下各有书佐。州郡书佐位次从事,郡县书佐则次掾、史等属,职主起草和缮写文书。但一个显而易见的事实是,天子诏谕和其他宫廷文书也同样需要善书者效力。首都博物馆藏一石阙,1964 年出土于北京西郊石景山,上存阳文"汉幽州书佐秦君之神道"10 个字(见插页图 5-4)。

作为宫廷和官府专业书法家,书佐在当时地位身份还比较低,而且俸禄也是不高的。居延简所记载的候官以下各级属吏俸禄中,候官最高,为月俸三千,书佐最低,仅月俸三百六十。《居延汉简》第三〇三·二一简:

> 书佐樊奉始元三年六月丁丑除。未得始元六年八月奉用钱三百六十。

在汉代这样的月薪大概比宫中一般艺人稍高,但也只能是刚够温饱。

宫中还有一类书者,是由民间因书法好而被宫廷官府长期或短期临时聘用的,即所谓"佣书者"。汉代雇佣关系已较普遍,关于"佣"的性质,尚秉和说,"佣有短佣,有长佣。短佣或一日,或二三日;长佣或以月计、以年计。计时受值,皆可自由。"③汉代为宫廷官府佣书受值已属正常。如显宗问班固:"卿弟子安在?"固对:"与官写书受直,以养老母。"帝乃除超为兰台令史。④

汉代书家大多出于宫廷,如史游在元帝时为黄门令,曹喜在章帝时为秘书郎,杜度在章帝时为齐相,等等,而这些大书家又直接是章草的鼻祖巨擘。如史游作《急就章》而开章草先声,杜度时称"草圣"。章是指章程而言,即用于公文奏摺之书体。这类书体可说是草写的隶书,每字独立不相连属,而单字中笔画或连缀或省略,结体抑左扬右,收笔波磔明显。⑤看

① 西安市文物保护考古研究院. 西安西汉壁画墓[M]. 北京:文物出版社,2018.
② 马宗霍《书林纪事》卷二。
③ 尚秉和. 历代社会风俗事物考[M]. 长沙:商务印书馆,1939:397.
④ 《艺文类聚》卷七十四引《汉书》。
⑤ 朱惠良. 无形之相:书法艺术[M]//郭继生. 艺术篇:美感与造形. 台北:联经出版事业公司,1983:392.

来，章草是宫廷官府的专利。①

四、民间书法市场：善笔而得富

秦汉书法市场开始萌芽，但当时书法市场的形式还属于比较低级的阶段，即仍为"佣书"取赏的形式。

佣书中有为官府佣书获得报酬的人，如班超投笔从戎前的职业，但更多的是为民间一般百姓佣书取酬。"刘梁字曼山，……少孤贫，卖书于市以自资。"②有人甚至靠在市上为人佣书而致富：

> 有瑯玡王溥，王吉之后。吉先为昌邑中尉，弈世衰陵，及安帝时，家贫不得仕。乃挟竹筒插笔于洛阳市佣书。美于形貌，又多文辞，来倩其书者，丈夫赠其衣冠，妇人遗其珠玉。一日之中，衣宝盈车而归，积粟于廪。九族宗亲，莫不仰其衣食。洛阳称为善笔而得富。③

可见，汉代书法市场似乎不仅是卖字，而且也兼卖文辞，显示了书法市场初级水平的特征。正由于这种情况，书法市场的范围也就比较有限，或为人代写、抄写书信；"或裁好缯，作为疏头，令工采画，雇人书祝，虚饰巧言，欲邀多福"④，花钱请人写些祝愿恭维之辞，以祈求来日得福。这很可能是后来喜庆佳节时请人写对联和"福"字的滥觞。

前述王吉于洛阳市佣书，之所以生意好，还与其"美于形貌，又多文辞"有很大关系。《文心雕龙》说，"后汉以来，碑碣云起"，则作碑文者往往也兼书写，其中不少人是因看重酬金而欣然命笔的。顾炎武说，"《蔡伯喈集》中，为时贵碑诔之作甚多。如胡广、陈实各三碑，桥玄、杨赐、胡硕各二碑，至于袁满来年十五，胡根年七岁，皆为之作碑，自非利其润笔，不至于此。……文人受赇，岂独韩退之谀墓金哉！"⑤范文澜亦以为，汉人立碑成风，"有技艺的人也借此博得酬劳的财物。技艺愈高，得酬也愈多，因而各门出专家，各地有名家。蔡邕作袁满来胡根碑文，当然为取得润笔。孙敬家贫，刻苦学写字，后因善书而得富。"⑥

第五节　演艺业

一、宫廷百戏之盛：乐府

秦汉统治者同前人一样耽于声乐，宫廷乐舞机构不断扩充，艺人也大量增加。秦始皇

---

① 章草的其他墨迹如《居延汉简》《敦煌汉简》也都为官方文牍。

② 《后汉书·文苑列传》。

③ 《拾遗记》。

④ 王符《潜夫论·浮侈》。

⑤ 顾炎武《日知录》卷十九《作文润笔》。

⑥ 范文澜. 中国通史：第二册[M]. 北京：人民出版社，1978：339.

陵出土的错金银铜乐府钟钮上有"乐府"二字。西安相家巷村也发现"乐府"的秦封泥。汉时，雅乐舞和俗乐舞是由两个不同性质的官署分别掌管的。雅乐舞的机构为"太乐署"（一名"太予乐署"），俗乐舞的机构在西汉时为"乐府"，东汉时为"黄门鼓吹署"。太予乐署的官名太予乐会，下有员吏二十五人，乐工和舞人三百八十人。乐府机构更为庞大，自汉武帝元鼎五年（前 112 年）始役，至成帝时，乐工人数已达千人之多①。

由于统治者热衷于乐舞百戏之乐，乐极之时往往对艺人大加赏赐，尤其是一些名艺人，因获赏机会多、金额大，甚至成为显赫一时的巨富。"黄门名倡丙彊、景武之属富显于世，贵戚五侯、定陵、富平外戚之家淫侈过度，至与人主争女乐。"②那么，秦汉宫廷艺人的经济收入究竟怎样呢？《汉书》中有这样一则故事，说东方朔为了邀宠于武帝，诳骗侏儒说武帝要杀死他们，使侏儒们"号泣顿首"，惊动武帝。于是：

> 上知朔多端，召问朔："何恐朱儒为？"对曰："臣朔生亦言，死亦言。朱儒长三尺余，奉一囊粟，钱二百四十。臣朔长九尺余，亦奉一囊粟，钱二百四十。朱儒饱欲死，臣朔饥欲死。臣言可用，幸异其礼；不可用，罢之，无令但索长安米。"上大笑，因使待诏金马门，稍得亲近。③

那么侏儒"奉一囊粟，钱二百四十"看来也并不丰厚，因为东方朔当初口出狂言而得征召入宫，只是一个没有实务的闲职，其俸禄几乎无法养活自己，"臣朔饥欲死"，那么一般艺人的收入就可想而知了。

政治稳定的时候，宫廷艺人日子还算过得去的话，那么一旦发生政变或战乱，常年寄食宫中的艺人便生活无着，处境凄惨了。西汉末年，赤眉起义大军横扫长安，宫中一片混乱。

> 有故祠甘泉（宫名）乐人，尚共击鼓歌舞，衣服鲜明，见（刘）盆子叩头言饥。盆子使中黄门禀之米，人数斗。后盆子去，皆饿死不出。④

二、民间歌舞百戏业：外国艺人的商业性演出

当时富贵之家蓄养歌乐艺人成风，如汉成帝时，丞相张禹"入后堂饮食，妇女相对，优人管弦，铿锵极乐，昏夜乃罢。"⑤王氏五侯"罗钟磬，舞郑女，作倡优，狗马驰逐。"⑥东汉外戚梁冀与其妻"共乘辇车，张羽盖，饰以金银，游观第内，多从倡伎，鸣钟吹管，酣讴竟路"⑦。连经学家马融讲学时也少不了女乐，"常坐高堂，施绛纱帐前授生徒，后列

---

① 桓谭《新论》。
② 《汉书·礼乐志二》。
③ 《汉书·东方朔传》。
④ 《后汉书·刘玄刘盆子列传》。
⑤ 《汉书·匡张孔马传》。
⑥ 《汉书·元后传》。
⑦ 《后汉书·梁统列传》。

女乐。"①

汉代王室以外的乐舞百戏活动还可以从大量的画像石和画像砖中获得更为形象而直观的了解。其中表演人数常达十人左右，且乐人分工细致，衣饰也较华丽，可为古籍之证。四川成都扬子山二号墓出土的汉代盛宴画像砖上，有舞剑、弄瓶、要袖、击鼓等娱乐表演场面，构图紧凑，场面热烈。

汉代下层百姓经济实力有限，平时无力参与组织乐舞消费，但在某些特殊情况下，如遇婚丧大礼，也要请来艺人表演，收人钱而为人歌舞奏乐表演百戏已是一种正常行为，并成为一部分人的职业，贾谊说："令妇人傅白墨黑，绣衣而侍其堂者二三十人。或薄或撽，为其胡戏，以相饭。"②以表演"胡戏"作为谋生途径，显然是卖艺职业化的反映。

秦汉歌舞百戏活动在社祭中最为壮观。乡人不仅在社祭中放松娱乐，而且也在其他祭祀中开展歌舞百戏活动。既为民间盛典，自然也要大家凑份子钱。陈直根据《居延汉简》计算秋社之费：准此例每人每次需用费一百五十钱，正合戍卒八人秋社之费。另有都吏社钱六百之简文，都吏为督邮，则官所出之社钱，一人抵四人之数。③正由于每年社祭耗费民资过多，以致于统治者曾一度禁绝这种活动。汉殇帝延平元年（106 年）十二月则严令罢鱼龙曼延百戏。

秦汉民间歌舞百戏市场的卖艺者不仅有职业艺人，也有业余卖艺人。如汉兴名将周勃就曾是这样的一位业余卖艺人，"勃以织薄曲为生，常以吹箫给丧事。"④颜师古注曰："吹箫以乐丧宾，若乐人也。"业余卖艺人的加入，对繁荣民间歌舞百戏市场起了很大作用。

汉朝乃当世强国，外国艺术家及艺术团体常来汉朝献艺。东汉安帝永宁元年（120 年）就有掸人官方杂技团来洛阳演出。"自言我海西人也。海西即大秦也。"⑤他们除了在汉宫廷演出，也大量地在民间进行表演，否则就不可能生动地反映在山东嘉祥县刘村洪福院的画像石上。韩养民认为："山东在东汉时期，并非交通要道，而能出现这一幅画，更证明，当时表演吐火技艺的罗马艺人，足迹已遍布中原了。"⑥

第六节　文学业

一、郎官与文学侍臣：东方朔的薪水

宫廷中设有文学侍从官也始于先秦，如战国时宋玉之流，曾随楚襄王左右，吟诗作赋，

---

① 《后汉书·马融列传》。

② 贾谊《新书·匈奴》。

③ 陈直. 居延汉简研究[M]. 天津：天津古籍出版社，1986：337.

④ 《汉书·张陈王周传》。

⑤ 《后汉书·南蛮西南夷列传》。

⑥ 韩养民. 秦汉文化史[M]. 西安：陕西人民教育出版社，1986：299.

极其华丽侈靡之辞。秦汉两代更加重视文辞，汉代甚至有不少人以文才为其进身之阶。两汉的辞赋大家几乎都曾跟随帝王左右，如贾谊、司马相如、扬雄、东方朔、枚皋、张衡、蔡邕等。他们生活优厚，才华横溢，文辞恣肆磅礴，侈靡灵动，将汉赋推向了中国文学史的巅峰。

当时的宫廷文学侍臣地位并不高，只是下层官员，其薪水只抵上丞相、太尉、御史大夫的六分之一至五分之一，不可谓之不薄。为了直观地了解宫廷文士的收入情况，我们不妨将东方朔的履历与其俸禄做一表，如表 5-1 所示。

表 5-1　东方朔俸禄的演进①

官名	待诏公车署	待诏金马门	侍郎	太中大夫给事中	待诏宦官署	中郎
官秩②			比四白石	比千石		比六白石
俸例	六白石		月四十斛	月八十斛		月五十斛
谷③	一囊粟		十二至十五斛米	近三十斛米		近二十一斛米
钱	二百四十		二千至二千五百	近四千		近三千五百

二、皇家赞助与汉赋的繁荣

赋源于楚辞，至汉代达到极盛。汉赋的宫廷艺术特征十分明显：其一，汉赋题材、主题大多以反映宫廷生活为主，是为向帝王进谏或献谀而作；其二，从汉赋的体式看，骚体、诗体发展不大，而以客问主答为结构形式的文赋却有长足发展，形成所谓骋辞大赋。形式活泼，亦庄亦谐，很受帝王喜爱；其三，语言上讲究声貌形容，尤多夸张描写，词藻华丽，颇具贵族气质。

这种宫廷艺术的产生，与当时宫廷对艺术家的经济资助有很大关系。大批著名辞赋家服务于宫廷，为待诏和郎官。而他们要得到晋级，常常用进献辞赋的方法来引起帝王的垂青。许多辞赋是在随帝王游幸时所作，因而赋风都迎合帝王趣味。帝王对佳赋作者赏赐丰厚，也对汉赋的风格和水平的提高产生了直接影响。

三、文学市场：长门买赋

文学市场与文学业在汉代的产生与司马相如的著名故事"长门买赋"有直接关系。司马相如在《长门赋序》中叙述了这件开风气之先的事情。前 130 年，汉武帝的皇后陈阿娇因为巫蛊事件而被贬幽居长门宫，可是这个愚蠢而痴情的女人依然渴望刘彻能回心转

---

① 俸禄参见《后汉书·百官志五》，系东汉建武后俸例。
② 《汉书·百官公卿表》。
③ 汉制，官俸半钱半谷。谷钱参见苟绰《晋百官表注》，系东汉延平间数额。

意,于是请求当时的文学大师司马相如为她写一篇赋,希望能唤起刘彻的旧情。司马相如接受了这个任务,写出了中国文学史上著名的《长门赋》。为此,陈阿娇"奉黄金百斤,为相如、文君取酒",据司马相如自己说,"相如为文以悟主上,陈皇后复得亲幸。"

这件事被后世文人大作文章,王楙《野客丛书》和赵翼《陔余丛考》均以为这是润笔之始。如果说"长门买赋"有什么特别之处的话,那并不在于其交换的形式,而在于交换的实质,即是不是等价交换。黄金百斤在今天看来令人咋舌,但在当时似并不如现在这样贵重。按《汉书·东方朔传》,丰镐之间膏腴之地,每亩一金,则黄金百斤可购百亩矣。

本章小结

▶▶ 秦汉供给宫廷艺术活动、供养艺人的主要机构都和"少府"这个部门有关。少府所开支的主要艺术性费用包括无官职的艺术家和宫廷乐舞、百戏艺人、大内作坊工人工资和有关艺术活动的物质资料支出,少府几乎成了宫廷艺术活动的财务总管。

▶▶ 秦汉两代工程之浩大远远超过此前各代,主要包括宫殿、陵寝,以及随之发展的工艺品和丧葬雕塑业。

▶▶ 秦汉时期宫廷工艺品制造业由于不计成本和技艺高超,成为当时物质文明的象征。与此同时,民间工艺品制造业也逐步兴起,市场繁荣,分工也日趋完善,并在桑弘羊的贸易政策下进行出口。

▶▶ 秦汉宫廷绘画艺术也有一定发展,壁画、帛画都比前代进步。民间画工创了墓室壁画、画像石、画像砖等作品,对绘画市场的发展起了很大的推进作用。宫廷书法家分为具有官职的善书者、书佐、"佣书者"三大类。书法市场的形式还属于比较低级的阶段,即仍为"佣书"取赏的形式。

▶▶ 秦汉统治者同前人一样耽于声乐,宫廷乐舞机构不断扩充,艺人也大量增加。民间既有富贵之家蓄养歌乐艺人成风,也有为民间活动收费表演的职业艺人和业余卖艺人,还有外国艺术家及艺术团体来汉朝献艺。

▶▶ 两汉的辞赋大家几乎都曾跟随帝王左右,他们将汉赋推向了中国文学史的巅峰。这种宫廷艺术性的繁荣,与皇家赞助有很大的关系。

思考题

1. 简述秦汉时期少府的职能。
2. 秦汉时期宫廷和民间的工艺品有何区别?
3. 简述秦汉时期职业书法家的情况。
4. 汉赋的繁荣有哪些原因?

第六章

魏晋南北朝

 学习目标

通过对本章的学习，学生应了解或掌握如下内容：

1. 了解魏晋南北朝时期宫廷建筑和寺塔建筑的概况；
2. 掌握魏晋南北朝时期六朝石刻和石窟艺术的发展历史；
3. 掌握魏晋南北朝时期书法市场的发展历史；
4. 掌握魏晋南北朝时期绘画市场的新形式；
5. 了解魏晋南北朝时期宫廷乐舞和民间艺人的概况；
6. 了解魏晋南北朝时期的工艺业和衍生出的贩运业、广告业；
7. 了解魏晋南北朝时期的宫体诗。

 导言

魏晋南北朝是中国历史上的一个有点非主流的时期。在这 360 年里，社会动荡、经济混乱，艺术经济的发展也呈现出独特的形式。尤其引人注目的是佛教艺术登堂入室，遍及大江南北，它与寺院经济融合生长，蔚为大观，尤其是在黄河流域留下了令后人叹为观止的艺术形迹。另一方面，门阀势力的急剧上升，对艺术发展造成了深刻的影响，豪强阀阅之家成为仅次于宫廷的艺术赞助人和艺术组织者，并造就了大批杰出的文人士大夫艺术家。这一时期，宫廷艺术总的来说在规模上不及前代，但艺术市场却发展迅速，一些初级的佣工艺术市场开始向艺术品市场过渡，并孕育出多种新的市场形式。因此，魏晋南北朝时期是中国艺术经济发生质变的大变动时期，其历史地位不容忽视和轻视。

第一节　文化建筑业

魏晋南北朝时期，尽管梵音浮图比比皆是，王室贵族多信奉佛教，但世俗的声色犬马之乐却没有被放弃。社会上层人物之艺术经济消费仍然有增无减，与此相适应的是比以往更为庞大的宫廷和文士艺术家群体。

一、宫廷建筑：公卿负土兴建华林园

魏晋南北朝时期，由于都城相对稳定，在城市建筑方面的耗资并不很大。值得一提的主要是皇家园林建筑。坐落在洛阳城东北隅的华林园是魏晋时期著名的皇家园林。皇家园林自然要比士族小园多出一重气派，但远比汉代朴素简单。或许由于经济状况不佳，为了建造华林园，甚至让公卿群僚们自己负土成山。[1]群臣负土所积之山大概不会很大，山上也只是种了些松竹杂木善草，甚至连珍禽异兽也没有，仅仅是"山禽杂兽"，实在是稀松平常。建康的华林园大致相同，也是在渲染一种出世和脱俗的气息，以至于梁简文帝在游园时颇有感慨："会心处不必在远，翳然林水，便自有濠濮间想也，觉鸟兽禽鱼，自来亲人。"[2]游览时能让人联想起庄子濠上观鱼之玄机的，绝不会是豪华淫侈的大园林。

二、塔寺建筑

佛寺是僧人传教和居住之所，因而其建筑便成为佛教艺术的第一需要。魏晋南北朝时期，佛教盛行的一个重要标志就是佛寺的大量出现。据《高僧传》《释氏通鉴》《魏书》等资料记载，这一时期，佛寺数目大致如表6-1所示。

表6-1　魏晋南北朝时期我国的佛寺数目

朝代	西晋	东晋	宋	齐	梁	陈	北魏	北齐	北周
佛寺数目	180	1768	1913	2015	2846	1232	30 000	40 000	10 000

不仅佛寺数量极为庞大，而且佛寺建筑也常常极尽奢华，如梁武帝时建造的同泰寺，规模宏大，"寺有浮图九层，大殿六所，小殿及堂十余所。东西般若台各三层，大佛阁七层。璇玑殿外，积石为山，盖天仪激水随滴而转。所铸十方金像、十方银像，皆极壮丽"[3]。如此壮观的佛刹建筑，其耗费显然是十分惊人的，北魏"灵太后锐于缮兴，在京师则起永

① 《三国志·魏书·明帝纪》注引《魏略》。
② 刘义庆《世说新语·言语》。
③ 《续高僧传·宝唱传》。

宁、太上公等佛寺，功费不少。外州各造五级浮图，又数为一切斋会，施物动至万计。百姓疲于土木之功，金银之价为之踊上。削夺百官事力，费损库藏，兼曲赉左右，日有数千"①。

北魏文帝延兴二年诏亦云："内外之人，兴建福业，造立图寺，高敞显博，亦足以辉隆至教矣。然无知之徒，各相高尚，贫富相竞，费竭财产，务存高广。"②以致时人颇有批评："道人聚敛百姓，大构塔寺，华饰奢侈，糜费而无益。"③

第二节　雕塑业

由于佛教盛行，造像之风在魏晋南北朝时期愈演愈烈。出于帝王供奉的需要，宫中也有一些雕塑家和工匠。同时，自南北朝起，一度废止的帝王陵墓雕塑再度兴起，其雕塑工程也是由宫廷组织管理的。

一、宫廷雕塑：六朝石刻

北魏地理学家郦道元游历平城（今山西大同）方山文明太后的永固陵，曾见"镌石为碑兽"④的壮观景象。南朝陵墓雕刻更是精美。在六朝故都南京及其附近的丹阳、句容一带，现已发现三十一处南朝帝王陵墓，神道两侧石雕保存完好或较好的陵墓有二十九处。这些陵墓均不见高大封土，现存地面标志只有石柱、石兽和石碑。石兽多为双角的天禄、独角的麒麟和无角的辟邪，体态壮伟，气概轩昂，给人以强烈的印象。

这一时期的宫廷雕刻活动一般仍由将作大匠总管，常常与寺院、陵墓的建筑同时举办。从现有资料看，宫廷雕刻活动与绘画相似，也有一定的科层管理制度。大部分具体的雕塑工作是由工匠进行的，如南朝齐武帝时，"命石匠雷卑石等造释迦文像，……尽镌琢之奇，极金镬之巧。"⑤北魏时期，"博士"之职就包括了一些杰出雕塑家，蒋少游曾任过此职。唐天宝十四年立的嵩山《少林寺神王师子记》碑载，少林寺中的一些雕塑是博士李雅所作。⑥

宫廷大型雕塑活动常常由专人负责施工管理。梁武帝时的高僧僧祐即是杰出的管理者。"祐为性巧思，能目准心计。及匠人依标尺寸无爽。故光宅、摄山大像及剡县石佛等，

---

① 《魏书》卷七《任城王澄传》。

② 《魏书·释老志》。

③ 《弘明集》卷一《正诬论》。

④ 郦道元《水经注》卷十三。

⑤ 《法苑珠林》卷十二。

⑥ 朱启钤《哲匠录·造像类》引。

并请祐经始，准画仪则。"① 光宅寺的巨型铜像于梁天监八年（509 年）僧祐奉敕监造，用铜四万三千斤，铸成丈九佛像，其庄严精美，被称为东方第一。② 开凿郯县南明山弥勒像时，尚未开工，就因为山石崩裂，压死工匠二百余人。梁武帝特令僧祐前往监工管理。僧祐通过实地勘察，制定了改建方案，加深了原先过浅的窟龛，保证了施工的安全。僧祐虽然不是雕塑家，却是一名优秀的雕塑工程管理者。

与南朝重用僧祐相似，北魏任命"慧敏机巧，工书画，善画人物及雕刻"的著名雕塑家蒋少游为将作大匠，总管建筑雕刻事务，主持了大同云冈、洛阳龙门的石窟造像，以及平城和洛阳的寺塔建造。蒋少游并不仅仅是一名杰出的雕塑家和建筑学家，而且是一名成功的艺术经济管理者。

二、佛教雕塑：四大石窟联袂出场

魏晋南北朝时期的石窟艺术是中国雕塑艺术的一个重要里程碑。中国最著名的四大石窟都产生于这一时期：甘肃敦煌莫高窟始凿于前秦建元二年，山西大同云岗石窟开凿于北魏兴安至太和年间（452—499 年），河南洛阳龙门石窟始凿于北魏太和十九年（495 年）；甘肃天水麦积山石窟始凿于后秦。其他各大石窟也大多产生于这一时期。

开凿石窟的耗资也是极为庞大的，如云岗石窟，唐代文献称"恒安郊西谷东石碑具在，其碑略云：自魏所统赀赋，并成石窟。"③洛阳龙门石窟，仅宾阳洞的建造，"从景明元年至正光四年六月已前，用功八十万二千三百六十六。"④

开凿石窟固然费时费工，但耗资最多的还是雕像艺术。这些佛像可分为石雕和泥、金塑两大类。石雕佛像主要集中于北方。以举世闻名的洛阳龙门石窟佛像为例，这里从北魏迁洛前后始，历经东魏和西魏、北齐和北周以及隋唐、五代、北宋诸朝，其中北魏和唐代大规模营造达一百五十余年。北魏洞窟约占三分之一。据初步统计，龙门有一千三百五十二个石窟，七百五十个石龛，窟龛总数二千一百零二个，有佛像九万七千三百零六尊。⑤

如此巨大的石雕工程之耗资情况不难想见，元人萨天锡《龙门记》曰：

今观其创作似非出于一时，其工力财费不知其几千万计。盖其大者必作自国君，次者必王公贵戚，又其次必富人，而后能有成者。……费人之财，殚人之力，镌凿山骨，斫丧元气，而假象于顽然之石，饰金施采，以惊世骇俗为是哉。

这些议论虽然本诸反佛，但确也反映了当时造石窟雕像的巨额开支。

如果说石窟雕像等的开支主要是工力之费，那么铸造佛像的开支则主要是材料之费，

---

① 僧慧皎《高僧传》卷十一《僧祐传》。
② 僧慧皎《高僧传》卷十三《法悦传》。
③《大唐内典录》卷四。
④《魏书·释老志》。
⑤ 马玉清. 我和龙门同新生[N]. 河南日报，1964-10-4.

如北魏献文帝在天宫寺造释迦立像，高四十三尺，用铜十万斤，金六百斤，又在五缎大寺为太祖以下五帝铸释迦像五躯，各长一丈六尺，用铜二万五千斤。这还是北方比较大型的见诸记载的例证，散布在全国各地佛寺中的铜像更是不可胜数，其耗费巨大便可想而知了。如南朝宋文帝时，萧摹之请限止用铜造像，足见当时有很多铜像。此后，宋孝武帝造无量寿金像，宋明帝造丈四金像。梁武帝造金银铜像尤多，曾造丈八铜像置光宅寺。其余王公贵族造像也不会少，确是奢靡无极，大耗民财。有意思的是，在北魏，在选定皇后时，为了请示天意，还有一个"手铸金人"的环节，候选的皇后需要在工匠的协助下完成"金人"的铸造，才可能顺利通过。这种金人很大可能就是金属佛像。

第三节　书法业

六朝书法之事尽管有大批士大夫以此自娱，并取得较高艺术成就，但好书法一旦超出自娱的范围，就会受到人们的鄙弃。北齐颜之推教训其子孙道："王褒地胄清华，才学优敏，后虽入关，亦被礼遇，犹以书工，崎岖碑碣之闲，辛苦笔砚之役。尝悔恨曰：'假使吾不知书，可不至今日邪！'以此观之，慎勿以书自命。"①可见为人驱使写字十分难堪，更何况靠写字赚钱呢？因此魏晋南北朝时期书法市场的发展需要冲破很大的社会偏见。

一、佣书市场：魏碑的创造者

当时的书法市场仍沿续汉代书法市场的形式，以佣书为主。由于印刷术尚未发明，读书或者借阅或者抄写，许多人不堪抄缮之劳而愿出钱请人代抄，此为佣书之社会基础。正由于是替别人抄书，因而阚泽抄写完毕也就已经背诵一遍了②。

六朝佛教盛行，为寺僧佣书抄佛经也很普遍。如北魏时刘芳"常为诸僧佣写经论，笔迹称善，卷直以一缣，岁中能入百余匹，如此数十年，赖以颇振。"③佣书"岁中能入百余匹"，报酬在当时已算不错了，但毕竟仍是下层书家，作品价格是以"卷"计直，还远不是名家一字千金的作价方式。正由于佣书者所承担的实际上不仅是艺术创作，更本质的是体力和精力的持久耗费，因而是一种相当辛苦的谋生方式。十六国时期，后赵暴君石勒发迹前就曾为人佣书："尝佣于武安临水，为游军所因。"④大书家王僧孺成名前也"佣书以养母"⑤。

---

① 颜之推《颜氏家训·杂艺》。
②《三国志·吴书·阚泽传》。
③《魏书·刘芳传》。
④《晋书·石勒上》。
⑤《南史·王僧孺传》。

前述北朝著名建筑家和雕塑家蒋少游，本是南朝乐安郡博昌县（今山东博兴县南）人，后其家乡被北魏攻占。蒋少游作为"平齐户"被徙于平城（大同），于是能写会画的蒋少游在一些官府人家抄抄写写，打临工自养。[①]后来可能因书法甚佳而被朝廷长期聘用，"召为中书写书生"[②]，这样他就脱离书法劳务市场而成为官府、宫廷书法家的一员了。

由于北朝刻碑之风极盛，除了碑碣、摩崖外，还有大量造像记、墓志铭，形式多样，书风各异。这些在中国书法史上占据重要地位的"魏碑体"书法的作者正是这些以佣书为业的民间善书人。如著名的"龙门二十品"中之《始平公造像记》之书者朱义章、《孙秋生造像记》之书者萧显庆等皆不见于史籍，从各方面情况看，他们很可能是民间的佣书者。南北朝时期碑刻如此盛行，佣书市场必然也相当发达，只是典籍中付诸阙如罢了。

二、法书市场：王羲之"题扇增价"和萧子云"停船卖字"

魏晋南北朝艺术经济的重大发展是法书市场，也就是名家书法市场的出现。

前面说过，佣书者中也不乏一些书法颇有造诣者，如王僧孺、蒋少游等，他们所抄写的书籍很容易受到人们的喜爱。一旦当人们将购买对象由文字的意义和内容转向文字形式的审美价值，书法市场便自然过渡为一种法书市场。如"始（崔）玄伯父潜为兄浑诔手笔草本，延昌初，著作佐郎王遵业买书于市而遇得之。计诔至今，将二百载，宝其书迹，深藏秘之。"[③]这里为我们提供了一个法书市场如何发生的标本，但并不意味着我国直到北魏延昌年（512—516年）才有法书市场。另一方面，佣书市场计酬方式的变化也为法书市场的产生创造了条件。这时佣书市场大多按页数计酬，属于计件工资，而不是计时工资。[④]在这样的计价方式下，作品本身与报酬的关系掩盖了书法技艺劳务与收入的关系，从而使艺术品获得了市场价值上的意义。

我们先看两个较早的未定型的市场实例，这两个实例恰巧都与书圣王羲之有关。其一是"以书偿鹅"的故事：

（王羲之）性爱鹅。……山阴有一道士，养好鹅。羲之往观焉，意甚悦，固求市之。道士云："为写《道德经》，当举群相赠耳。"羲之欣然写毕，笼鹅而归，甚以为乐，其任率如此。[⑤]

这里虽然仍带有佣书的色彩，但已接近一种交换关系，用鹅来交换羲之墨宝，只不过是当场写字罢了。另一则"书扇增价"的故事更加具体地反映了书法市场的经济关系：

---

① 《魏书·蒋少游传》。
② 同①。
③ 《魏书·崔玄伯传》。
④ 马宗霍《书林纪事》卷二载："陶贞宝善槁隶书，家贫，以写经为业。一纸直价四十。"
⑤ 《晋书·王羲之传》。

（王羲之）又尝在戢山，见一老姥持六角竹扇卖之。羲之书其扇，各为五字。姥初有愠色，因谓姥曰："但言是王右军书，以求百钱邪。"姥如其言，人竞买之。①

此处书法艺术与其材料之关系十分明确，先有竹扇，后再为书法，竹扇之身价骤增至百钱。书法价格水落而石出。这里，纯粹的法书市场几乎是呼之欲出了。

王羲之不仅将其精湛绝伦的书法艺术传授给了王献之，而且也将法书市场的开拓事业交给了王献之。在法书市场上，王献之很快做出了新的举动。他在《自论书》中记述了自己曾写字给一老母卖，得钱千金的事迹（见插页图6-1）。②因此，王献之可以说是我国法书市场的第一人。到了南朝宋齐间竟流行出"买王得羊，不失所望"③的谚语，直接反映了当时王献之、羊敬元书法商品化的状况。名家声名远播，连周边国家都来花钱请字。南朝梁时人萧子云善草隶书，影响相当大。

（萧子云）出为东阳太守，百济国使人至建邺求书，逢子云为郡，维舟将发。使人于诸次候之，望船三十许步行拜，行前，子云遣问之，答曰："侍中尺牍之美，远流海外。今日所求，唯在名迹。"子云乃为停船三日，书三十纸与之，获金货数百万。④

三十幅字获"金货数百万"，文中只是轻描淡写，一方面说明当时的人对名家书法交易已经习以为常，另一方面，也说明他们认可名家书法的高价是物有所值。

三、书法赝品买卖：陶弘景泼了梁武帝冷水

如果说盗墓是与厚葬珍宝工艺品相对的艺术经济行为的话，那么，当法书市场刚刚成立不久，其对立的艺术经济范畴——赝品市场也随之产生。中国最早记述书法赝品制作售卖活动的是南齐著名书家王僧虔。他在《论书》一篇中记载："康昕学右军草，亦欲乱真，与南州石道人作右军书货。"看来，康昕、南州石道人是当时专以模仿王羲之书法牟取高利的不法之徒。虞龢在《论书表》中则进一步揭示作伪的方式："轻薄之徒锐意摹学，以茅屋漏汁染变纸色，加以劳辱，使类久书，真伪相揉，莫之能别。"由于高额利益的诱惑，伪作的"二王"法书在南朝就已大量出现，几有泛滥之势，连梁武帝内府所藏竟也不乏赝品。以至于梁武帝要和陶弘景挖空心思地对其收藏进行反复辨证。陶弘景在其上梁武帝的《论书启》中指出其中的多部作品并非出自王羲之之手。此时离王右军去世尚不过一百多年，伪作就如此之多，足见赝品对法书市场的冲击。

---

① 《晋书·王羲之传》。

② 《书林纪事》卷二载：王献之曾"以兵寇充斥，道路修阻，乞食扬州市上。一老母姓沈字光姜，惠以一餐，无以答其意，乃于其面上作一夜字，令便市债。近观者三，远观者二。未经数日，遂获千金。"

③ 朱和羹《临池心解》。

④ 《南史·萧子云传》。

第四节 绘画业

一、宫廷绘画：毛惠远采办颜料贵二十八万

魏晋南北朝时期绘画很盛，涌现了一批垂范后世的大画家，其中有不少人就职于宫廷，如曹不兴、陆探微、张僧繇、杨子华等都与宫廷有着或紧密或松散的关系。

南北朝时期，统治者在宫廷的艺术经济管理上有了很大进步。这时虽然延续汉制，设少府、将作大匠等部门，但其行政职能已发生变化，少府专管官营手工业，宫廷事务由门下省续管。管理宫廷艺术的长官也有意识地开始让专业人员担任，而不是随意任命外行。这种让内行管理的做法体现了一定的历史进步性。最为典型的是南齐著名画家毛惠远，齐武帝时曾任少府卿。少府卿总管官营手工业，自然要负责有关原材料的采办。作为少府卿的毛惠远，却因此招来了杀身之祸："惠远吏才强济，而临事清刻，敕市铜官碧青一千二百斤供御画，用钱六十五万。有谗惠素纳利，武帝怒，敕尚书评价，贵二十八万余，有司奏，伏诛。死后家徒四壁，武帝后知无罪，甚悔恨之。"①

毛惠远虽然是被冤杀的，但他买颜料所花的钱比其正常价格却又实实在在地多了三十七万，高了一倍还多，难怪有人要说他"纳利"了。因为毛惠远为人苛刻，又不懂经济，在购买价格上吃了亏，才被抓了把柄，可见，在艺术管理中，仅仅懂艺术还不够，还应懂经济，当然，还需要有情商，三者不可偏废。

南北朝时期宫廷绘画中不仅由专业人员担任总管，还形成了科层管理结构，中下级绘画管理者也是由画家担任。北齐时，绘制屏风等杂物的画工是宫廷中最下层的画家，近乎匠人，由萧放等小有名气的画家监管，以保证其艺术质量。很可能有许多画工征自民间，其艺术风格与宫廷艺术有一定差异，监画者很重要的一项任务可能就是指导画工按宫廷的趣味和方式来绘画。

宫廷画家因常侍帝王左右，容易受到赏赐，其经济收入颇为可观。如北齐时刘杀鬼尝画斗雀于壁间，帝见之为生，拂之方觉。"常在禁中，锡赉巨万，任梁州刺史。"②

二、寺院绘画业：梵像

魏晋南北朝时期，寺院建成后都要延聘画家前来作画，其题材无非是佛本生和其他有关佛的图迹。几乎达到每寺必画的地步，而当时所有的著名画家也都擅画佛像，或者就是因画佛像而著名，如曹不兴、卫协、顾恺之、陆探微、张僧繇、曹仲达等无不善绘"梵

---

① 《南史·毛修之传》。
② 张彦远《历代名画记》卷八。

像"。如此之多的名画家都工于佛画，不仅反映了魏晋南北朝时期佛寺已成为当时绘画艺术的主要资助者，也说明了佛教思想对艺术家观念的影响。

六朝佛教绘画的一个重大工程是举世闻名的敦煌莫高窟的壁画创作。大约创建于前秦时期的这座中国第一座石窟寺留下了大量北朝壁画。据专家对壁画所用颜料的分析，"靛青、栀黄、红花等是植物颜料，需要经过复杂的制作过程；而且这些颜料，大都不是敦煌本地出产，在古代交通那样艰难的情况下，运到敦煌来是很不容易的。所以莫高窟壁画的制作，就是在材料方面，所耗费的人力、物力、财力，已经非常巨大，更不要说画工了。"①

三、佣画与洋画师工钱："画师洞"

由于寺观宫殿壁画的需要，许多人靠佣画谋生。在北周官至散骑常侍兼礼部侍郎的画家冯提伽，"志尚清远，后避周末之乱，佣画于并、汾之间。"②由于佛画盛行，有些寺窟壁还聘请外国画家来画。新疆塔里木盆地南部汉代楼兰国都抒泥城故址，有两座圆形小砖塔，其内壁保存了4世纪前汉晋时代鄯善佛寺的壁画。这些壁画属于早期犍陀罗艺术，有着浓厚的罗马风格，是新疆保存最古的绘画。在太子须大拏本生故事画中，在须大拏将白象施舍于人的画面上，白象的胳肢窝上有一小段题记。"米兰壁画的画师在壁画中留下了怯卢题辞墨书三行：'蒂特（Tita）作画，值三千包马卡（Bhammakas）'。蒂特是印度化的希腊名字，鄯善国通行怯卢文书，印度文化的影响很大，以至那些居住在阿姆河流域的吐火罗人也采用印度名字。而从画风和表现的人物来看，画师受到罗马叙利亚派或埃及希腊的熏陶，可能在安提阿克或亚历山大里亚受过专门训练。"③另外，比米兰壁画稍晚的库车克孜尔千佛洞中的"画师洞"有一幅画师临壁绘图的自画像，"铭文中的题名米特拉旦达（Mitradatta），是个纯粹希腊名字。勒·柯克从服式上断定画师是吐火罗人，但头发的式样却和其他各处壁画中的吐火罗人不同，希腊式名字和拜占廷的式样显示出画师是拜占廷人。"④这些远道而来的画师显然不是为了献身宗教，而是为了画图取酬。

四、绘画市场新形式：顾恺之为维摩诘点睛

东晋时，一些名画家在佣画市场上又开辟了新的形式。"特善清言，为时所重"的王濛就曾长期受人酒肉，为人作画。此公"放诞不羁，书比庾翼，丹青甚妙，颇希高达，常往驴肆家画辖车。自云：'我嗜酒，好肉，善画，但人有饮食、美酒、精绢，我何不往也？'"⑤

---

① 潘挈兹. 敦煌莫高窟艺术[M]. 上海：上海人民出版社，1957：41.
② 张彦远《历代名画记》卷八。
③ 沈福伟. 中西文化交流史[M]. 上海：上海人民出版社，1985：102-103.
④ 同③.
⑤ 张彦远《历代名画记》卷五。

王濛明确地把绘画技艺看成是具有一定交换价值的东西，也为画家依靠绘画谋生指出了一条新路，即寄食于富贵人家。这使一部分艺术家能够潜心于艺术创作，还较少受到政治迫害，同时，士大夫阶层的高品位的艺术趣味也深深地影响了寄食于人的画家，为日后逐渐繁荣的中国文人山水画开辟了道路。

下面我们将涉及另一个著名的史实，即顾恺之的"展览收费"。

兴宁中，瓦棺寺初置，僧众设会，请朝贤鸣刹注疏，其时士大夫莫有过十万者。既至长康，直打刹注百万。长康素贫，众以为大言。后寺众请勾疏，长康曰："宜备一壁。"遂闭户往来一月余日，所画维摩诘一躯。工毕，将欲点眸子，乃谓寺僧曰："第一日观者请施十万，第二日可五万，第三日可任例责施。"及开户，光照一寺。施者填咽，俄而得百万钱。①

和佣画不同，这是一种展览收费。观者并未在交易之后获得任何有形的收益，而只是饱了一下眼福，但所支付的钱却并不少。展览收费是艺术市场的另一种形式，也可以说是佣画市场和名画市场之间的过渡形式。它一出现便借助佛教的灵光而得到社会的认可。在这样一种相对宽松的经济文化氛围下，中国名画市场的产生可以说是呼之欲出了。

第五节　演艺业

一、宫廷乐舞：齐后主征商税供声色之费

魏晋南北朝时期，宫廷乐舞同样长盛不衰。曹魏的几位帝王就都迷好清商歌舞，太祖曹操"为人佻易无威重，好音乐，倡优在侧，常以日达夕"，②曹丕则设立"清商署"蓄养女乐，甚至"每见九亲妇女有美色，或留以付清商"。③两晋南北朝时期帝王也同样淫乐不止，如刘宋后废帝元徽五年，太乐雅郑共千有余人。"后堂杂伎，不在其数。"④

宫廷中伎乐艺人这么多，其开支也相当惊人。如十六国时期后赵石虎曾用珠玑装饰其数百名女伎的舞衣："于阁上作女伎数百，衣皆络以珠玑。"⑤为此当时宫廷歌舞所费颇多，南北朝时期，甚至首开征商税资宫廷歌舞之例。"北齐黄门侍郎颜之推奏请立关市邸店之税，开府邓长颙赞成之，后主大悦，于是以其所入，以供御府声色之费，军国之用不在此焉。"⑥

① 张彦远《历代名画记》卷五引《京师寺记》。
② 《三国志·魏志·武帝纪》注引《曹瞒传》。
③ 《魏书·齐王芳纪》。
④ 《太平御览》卷五百六十九引《宋书》。
⑤ 陆翔《邺中记》。
⑥ 《通典》卷十一《食货·杂税》。

魏晋南北朝时期，皇亲国戚和士族大姓常常蓄养大量乐舞艺人。如北魏曾任扬州刺史的薛真度"有女妓数十人，每集宾客辄命奏之，丝竹歌舞不辍于前，尽声色之适。"[1]当时爱乐成风，六朝城乡几乎随处可闻丝竹之声。李延寿描写宋文帝时（425—453 年）城市中的歌舞盛况说，"凡百户之乡，有市之邑，歌谣舞蹈，触处成群。"[2]这种情况的出现与六朝士族阀阅之家笃好舞乐、大量蓄养艺伎有直接关系。当时不少人家子女学习伎艺，以谋进身豪门，甚至还出现了一些民间艺人的聚居、学习地。如：北魏洛阳城西有"洛阳大市"，"市南有调音、乐律二里。里内之人，丝竹讴歌，天下妙伎出焉。"[3]

二、民间艺人卖艺方式

魏晋南北朝时期，士族家多蓄伎歌舞，歌舞艺人则受延聘安居，民间则出现了"唱堂会"，职业艺人应征聘到指定地点，为专人演出，一次性收取劳务报酬。六朝佛寺每逢四月初八的"行像"和"六斋"时期，多延聘艺人随佛像游行，沿途表演。临时聘请乐舞百戏艺人，当然是要付工钱的。富贵阀阅之家也常常要临时延聘外来艺人前来表演，如《晋书·夏统传》所载，敬宁为祭祀先人专门延请了一班杂技艺人，她们能歌善舞，精于幻术。作为职业艺人，卖艺取酬是她们的谋生之道。

街头卖艺依然常见。有一位号麻衣道士者，"常在广陵白土埭，凭埭讴唱，引作以自欣畅，得直随以施人。"[4]又如北魏时秦州刺史王琛，为了刺探诸羌敌情，让自家的婢女朝云化妆打入，"假为贫妪吹篪而乞。诸羌闻之，悉皆流涕"[5]于是卖艺又多了一层军事意图。民间歌舞百戏市场的发展，还常常和岁时节令风俗密切相关。人们在元正、灯节、上巳、端午等节日中，常常不惜巨资，延聘各种表演艺术团体，尽一日之欢。这样一掷千金的狂欢引起一些官员的反对。柳彧见京邑百姓，每至正月十五日，作角抵戏，"竭赀破产，竟此一时……请颁行天下，并即禁断。"[6]这项提议后来获得皇帝的支持。

三、艺人收入

由于六朝时期社会上层淫侈靡烂，多沉缅于歌舞，歌舞艺人中有一些人收入颇为可观，甚至还有钱买官做。北齐后主统治期间，政治经济极其腐败，"诸宫奴婢、阉人、商人、胡户、杂户、歌舞人、见鬼人，滥得富贵者将万数。"[7]当然，这毕竟仍是很少有的现

---

① 《魏书·薛真度传》。
② 《南史·循吏传序》。
③ 杨衒之《洛阳伽蓝记》卷四《城西》。
④ 僧慧皎《高僧传》卷十一《晋上虞龙山史宗》。
⑤ 杨衒之《洛阳伽蓝记》卷四《城南》。
⑥ 《隋书·柳彧传》。
⑦ 《北齐书·后主纪》。

象，大多数歌舞艺人尤其是民间卖艺者的生活仍是十分困苦的，侍奉主上的歌舞人虽然生活较好，但却随时面临其他意外的危险，如西晋国舅王恺请客人宴饮，命女伎吹笛，"吹笛人有小忘，君夫（王恺字）闻，使黄门阶下打杀之，颜色不变。"①艺人性命尚贱如草芥，更谈何富贵！

第六节 工艺业

一、宫工产品售钱

魏晋南北朝时期，著名的青瓷等工艺作坊多是少府经营管理的。此外，染织、刺绣、髹漆、金属工艺产业等也都有所发展。

由于宫廷或官府工艺作坊的产品多供给宫廷享用，因而其材料和工艺都不厌其精，不计其费，"工巧百数，不可尽名也。"②陶弘景说，"后赵石勒以建平二年造一刀，用五百金，工用万人。"③

魏晋南北朝时期，工艺作坊作为一个艺术经济单位，不仅是人力、物力和财力的消费者，也是一个盈利者。有些作坊甚至可能还是商业化经营的。晋代法令中还有残存的一条，说到卖漆器的规定：

欲作漆器物卖者，各先移主吏者名，乃得作。皆当淳漆，着布器。器成以朱题年月姓名。④

说明漆工是由官府作场的"吏"主管的，他们不能自由生产商品。另一方面也说明"官府作场的生产品有时也作为商品出卖"⑤。如其所说，则官府工艺作场有时也能为宫廷、官府换取一些额外的收入。与此同时，除了官府作坊的供奉，宫廷还常通过市场购买工艺珍宝。如南朝暴君东昏侯，极其淫侈，妃妾服装，都选用最珍贵的材料，向商市高价购买珍宝，"潘氏服御极选珍宝，主衣库旧物不复周用，贵市民间金银宝物，价皆数倍。虎魄钏一只直百七十万。"⑥如范文澜所说，东昏侯"宁愿用其他方法去搜括民间钱物，却不敢不付给商人所索的高价，这说明官和商相互依存，谁也缺少不了谁。"⑦

---

① 刘义庆《世说新语·汰侈篇》注引《王丞相德音记》。

② 陆翙《邺中记》。

③ 陶宏景《古今刀剑录》。

④《太平御览》卷七百五十六引《晋令》。

⑤ 唐长孺. 魏晋南北朝史论丛续编[M]. 北京：生活·读书·新知三联书店，1959：38.

⑥《南齐书·东昏侯纪》。

⑦ 范文澜. 中国通史：第二册[M]. 北京：人民出版社，1978：505.

二、民间工艺业的发展

工艺珍宝市场更重要的基础是民间工艺产业的发展。如四川的织锦产业十分著名，"阛阓之里，伎巧之家，百室离房，机杼相和，贝锦斐成，濯色江波，黄润比筒，籯金所过"①。发达的工艺制作业为工艺珍宝市场的繁荣创造了条件。三国时蜀汉甚至以丝织工艺品生产买卖为其经济支柱。诸葛亮说："今民贫国虚，决敌之资唯仰锦耳。""蜀中军需唯依赖锦。"②蜀锦成为"决敌之资"绝非仅在蜀汉一带买卖，当时曹魏、孙吴两国也大量购买："江东历代尚未有锦，而成都独称妙。故三国时魏则市于蜀，而吴亦资西道。"③

三、工艺品贩运业的发达

六朝时期以工艺品为主的奢侈品交易比较发达，这也是当时市场和商业的一大特色，傅筑夫的研究证明，"南朝的情况基本上与北朝相同，即民间的普通商业不发达，而向权贵豪门供应奢侈品的贩运性商业则颇为发达。"④从事工艺品贸易的大部分都是腰缠万贯的大商人，他们不仅经济实力雄厚，而且已成为当时的重要社会政治势力，如前举例，南齐东昏侯向商人购买珍宝，还不得不付给商人所索的高价。但更多的情况是官府与大商人相互勾结，哄抬物价，垄断市场，牟取暴利，一时巨商大贾富埒王侯，他们"上慢下暴，淫侈竞驰。……并甲第康衢，渐台广室。长袖低昂，等和戎之赐；珍羞百品，同伐冰之家。"⑤富商的豪奢，给人们一种经营工艺珍玩有巨利可图的印象，于是时人纷纷弃本业而从商。史载"昏作役苦，故穑人去而从商；商子事逸，末业流而浸广。……于是竞收罕至之珍，远蓄未名之货，明珠翠羽，无足而驰，丝罽文犀，飞不待翼，天下荡荡，咸以弃本为事。"⑥除了贩卖丝织工艺品外，也有售卖其他工艺品的。当时有这样一个故事："太延元年，自三月不雨至六月，使有司遍请群神。数日，大雨，是日有妇人持一玉印，至潞县侯孙家卖之，孙家得印奇之，求访妇人，莫知所在，其文曰'旱疫平'。寇天师曰：《龙文纽书》云，此神中三字印也。'"⑦这个故事之真实性自然大可怀疑，但其背景材料都无疑是可信的。像这位妇人这样走街串巷兜售工艺珍宝者在汉代已很常见，魏晋南北朝时期当然也不奇怪。

四、广告与市场状况：铜镜背面

魏晋南北朝时期，由于长时期战乱，社会经济遭到巨大破坏，手工业衰退。铜镜虽然

---

① 《左思·蜀都赋》。

② 《太平御览》卷八百一十五引《诸葛亮集》。

③ 山谦之《丹阳记》。

④ 傅筑夫. 中国封建社会经济史：第三卷[M]. 北京：人民出版社，1984：356.

⑤ 《梁书·武帝纪上》。

⑥ 《宋书·孔琳之传》。

⑦ 《魏书》志卷十八《灵征八下》。

仍保持着一定的生产能力，东吴时还形成山阴和武昌两个生产中心，但由于受到铜矿原料的限制，铜镜产业总体上处于衰退时期。与汉代相比，魏晋南北朝铜镜的主要成就是浮雕的神兽画像镜。不论是纪年纪氏铭文，还是佛道人物神兽，浮雕图饰都表现得刚柔兼济，清秀可爱，颇有魏晋名士放达之气。延续汉代的传统，铜镜等日用工艺品仍然大量使用广告，为自己的作坊扬名造势。例如，《荣氏神人禽兽画像镜》铭：

　　荣氏作竟佳且好，明而日月世少有，宜子孙兮。①

第七节　文学业：宫体诗的泛滥

　　文学市场在六朝时期也仍然存在，如《北史》载，袁聿修为信州刺史，有善政，既去官，"州人郑播宗等七百余人请为立碑，敛缣布数百匹，托中书侍郎李德林为文，以记功德。敕许之。"②宋代洪迈曾曰："作文受谢，自晋宋以来有之，至唐始盛。"③他把润笔之始推迟至晋宋固然错误，但六朝文学市场的存在和唐代作文受谢开始转向兴盛却是事实。

　　魏晋南北朝帝王中多才子，吟风弄月遂为一时之尚。宫廷中同样也聘请了一批著名文士，如梁简文帝萧纲"弘纳文学之士，赏接无倦。"④宫廷文人常向帝王进献诗赋，并获取赏赐。如邯郸淳"作《投壶赋》千余言奏之，文帝以为工，赐帛千匹。"⑤但他们的主要生活来源仍是俸禄收入。这些文学之士在宫廷中大多就任一些闲职，多见任尚书仆射（王褒、江总曾任此职）、侍中（徐陵、王褒曾任）等，平时随帝王吟哦唱和。如南朝陈后主视朝以外，"多在宴筵，尤重声乐"，"与幸臣等制其歌词，绮艳相高，极于轻薄"。⑥由于帝王的倡导，六朝尤其是后期梁陈期间出现了一种词句艳丽、内容多涉色情的诗体"宫体"。"先是梁简文帝为太子，好作艳诗。境内化之，浸以成俗。"⑦不仅在诗歌上出现了"宫体诗"这样的不健康潮流，而且在散文中也出现了一些骈体化的倾向。由于当时形式主义的文风泛滥，知名作家们又大多生活在帝王、贵族的周围，因而作品往往片面追求对仗、典故和华美的词藻，用绮丽纤巧的形式掩盖苍白空虚的内容，散文也出现了骈体化的倾向。

 本章小结

　　▶▶ 魏晋南北朝时期，由于都城相对稳定，在城市建筑方面的耗资并不很大。值得一

---

① 湖北省博物馆，鄂州市博物馆. 鄂城汉三国六朝铜镜[M]. 北京：文物出版社，1986.
② 《北史》卷四十七《袁聿修传》。
③ 洪迈《容斋续笔》卷六《文字润笔》。
④ 《南史·简文帝纪》。
⑤ 《三国志·魏书·王卫二刘傅传》。
⑥ 《隋书·音乐志》。
⑦ 刘肃《大唐新语》卷三《公直》。

提的主要是皇家园林建筑和佛教寺塔建筑。

▶▶ 由于佛教盛行，造像之风在魏晋南北朝时期愈演愈烈，这一时期的石窟艺术是中国雕塑艺术的一个重要里程碑，中国著名的四大石窟就出于这一时期。由于帝王供奉的需要，宫中也有一些雕塑家和工匠。同时，一度废止的帝王陵墓雕塑再度兴起，其雕塑工程是由宫廷组织管理的。

▶▶ 魏晋南北朝书法市场仍沿续汉代书法市场的形式，以佣书为主。法书市场，也就是名家书法市场的出现是艺术经济的重大发展，赝品市场也随之产生。

▶▶ 魏晋南北朝时期绘画很盛，统治者在宫廷的艺术经济管理上有了很大进步，不仅由专业人员担任总管，还形成了科层管理结构，涌现了一批垂范后世的大画家。

▶▶ 佛寺已成为当时绘画艺术的主要资助者，佛教思想对艺术家观念的影响深远，出现了一批从事佛教绘画的佣画与洋画师。除此之外还出现了展览收费的新形势。

▶▶ 魏晋南北朝时期，士族家多蓄伎歌舞，歌舞艺人则受延聘安居，民间则出现了"唱堂会"，街头卖艺依然常见。

▶▶ 魏晋南北朝时期，工艺作坊作为一个艺术经济单位，不仅是人力、物力和财力的消费者，也是一个盈利者。有些作坊甚至可能还是商业化经营的。以工艺品为主的奢侈品交易比较发达，催生出向权贵豪门供应奢侈品的贩运性商业。

▶▶ 魏晋南北朝时期不仅在诗歌上出现了"宫体诗"这样的不健康潮流，而且散文中也出现了一些骈体化的倾向。

 思考题

1. 佛教盛行对魏晋南北朝的文化产业有哪些影响？
2. 简述魏晋南北朝佛教绘画业的产业结构。
3. 魏晋南北朝演艺业艺人的收入有什么变化？

第七章

隋唐五代

 **学习目标**

通过对本章的学习，学生应了解或掌握如下内容：

1. 了解我国文化建筑业的第二次发展高潮；
2. 掌握中国诗歌业鼎盛时期的发展情况；
3. 掌握隋唐时期书画收藏和佣画市场的历史；
4. 掌握隋唐时期演艺业的宫廷乐舞、设围卖艺、道场三种形式；
5. 掌握隋唐时期工艺业的发展和工艺珍宝商业的繁荣。

 导言

社会经济的高度发展和繁荣，使皇家和私家的艺术赞助有了更为深厚的经济基础，巍峨的皇城、弦歌声声的教坊梨园、才子荟萃的朝廷无不渲染着盛世气象。一代文宗韩愈继司马相如之后，大胆卖文取润；柳公权一字千金，积资巨万……以及绘画市场的兴起与歌舞市场的鼎盛，为隋唐的艺术经济史写下了辉映古今的一笔。

第一节　文化建筑业

隋唐时期，国力强盛，各类宫廷建筑也蓬勃发展，形成我国建筑艺术的第二次发展高潮。

一、宫廷建筑业

隋炀帝是一个好大喜功的风流才子型皇帝，他一反文帝节俭的传统，大兴土木。除新建洛阳宫外，关洛之间也大营行宫，开运河，建江都宫，"自东都至江都二千余里……离宫四十余所。"①唐初虽曾一度尚俭，但不久又大规模地兴建都城、宫殿和皇陵，其盛况直追秦汉，且有过之而无不及。

唐代大型建筑工程首推长安和洛阳两京的扩建、太极宫和大明宫的建筑以及形制宏伟的关中十八陵。其中长安郭城东西长 9721 米，南北长 865.7 米，是古代中国最大的一座城市。②从懿德太子李重润墓壁画中，我们可以看出，唐代宫廷建筑不仅规模宏大，而且风格统一，格调昂扬，装饰华丽而脱俗，取得了较高的艺术成就。

（一）建筑工程及其人财耗费

唐代宫室城池建筑盛行，是靠强大的国力支撑的。这些建筑在人力、资金和材料上的消耗十分惊人，甚至引起统治阶级高层人士的注意。太宗时"宫室互兴，百姓颇倦劳役"，贤妃徐氏深以为忧，上疏谏曰："虽复因山藉水，非无架筑之劳；损之又损，颇有工力之费。终以茅茨示约，犹兴木石之疲；假使和雇取人，不无烦扰之弊。"③希望太宗能做安于卑宫菲食的圣主。大型建筑的经济投入首先是劳动力的投入，永徽年间筑长安城郭一次用工达一百二十三万劳动日，天宝年间筑兴庆宫城也用工五十六万多个劳动日。而这一时期，随着商品经济的发展，宫廷官府所役使的劳动力已不仅仅是服徭役的人丁，很多人都是国家专门花钱雇来的民工，即所谓"和雇"。《资治通鉴》一百九十九卷《唐高宗永徽五年》自注中曾指出："雇者，以钱若物酬其功庸，不徒役其功。"那么，建筑用工实际上又可归结为钱财上的投入。

宫廷建筑资金一部分是由宫廷支出的，更主要的还是通过赋税渠道向百姓征敛。前述高宗永徽年间修筑长安城郭就是通过口均增税一钱筹集资金的。④按永徽初年，全国人口约为二千万人左右⑤，则当时一次为筑城就花去二千万钱。此外，宫廷还会挪用政府其他款项建筑宫阙，如唐代宗在宰相王缙纵容下竟挪用军费兴建皇宫："减诸道军资钱四十万贯修洛阳宫。"⑥

（二）工程管理及工匠经济状况

唐沿隋制，设将作监，由大匠总领。尚书省工部掌城池土木之工役程式，具体营建由将作监负责。贞观二十一年（647 年），著名画家阎立德被任命为将作大匠，成功地设计指挥了终南山翠微宫、骊山玉华宫以及献陵、昭陵的营建。后来立德弟、大画家阎立本也

---

① 杜宝《大业杂记》。

② 中国科学院考古研究所西安唐城发掘队. 唐代长安城考古纪略[J]. 考古，1963（11）.

③《旧唐书》卷五十一《徐贤妃传》。

④ 徐松《唐两京城坊考》卷二《西京》张穆注。

⑤ 据梁方仲统计，唐贞观十三年（639 年）全国人口为 12 351 681 人，唐天宝元年（742 年）为 5 0975 543 人。永徽四年（653 年）去贞观未远，而人口增量又有加速趋势，故当时人口增长规模当不至太大，推测约为两千万人左右。

⑥《旧唐书》卷十一《代宗纪》。

曾继任将作大匠。唐制，将作监统领工匠一万五千人[1]。其中有不少人属于犯罪没官的家属和传统的工匠户，基本上没有什么人身自由。他们又大致可分为长上匠、短番匠和雇匠三种，人身附属关系渐次放松。其中若是应徭役而来短期劳作的，官府不付报酬；若是雇佣的，则要按期发给工资，"雇者，日为绢三尺"[2]。对于这些从事建筑的工匠，一旦大功告成，皇帝有时还格外开恩，另加赏赐。由于宫廷建筑多，工程量大，耗费时间长，将作监及其下属各级官吏有相当大的经济管理权限，有不少人胡作非为，中饱私囊。大型工程中的浪费和贪污，极大地抬高了建造工程造价，最终又加重了广大百姓的负担。

二、园林宅第和艺术设施

隋唐五代贵族地主为了显示家族的兴盛，光宗耀祖，在宅第园林建筑上不惜投入巨资。唐太宗李世民为其父李渊营建了消暑"夏宫"永安宫（大明宫前身），并在其内庭的中心地区营造"太液池"，这是大唐王朝最重要的皇家园林。其他投资于建筑者还包括贵族地主阶级的各个阶层，如出身卑微的中下级官员，"凡为度支胥吏，不一岁，资累巨万，僮马第宅，僭于王公。"[3]刚刚通过科举而入仕途的寒素子弟也不落后："及第登科，倾资竭产，屋地竞窬于制度，丧葬皆越于礼仪。"[4]一些挥金如土的工商地主在宅第上更是竞相攀比。

贵族地主的宅第建筑规格大多超出了当时规定的标准，[5]而且形成了价值巨大的建筑资产。名臣魏征的宅第被其子孙"质卖更数姓，析为九家"，元和四年宪宗访知后，"出内库钱二百万赎之"。[6]

由于日常宴乐场地狭小，无法举办大型的歌舞表演，观赏效果也不甚佳。到了唐代，随着筵宴的频繁和歌舞活动的大型化，逐渐产生了建造专门的表演和观赏场所的需要。于是专门的表演场屋开始在官府中出现。

三、塔寺建筑

佛教在北周武帝时曾受到严重打击，僧尼大量还俗，寺院佛像大多被毁，有隋一代，佛教渐渐复苏。至于李唐，帝王追认道家学派创始人老子李聃为其先祖，特加尊奉，佛教在上层受到再次压制。然而民间崇佛久矣，佛教及其艺术在这一段时期内，基本上仍很兴盛，而且在规模上与六朝相比有过之而无不及。

---

[1]《唐六典》卷七《工部》。
[2]《新唐书》卷四十六《百官志》。
[3]《旧唐书》卷一百二十三《班宏传》。
[4]《唐大诏令集》卷七十二《乾符二年南郊敕》。
[5]《唐会要》卷三十一《舆服上》载，文宗敕令："庶人所造堂舍，不得过三间四架，门屋一间两架，仍不得辄施装饰。"
[6]《唐会要》卷四十五《功臣中》。

（一）规模庞大，绮丽奢侈

隋唐五代，佛寺比六朝时有所减少，但规模却不小。唐武宗会昌五年祠部检括天下寺院，有大寺四千六百，兰若四万。①寺院规模如章敬寺殿宇达四千一百三十间，分四十八院，②这些佛寺在建筑上往往极尽绮丽奢侈，如唐武则天时狄仁杰上疏时所指出，"今之伽蓝，制过宫阙。穷奢极壮，画绘尽工。宝珠殚于缀饰，环材竭于轮奂。"③

（二）建筑耗资

据唐中宗朝韦嗣立所估计，由于寺院"皆务取宏博，竞崇瑰丽。大则费耗百十万，小则尚用三五万余，略计都用资财，动至千万已上。运转木石，人牛不停，废人功、害农务，事既非急，时多怨咎。"④寺院投入如此巨资来修建佛殿僧舍，从总体上危害了整个国民经济的正常运行和发展。这也是唐武宗下诏灭佛的重要原因之一。

佛教建筑艺术的资金来源主要包括两个方面。一方面是皇家资助。武则天曾命僧怀义作夹纻大像，其小指中就可容数十人，并构筑"天堂"安放。"堂始构，为风所摧，更构之，日役万人，采木江岭，数年之间，所费以万亿计，府藏为之耗竭。怀义用财如粪土，太后一听之，无所问。"⑤另一方面是官吏捐钱和富人资助。据白居易所撰《大唐泗州开元寺临坛律德徐泗濠三州僧正明远大师塔碑铭》载，"师与徐州节度使王侍中有缘，遂合愿叶力，再造寺宇。……侍中又以家财万计助而成之。"⑥

第二节　文学业

一、宫廷文学业

唐代经济发达，文化繁荣，宫中设置了大量闲职安排艺术家。翰林院是唐代文学技艺之士的待诏之所，但不算正式官署，人称"学士"。唐代门下省之弘文馆及中书省下之集贤殿、秘书省下之著作局都分别任命了一些文士供职。

（一）文士俸禄与草诏润笔

唐代许多杰出文学家如张九龄、王维、韩愈、柳宗元、刘禹锡、白居易、元稹、杜牧，等等，都曾入朝为官，李白、李商隐等也曾短期侍奉宫廷。唐代虽优遇文士，但宫中文士

---

① 《旧唐书》卷十八上《武宗纪》。
② 宋敏求《长安志》。
③ 《旧唐书》卷八十九《狄仁杰传》。
④ 《旧唐书》卷八十八《韦嗣立传》。
⑤ 《资治通鉴》卷二百零五《唐纪二十一》。
⑥ 《白氏长庆集》卷六十。

之俸禄还是非常低的。宋人洪迈根据白居易诗文指出：

> 唐世朝士俸钱至微，除一项之外，更无所谓料券、添给之类者。白乐天为校书郎，作诗曰："幸逢太平代，天子好文儒。小才难大用，典校在秘书。俸钱万六千，月给亦有余。遂使少年心，日日常晏如。"及为翰林学士，当迁官，援姜公辅故事，但乞兼京兆府户曹参军。……而其所得亦俸钱四五万、廪禄二百石而已。①

俸禄虽然不高，但毕竟能接近皇帝，还有一些其他额外收入。当时给起草诏敕文士之润笔已开始出现：

> 韩昌黎撰《平淮西碑》，宪宗以石本赐韩宏。宏寄绢五百匹，昌黎未敢私受，特奏取旨。又作《王用碑》，用男寄鞍马并白玉带，亦特奏取旨。杜牧撰《韦丹江西遗爱碑》，江西观察使许于泉寄彩绢三百匹，亦特奏闻。穆宗诏萧俛撰《成德王士真碑》，俛辞曰："王承宗事无可书。又撰进后，例得贶遗，若黾勉受之，则非平生之志。"帝从其请。②

应诏作文，可获得相关人的馈赠答谢。但作为朝廷官员，外快收入要请旨后才能获取，这似乎是一种规矩。

（二）赏赐：武则天组织的有奖征文

宫廷文士的额外收入还来自作文称旨的赏赐。武则天游龙门时，曾令随从官员赋诗助兴，"左史东方虬诗先成，则天以锦袍赐之。及宋之问诗成，则天称词更高，夺袍以赐之。"③到了中宗时，更常设机构，"置修文馆大学士四员，直学士八员，学士十二员，选公卿以下善为文者李峤等为之。每游幸禁苑，或宗戚宴集，学士无不毕从，赋诗属和，使上官昭容第其甲乙，优者赐金帛。"④当在宫中侍奉的文士辞职时，也有赐金的做法。李白因为清平乐得罪了杨贵妃，向唐玄宗"恳求还山，帝赐金放还。"⑤赐金多少虽不可考，但估计应是一个不小的数目，因为李白一掷千金的豪放恣肆早已是人尽皆知的，玄宗当不致于太过小气。

二、文学市场

隋唐是中国诗歌的鼎盛时期，也是散文发展的重要阶段。全社会上自王公贵族，下至平民百姓多爱诗歌文章，由汉代发轫的文学市场重新复苏，并迅速繁荣。《隋书·郑译传》：

> 上令内史令李德林立作诏书，高颎戏谓译曰："笔干。"译答曰："出为方岳，杖策言

---

① 洪迈《容斋续笔》卷十六《唐朝士俸微》。
② 赵翼《陔余丛考》卷三十一《润笔》。
③《太平广记》卷二百零二《天后》引《谭宾条》。
④《资治通鉴》卷三百零九《唐纪二十五》。
⑤《新唐书》卷二百零二《李白传》。

归，不得一钱，何以润笔。"上大笑。

此为"润笔"一词之源。作为沛国公、位上柱国的郑译能在皇帝面前开玩笑，要皇帝给草诏者发稿酬，这反映了当时卖文取酬已不鲜见，可以想见民间卖文之普遍。

（一）碑铭市场与韩愈"谀墓金"

唐代文学市场最多见的是碑文及墓志铭。唐文宗时，"长安中争为碑志，若市贾然，大官薨，其门若市，至有喧竞构致、不由丧家者。"[①]两位文学家韩愈、李邕，皆因擅长墓志铭而名噪一时。韩愈善为碑文而积资巨万，时人讥之为"谀墓金"。作为一代文豪，韩愈润格相当高。如前述元和十三年，韩愈奉敕撰《平淮西碑》文，汴州节度使韩弘（宏）送润笔绢五百匹。要知道，当时绢一匹值钱约一千五百文，可买大米一石。《平淮西碑》正文五百四十五字，几乎一个字就换得一匹绢，其总数大致相当于一名小吏辛苦三十年的俸禄。另一位长于碑颂的作家李邕也毫不逊色。"邕之文，于碑颂是所长，人奉金帛请其文，前后所受巨万。"[②]

既然墓碑文字可为润资之源，当时有不少人热衷于此，如前引文，一旦听说谁家死了人，便蜂拥而上，招徕生意。甚至连一些邻国也来唐朝购求文人的碑铭文字。"大中四年，进士冯涓登第，榜中文誉最高。是岁，新罗国起楼，厚赏金帛，奏请撰记，时人荣之"[③]。

皇甫湜应裴度之邀，作福先寺碑文，裴度让人送上"车马缯彩器玩约千余缗"来酬谢。皇甫湜看了礼单后，直接扔在地上，不客气地说道："其词约三千余字，每字三匹绢，更减五分钱不得。"裴度听说后，笑着让人"立遣依数酬之"。这件事乃高彦修亲自向老僧核实，"愚幼年尝数其字，得三千二百五十有四，计送绢九千七百有二"，应当是可信的。[④]皇甫湜坚决不收礼品，要求用缣帛（当时的货币之一）支付稿酬，而且计较具体价格，有很大的进步性，也反映了文学市场发展的大趋势。

唐代碑志市场中尽管出现了李邕、韩愈、李华、皇甫湜这样积极投入者和推进者，但反对之声一直不绝于耳。白居易在《秦中吟·立碑》诗中说："铭勋悉太公，叙德皆仲尼。复以多为贵，千言直万货。"裴均子持万缣请韦贯之撰先铭，韦答曰："吾宁饿死，岂能为是哉！"[⑤]这种偏见是中国传统重义轻利，甚至耻言功利的直接反映，也代表了当时很大一部分人对文学艺术市场的不理解、不接受。

（二）诗歌市场：《白氏长庆集》的遭遇

唐代是中国诗歌的鼎盛时期。社会各界对诗歌的普遍喜好和一大批如李白、杜甫、白

---

① 《唐语林》卷一。
② 《新唐书》卷二百零二《文艺中》。
③ 王谠《唐语林》卷七。
④ 高彦休《唐阙史》卷上《裴晋公大度皇甫郎中褊直附》。
⑤ 《新唐书》卷一百六十九《韦贯之传》。

居易这样的伟大诗人的涌现，为诗歌市场的繁荣创造了极其有利的条件。元稹在其《白氏长庆集序》一文中对中唐诗歌市场的情况做了描述：

然而二十年间，禁省观寺、邮候墙壁之上无不书，王公妾妇、牛童马走之口无不道。其缮写模勒，炫卖于市井，或因之以交酒茗者，处处皆是。其甚者，有至于盗窃名姓，苟求自售，杂乱间厕，无可奈何。①

又自注说："扬越间多作书模勒乐天及余杂诗，卖于市肆之中。""模勒"二字，是指当时刚兴起的雕版印刷。也就是说，元稹、白居易的诗集遭遇了盗版的困扰。盗版只是损害经济利益，诗人要是遇上真的强盗会怎样？博士李涉有一次在江上遭遇江匪，匪首听到他的名号后，居然说，"若是李涉博士，吾辈不须剽他金帛。自闻诗名日久，但希一篇，金帛非贵也。"就这样，李涉慌忙写了一首绝句相赠，匪首竟然也不食言，"饯赂且厚"。②

在民间，诗人们最初是为民歌小曲填写新词供艺人演唱，后来诗词亦常由教坊乐工或民间艺人重新配曲演唱，即"度曲"，所谓"轻新便妓唱"③。乐人对新诗的索求也导致了诗歌的商品化。贞元末年，诗人李益"每一篇成，乐工争以赂求取之，被声歌，供奉天子。"④由于歌唱的需要，乐人成了诗歌市场的主要买主之一。东亚邻国也来大唐买诗。据元稹记述：

鸡林（今朝鲜）贾人求市（元白诗歌）颇切，自云："本国宰相，每以一金换一篇，甚伪者，宰相辄能辨别之。"自篇章已来，未有如是流传之广者。⑤

那些有序述事或题名的诗，因在一定程度上体现了买主的独占权，又能因诗的流传而使买主扬名，往往价格昂贵，非一般人所能索买。至于出售不题名记事的诗篇，其实包括两次市场行为，一是诗人将日常吟诵或因事而发的诗交给印刷者（实际上是出版者），获得一定报酬；二是出版者刻板印刷成诗册，发行出售，获得利润。这后一阶段市场实际上已转化为印刷品市场或书籍市场。

（三）王勃卖诗文发财

以卖文为生的职业诗人，面对艺术性和商业性的矛盾，也难免有一些急就章或者酬应之作。初唐四杰的少年才子王勃，"属文绮丽，请者甚多，金帛盈积。心织而衣，笔耕而食，然不甚精思。"⑥能够卖文为生，既是一种无奈，也是一种洒脱。在这一点上，与王勃遥相呼应的晚唐诗人温庭筠也是不该被忘却的，他不顾时代偏见，我行我素，为唐代文

① 《旧唐书》卷一百六十六《白居易传》。
② 范摅《云溪友议》卷九。
③ 元稹《见人咏韩舍人新律诗因有戏赠》。
④ 《新唐书》卷二百零三《文艺下》。
⑤ 《旧唐书》卷一百六十六《白居易传》。
⑥ 辛文房《唐才子传·王勃》。

学市场画上完整的句号："开成中，温庭筠才名籍甚，然罕拘细行，以文为货，识者鄙之。"①
卖文章被骂，看来是不可避免的了。

第三节　书画业

一、宫廷参与的书画业

隋唐宫廷绘画方面的经济活动除了与各代共同的蓄养画师外，还有一个重要内容就是购求民间书画。

（一）购求书画：萧翼智赚《兰亭序》

经过多年的战乱，隋唐重新实现了大一统，对于散落在民间的历代艺术瑰宝，宫廷不惜重金，广泛搜求。唐玄宗开元年间，设有集贤院，负责书画征集与摹制事宜。甚至委任了专门的书画搜访大臣。朝廷对搜求进献书画者给予了重金奖赏。萧翼在房玄龄推荐下为唐太宗收来王羲之《兰亭序》真迹以后，"太宗大悦，以玄龄举得其人，赏锦彩千段。擢拜翼为员外郎，加五品。赐银瓶一、金镂瓶一、玛瑙碗一，并宝以珠，内厩良马二，兼宝装鞍辔，第宅各一区。太宗初怒老僧（指辨才——引注）之秘吝，俄以其年耄，不忍加刑。数月后，仍赐物三千段，谷三千石，便敕越州支给"②（见插页图7-1）。

唐肃宗时，曾命"侍御史集贤直学士史维则，充使博访图书，悬以爵赏，所获不少。"③在这样的情况下，民间有不少商人纷纷干起搜购字画的营生，靠进献获赏牟取暴利。"皆别识贩卖。此辈虽怜业好事，而迹类藩身。……贞元初，有卖书画人孙方颙，与余（指张彦远——引注）家买得真迹不少，今有男盈在长安，顷年又有赵晏，皆为别识也。"④在皇家搜求的驱使下，中国最早的一批字画商人应运而生。

（二）宫廷画家的值日制度与收入

隋唐时期，许多著名画家都曾供奉于宫廷，有的甚至达到较高官位。隋朝如展子虔、董伯仁、郑法士，唐朝如阎立本、吴道子、张萱、周昉、李思训、王维等等。这些著名画家几乎都身居高位，有的还掌握实权，并享受优裕经济待遇。唐玄宗时"始置翰林院，密迩禁廷，延文章之士，下至僧、道、书、画、琴、棋、数术之工皆处之，谓之'待诏'。"⑤这些待诏画家生活在宫廷中，其创作也受到皇帝的制约，如吴道子被玄宗"召入禁中，改

---

① 王定保《唐摭言》卷十一。
② 桑世昌《兰亭考》卷三《纪源》。
③ 张彦远《历代名画记》卷二《论鉴识收藏购求阅玩》。
④ 同③。
⑤ 《资治通鉴》卷二百一十七《唐纪三十三》

名道玄，因授内教博士，非有诏不得画"①。宫廷画家分为三班，轮流值日，以备垂询遣派。故有"史馆画直""直集贤"之说。但三馆"画直"的主要任务还不是陪伴皇帝，而是在各本馆从事预定的绘图工作。日常真正陪伴皇帝的还是翰林院中的"学士"，当然这并不排除其他画家也能被皇帝临时召唤。

另外，宫廷中还常年征召一大批民间画工服务于皇门将作监。玄宗时，少府、将作两监所属工匠达三万四千八百人，其中就包含了不少画匠。唐代大量的宫室彩壁和陵寝壁画都出自这些画工之手。

二、书法市场

由于隋唐公私竞相收藏法书真迹，书法市场在六朝的基础上进一步发展起来。

（一）与文学市场相结合的手稿市场

佣书市场中的书者在很大程度上属于体力劳动者，是一种有技艺（能写好字）的工匠。而六朝兴起的法书市场则走向另一个极端，人们主要重视的是作品的形式（字迹、书法艺术），而对写的内容并不注意。在这种书法市场中，买主往往十分注意书法家的名气，并不要求书写内容与自己直接有关。唐代，随着碑志市场的兴起，书法市场也出现了新的变化，人们不仅要求书法优美的名家法书，而且希望书写内容与自己直接相关。这两种需要的结合便形成了兼有佣书市场和法书市场特点的新的书法市场形态，即手稿市场，请书法名家代为书写自己所需要的内容，并支付润笔。如一代书法大家柳公权深受皇帝宠幸，在当时就已名扬海内外，"当时大臣家碑志，非其笔，人以子孙为不孝。……凡公卿以书贶遗，盖巨万"②。柳公权靠为人书写碑志而积资巨万，可见手稿市场已不可小看。手稿市场的产生和发展在唐代是与碑志盛行分不开的，如同碑志市场受人偏见一样，手稿市场也不无阻力。柳公权兄公绰之孙柳玭即不能概然接受润笔，他自御史大夫贬泸州刺史，东川节度使顾彦晖请书德政碑。柳玭曰："若以润笔为赠，即不敢从命。"③

（二）法书市场与法书价格

唐代法书市场既有前人的书迹，也有时彦的珍品。人们对法书价值的认识水平不断提高，在市场价格的确定上也比六朝更加细致、精确。有一次，褚遂良问虞监曰："某书何如永师？"答曰："闻彼一字，直钱五万，官岂得若此？"④张怀瓘更作《书估》为历代法书估价：

> 三估者，篆、籀为上估，钟、张为中估，羲、献为下估。上估但有其象，盖无其迹；

① 张彦远《历代名画记》卷九《唐朝上》。
② 《新唐书》卷一百六十三《柳公权传》。
③ 洪迈《容斋续笔》卷六《文字润笔》。
④ 刘𫗧《隋唐嘉话》中。

中估乃旷世奇迹，可贵可重，有购求者，宜悬之千金。或时不尚书，薰莸同器，假如委诸衢路，犹可字偿千金。

唐代书法市场同样也有外国的参加。如柳公权名盖当世，以至于"外夷人贡者，皆别署货贝曰：'此购柳书'"[1]，其殊荣当不亚于当年百济使者望船拜求萧子云。这也说明，书法艺术品的市场买卖已成为不少国家共同接受的行为。

（三）写经风气

唐代民俗流行写经，书写佛经与造像一样有着功德意义。为了适应社会各界写经的需要，寺院中长期雇用了一批专职抄写者，俗称"写经生"。这些经生在很大程度上依附于寺院，甚至丧失了一部分人身权利。另一些书者则相对自由些，他们为人写经，并计件收费，是一种自由职业书工，如王绍宗当年就属于这种情况。[2]

唐代寺院为官方写经往往组成分工明确的班子，包括写经生、装潢手、初校手、再校手、三校手、详阅四人、判官、监制等十一人。其工资酬劳自然应由官方支付。不仅如此，所需纸墨笔砚也全部由官方支付。当时的写卷题记中经常记载写经用纸数目等资料。

三、绘画市场

唐代绘画市场在六朝极度发达的佣画市场的基础上得到进一步发展。

（一）佣画市场：吴道子的"粉本"

唐代佣画市场发达，根本上是因为寺观、宅第建筑的迅速发展对壁画的需求不断扩大。许多文人士大夫精于画事，他们艺高名远，已非昔日画匠可比，因而唐代佣画市场的实际参与者又进一步分化，有画匠佣和名家佣两种。

画匠作为一般工匠和下层劳动者，其社会地位和经济地位都很低，时人常将其与缝匠、韦匠、支匠、木匠并称。在当时中外交往十分频繁的社会背景下，作为民间艺术家的佣工画匠也在国际间交流作佣。亚洲各国许多画师纷纷来到唐都长安，其中尤以中亚曹国侨民居多。同样，中国画匠也辗转到国外佣画。杜佑族子杜环就曾在阿拔斯王朝（黑衣大食）都城库法亲见"绫绢机杼，金银匠、画匠、汉匠起作画者，京兆人樊淑、刘沘"[3]，足见当时佣画之盛。

作为一般工匠，画工佣画的报酬并不高，而名家佣画则不仅艺术水平高，而且经济收入也十分可观：吴道子"尝于京师画总持寺三门，大获泉货。"[4]但从本质上讲，画匠佣和名家佣并没有区别，而且许多名家本身就是由画匠成名的，如吴道子入宫前，就是东洛一

---

① 《新唐书》卷一百六十三《柳公权传》。

② 《新唐书》卷一百九十九《儒学中》。

③ 杜佑《通典》卷一百九十三引杜环《经行记》。

④ 张彦远《历代名画记》卷九《唐朝上》。

带有名的专职画工，其他如杨庭光等人也是这样。日本大阪美术馆所藏传为吴道子所绘《送子天王图》很可能就是为寺院画壁画时，征求甲方意见的小样。

唐代佣画市场最典型的是佛寺壁画绘制。壁画对于弘法十分重要，有时甚至成为寺院的脸面。当时佛寺建成，都要延请画家图壁。画家作画大致有两种方式，一种是游方艺人主动上门招揽生意，另一种是寺院主动出钱招募。在日本求法僧圆仁的笔记中，我们可以看出，寺院如何聘募画师，又如何确定工价，这些钱又从何而来。日记中提到博士①王惠居长安城外郭的永昌坊，应当是有固定门面和作坊的职业画工。经过一番"商量"，"画帧功钱同量定了，五十贯钱作五副帧"。《金刚界九会曼荼罗》虽为大幅，却也仅有工钱六千文。②

寺院壁画的费用开支自然由寺僧支付，但与雕像一样，一些世俗人士也往往为了积累个人功德，出钱请人图绘佛像。白居易"晚岁患风痹，出俸钱三万，绘西方极乐世界一部，依正庄严，悉按《无量寿经》，靡不曲尽，顶礼发愿。"③

（二）画品市场：材料的进步方便了绘画的交易

六朝与隋唐之际，绘画材料发生了一次重大变革。随着纸绢生产规模的扩大，由此作画日趋普遍，画品交易变得越来越方便。隋唐时期，有具体物质形态的绘画作品主要有三种，即画壁、画屏和画幛。由于画幛买卖兴起，画壁、画屏这两类过去不能交易的画品也进入市场。

张彦远曾记述，卫协作品《毛诗北风图》"巧密于情思""元和初，宗人张惟素将来，余大父答以名马，并绢二百匹。"④古画交易既已平常，时彦新作也同样流连于市场之中。甚至有人靠售画谋生，南海人张洵，"不第后流寓长安，以画自适"⑤。

前面提及，由于唐初宫闱大力向民间购求字画，还催生了中国最早的一批专业画商。这些人被称为"卖书画人"或"鬻画人"，其中著名的画商有辽东人王昌、杭州人叶丰、长安人白颖、洛阳书贩杜福、刘翌、齐光、赵晏等⑥，他们为繁荣绘画市场做出了积极贡献。

通俗性绘画有更为广泛的社会需求，其作者大多为中下层画工。买卖也多发生在市肆之中。如杜甫诗云："忆昔咸阳都市合，山水之图张卖时"。这些张挂于市肆，供售卖的山水之图显然出自工匠之手。宣宗大中末年，舒州出现特大鸟巢，"燕雀鹰鹤、水禽山鸟，无不亲狎如一"，又出现一种"人面绿毛，嘴爪悉绀"的怪鸟，"时人画图鬻于市肆焉"。⑦民间作画鬻于市肆的画匠人数也相当多。元代汤垕所著《画鉴》亦云："唐无名人画至多。"在一定意义上反映了唐代民间绘画市场的情况。

---

① 据马德的考据，敦煌工匠按级别从高到低分为都料、博士、师、匠、生等。
② [日]圆仁《入唐求法巡礼行记》卷三。
③ 祩宏《往生集》。
④ 《历代名画记》卷五《晋》。
⑤ 夏文彦《图绘宝鉴》卷二《唐》。
⑥ 张彦远《历代名画记》卷二《论鉴识收藏购求阅玩》。
⑦ 苏鹗《杜阳杂编》卷下。

中国绘画市场的发展也引来了邻国客商。周昉"穷丹青之妙……贞元间新罗人以善价收置数十卷,持归本国"[1]。这也反映了中国绘画艺术及其市场在东方邻国的巨大影响。

(三)绘画作品价值及其市场价格的决定

隋唐时期,随着画品市场的发展,绘画作品价值及其价格评价更加精准。唐代绘画市场中,出现许多明确的价格记载。或以金钱计,或以绢帛计,为我们认识唐代绘画市场状况提供了生动的素材,如:

> 保寿寺,本高力士宅。天宝九载,舍为寺。……文宗朝,有河阳从事李涿者,性好奇古,与寺僧善。尝与之同观寺库中旧物,忽于破瓮内得物如被,幅裂污垒,触而尘起,涿徐视之,乃画也。因以州县图三及绢三十匹换之。令家人装治,幅长丈余,因持访于常侍柳公权,乃知张萱所画《石桥图》。[2]

画有定价,人们在计价上经常斤斤计较。洛阳一位画工为人家画壁画,未画完就跑掉了。后来被人找回来,画工却狡辩道:"功直已相当。"[3]画工自以为功直已相当,无异于钱货两讫,于是尽管画未完成也一走了之。尽管人们在绘画市场交易的实践中如此斤斤计较于画价,但诚如所谓"知难行易",唐人在对绘画价格形成原理的认识上还相当肤浅,甚至还带有"不可知论"的色彩。张彦远认为,"书画道殊,不可浑诘。书即约字以言价,画则无涯以定名。……但好之则贵于金玉,不好则贱于瓦砾,要之在人,岂可言价。"[4]绘画成交价固然与买卖双方对绘画的评价(好恶)有关,但这远不是问题的全部和实质。

那么,唐代书画市场价格水平究竟怎样?我们来做一个测算,就以张彦远《历代名画记》所载阎立本所画屏风"一片值金二万"为例。王伯敏先生曾考证,"二万金,当指二万钱"。按《资治通鉴》《新唐书·食货志》记载,当时的米价约为一石千钱,二万钱则可买米二十石。按唐前期"一顷出米五十余斛",即每亩产米五斗多。也就是说,阎立本画的一片屏风,大致相当于40亩良田一年的收获。

第四节　演艺业

一、宫廷乐舞

(一)乐舞机构及其经费的变迁

隋唐民风好色重乐,由宫廷至市井,无处不闻丝竹之声。尤其在从唐初至安史之乱的

---

① 《图画见闻志》卷五《周昉》。
② 《图画见闻志》卷五《石桥图》。
③ 《隋唐嘉话》下。
④ 《历代名画记》卷二《论名价品第》。

一百多年间，宫廷设置了庞大的乐舞机构，这些机构大抵有官府系统的太常寺，中又分为太乐署、鼓吹署等实际部门，宫廷系统则有教坊、梨园等。"唐之盛时，凡乐人、音声人、太常杂户子弟，隶太常及鼓吹署，皆番上，总号音声人，至数万人。"①其中，有些是犯罪没官的人和他们的家属；有些是从民间召入宫中的良家女子；还有些是被调集来的民间艺人。民间艺人来京短期供奉犹如其他工匠应征徭役，也有纳赀免役的权利。

盛唐开元二年，设内教坊及左右教坊，掌俳优杂伎。教坊"散乐三百八十二人"②，其实最多时近二千员。这些乐人终生侍奉宫廷，其俸取给于大内。宫廷乐舞机构维持如此庞大的乐舞活动，其开支是相当惊人的。这在盛唐时期也许并不怎么引人注目，但安史之乱以后，随着藩镇割据，财政收入减少，宫廷乐舞机构的经费也逐渐成为问题，于是不少宫廷乐人面临着被解职和减薪的命运。到了宪宗元和十四年（819 年），朝廷又决定给内教坊一定本钱，将其搬出宫，实际上是要求教坊自行经营。"这样，既可控制教坊随时可为宫廷召用，又可减少开支，此时教坊虽然还没有解散，其规模恐已远不及盛唐之时了。"③朝廷对教坊的五千贯文资助，实在是微不足道，甚至仅仅是象征性的，因而教坊中即使未被遣散之人，要维持其生存，必也时常外出卖艺，成为乐舞市场中新的成员。

（二）乐舞艺人的经济生活

宫廷蓄养乐人的方式主要有二：一为俸钱，一为赏赐。平心而论，一般宫廷乐工伶官的正常俸钱并不多，但赏银却无定数。玄宗时，"新声、散乐、倡优之伎，有谐谑而赐金帛朱紫者。"④"（僖宗乾符间）赏赐乐工伎儿，所费动以万计。"⑤皇帝如此厚赏、滥赏伶人引起了朝中大臣的不满，他们纷纷上书劝谏。郑覃劝穆宗曰："夫金缯所出，固民膏血！可使倡优无功滥被赐与！"⑥王直方也在上文宗疏中抱怨"乐工弟子，赐与至广"⑦。在这样的呼声中，唐代也曾有过削减宫廷艺伎的行动，如贞观二十一年"三月庚午，出宫女三百人于安国寺，又出掖庭教坊女乐六百人于九仙门，召其亲族归之"⑧。宪宗则另有办法，于元和六年六月，"减教坊乐人衣粮"⑨。元和十年，白居易在九江湓浦口邂逅的京城名伶也许正是宫廷精简的乐伎之一。

（三）乐舞物质条件支出

歌舞戏剧等表演艺术都需要一定的物质条件，包括舞台、服饰、道具等，这些都属于

---

① 《新唐书》卷二十二《礼乐志十二》。

② 《新唐书》卷四十八《百官志三》注。

③ 王克芬. 中国舞蹈史：隋唐五代部分[M]. 北京：文化艺术出版社，1987：208.

④ 同①。

⑤ 《资治通鉴》卷二百五十二《唐纪六十八》。

⑥ 《新唐书》卷一百六十五《郑覃传》。

⑦ 《全唐文》卷七百五十七《谏文宗厚赏教坊疏》。

⑧ 《旧唐书》卷十四《顺宗纪》。

⑨ 《旧唐书》卷十四《宪宗纪上》。

艺术经济活动的内容。唐人有不少诗咏及宫廷舞场，其装饰之华丽，费工之巨，绝非寻常人家享用得起。唐懿宗朝最受宠幸的优人李可及曾作《叹百年舞》，舞人珠玑盛饰者数百人，"刻画鱼龙地衣，度用缯五千。"①唐朝后期长安城中的崇仁坊，是乐器商家的聚集地，"一街辐辏，遂倾两市，昼夜喧呼，灯火不绝，京中诸坊，莫之与比"②。

宫廷不仅要为歌舞活动提供表演场所，而且还提供了演出服饰。唐开国初，由于经济凋敝，宫中乐人的服饰还需向民间借用。武德元年（618 年）孙伏伽曾说："近太常假民裙襦五百称，以衣妓工，待玄武门游戏。"③随着唐代国力的逐渐强盛，宫人伎艺表演的服饰不但不需要向别人借，而且越发豪华奢侈，专门的演出服装要整车、整箱地装运："禄山以车辇乐器及歌舞衣服，……遣入洛阳。"④

一旦遇节日或帝王生日，举办大型歌舞会，其服饰更趋奢华，花费也更大。郑嵎在其《津阳门诗》自注中，记述了宫中为庆祝唐明皇生日而表演《霓裳羽衣舞》的情形："又令宫妓梳九骑仙髻，衣孔雀翠衣，佩七宝璎珞，为霓裳羽衣之类。曲终，珠翠可扫。"又据《朝野金载》记载，唐先天二年（713 年）元宵节，朝廷组织数千人参加的"踏歌"活动，上千名宫女，穿着罗绮锦绣做成的衣服，戴着闪亮耀眼的珠翠饰品，一个花冠、一条巾帔就值许多钱。装饰一名伎女就需要三百贯。白居易也有过"昭阳舞人恩正深，春衣一对直千金"的说法。⑤

无论是从民间征召的乐工还是未谙乐舞的宫人，都要在宫中学习排练一段时间。学习期间同样也要由内府供给物质生活资料，与太常所属太乐署和别教院的乐人一样，内府教坊所属乐人及教员之生活费用也一概优待，而且宫内乐舞教师（内教坊博士）还要免其杂徭诸役。

（四）宫廷艺人外出"走穴"

唐代闲置轮空宫廷乐人私自外出演出，挣取外快的"走穴"现象也很多⑥。对于这种情况，唐朝各个时期规定不太一致，有时较为放松，有时则明令禁止，并予以重罚。如开元二年十月六日勅说："散乐巡村，特宜禁断。如有犯者，并容止主人及村正，决三十；所由官附考奏。其散乐人仍递送本贯人重役。"⑦

周贻白将此勅理解为"官方把这些散乐视为禁脔，不许他再向民间活动。"⑧开成二年六月，曾有八名宫廷艺人私自搭班，到外地演出赚钱，不料却被荆南地方官员查获，被押

---

① 《新唐书》卷一百零六《曹确传》。

② 徐松《唐两京城坊考》卷三《次南崇仁坊》。

③ 《唐会要》卷三十四《杂录》。

④ 姚汝能《安禄山事迹》下。

⑤ 《白氏长庆集》卷四《缭绫》。

⑥ 《太平广记》卷二百零四《李暮》载："暮，开元中吹笛为第一部，近代无比，有故，自教坊请假至越州。公私更宴，以观其妙。时州客举进士者十人，皆有资业。乃醵二千文同会镜湖，欲邀李生湖上吹之。"

⑦ 《唐会要》卷三十四《杂录》。

⑧ 周贻白. 中国戏曲发展史纲要[M]. 上海：上海古籍出版社，1979：53.

解回京，并受到各杖四十的处罚。

二、歌舞市场

唐人多喜爱规模大、形式新的歌舞表演，歌舞表演团体逐渐兴起，并且开始由喧闹的市井村头悄悄地转向茶楼酒馆和有钱人家的深宅大院之中。

（一）歌舞市场概况：设围卖艺的出现

唐代歌舞市场从形式上看，大致可分为三类：一类是街头卖艺，这是最简单、最古老的卖艺方式；一类是上堂卖艺，艺人受雇于人，并随之在指定地点表演；另一类是围场卖艺，艺人用某种屏障物将表演区单独隔离开来，以便收取门票。

街头卖艺较为自由，艺人们走街行村，四处表演并借此获得观众的酬劳。公孙大娘早期就曾在河南郾城街头卖艺。卖艺多为时人视同乞丐，社会地位极为低下。经济收入也极不稳定，其观众大多为下层百姓，经济实力有限，因而街头卖艺的市场规模并不大。莫高窟第85窟南壁东侧《报恩经变》的下部，为《恶友品》"善友太子本生"。其中善友太子失明后，流落街头弹筝卖艺的画面，一定程度上再现了唐代街头卖艺的情形。

相反，一些富贵人家往往将艺人聘请至家中，令其唱堂会。这种上堂卖艺活动大多先付定酬，再因其表演水平另加馈赠。《太平广记》第二百零四卷关于李謩受聘为地方名士在越州镜湖吹笛事就属于这种情况。有时人们还会为争聘名角而争抬聘金，如元稹《赠吕三校书》云："共占花园争赵辟，竞添钱贯定秋娘。"上堂艺人一般水平要比日常街头卖艺者较高，若是其中的佼佼者，其经济报酬也较丰厚。五代顾闳中的名作《韩熙载夜宴图》便是私人宴乐的真实写照（见插页图7-2）。

歌舞戏曲表演的固定场所有歌场、变场、戏场等。这种固定表演场地固然为艺术表演提供了较好的设备条件，更重要的还是为了便于收费。这种戏场最简捷的办法是借助于现成的寺院道场，在这里聚众演艺有许多得天独厚的条件。因为寺院本身在举行"俗讲"时已有收费入场的惯例，那么，外来乐舞班子在寺院附近卖艺也完全可能。

便于收费的另一种场所是酒楼、茶肆。吉师老之《看蜀女转昭君变》、王建之看蛮妓唱《昭君》等都在这类场所。这些场所当时或称"变场"，艺人大多色艺俱佳，其演出方式多为说书和弹唱。但在变场演出者因租用房主地，并不可能直接获得门票收入。据推测，很可能是艺人先向房主或茶馆、酒楼的老板缴纳一定的场租，然后得以在其中演出。或讲演连续的长篇评书之类，或演唱小曲，通过"听众点歌"而获得收入，如白居易《琵琶行》中的教坊女子"一曲红绡不知数"就属于这种情况，而王建《观蛮妓》则进一步刻画了变场艺人卖艺的情况：

欲说昭君敛翠蛾，清声委曲怨于歌，

谁家年少春风里，抛与金钱唱好多。

当然这是指一般情况，遇到名角，茶馆酒楼也许不但不收取场租，而且还要高薪延聘，这也是可能的，这一类艺人有的收入还颇可观。[①]

除了在寺院、变场等现成场所设围卖艺外，艺人还自行经营演出场地。这种场地往往设在离寺院、市场很近的地方，因为这些地方行人多，易于揽客。[②]这种场所可通称为"戏场"。戏场的一个重要部分之一就是乐棚，乐棚不仅可以为演员遮风蔽日，还可以方便观众入场纳赀，目的是将表演区与场外人等隔开来。乐棚既是为了遮外人耳目，自然要搭建得比较高大，以至于小孩竟可以攀援："腾踏游江舫，攀援看乐棚。"[③]因此乐棚实际上只是由艺人经营的相对固定的表演、收费场所。这种乐棚虽名为"棚"，实则仍是露天者居多，进入其间自然有人收费。如任半塘所云："慈恩青龙诸戏场，露天居多，设备简单，乃卖艺性质，凡入场者须纳赀。"[④]戏场的观众来自社会各阶层，连公主也往戏场观看表演[⑤]，可见这种场所已被广泛接受。

为了维护自身的社会利益和经济利益，歌舞说唱艺人还组成了类似行会的团体——"伶党"。《陆文学自传》说陆羽少时不满主人凌辱，"舍主者而去，卷衣诣伶党，著《谑谈》三篇。以身为伶正，弄木人、假吏、藏珠之戏"。[⑥]这种优伶组织的经济保障功能不太强，但具有实际业务功能，即提供编剧、导演和教育培训。

（二）民间大型歌舞经济活动：踏歌后到处是遗落的首饰

隋唐两代文化艺术繁荣的重要表现之一是民间大型歌舞活动的复兴。每逢元宵、上巳、重阳等佳节以及驱傩等时候，民间常自发组织大型的群众性歌舞游乐活动。如刘禹锡在《踏歌行》诗中所描述的那样，天亮以后，舞人散尽，路上游玩的孩童还能捡到遗落的饰物。这一方面说明民间踏歌之盛况，另一方面也说明人们参加歌舞活动是盛妆而来的。而这种大型歌舞活动也耗资巨大。筹资大概是挨户平摊，不少贫弱之家往往不堪负担，以致"竭赀破产"[⑦]。这种情况引起了统治者的注意，有很多人为此要求禁止民间举办这样的游乐活动。

三、宗教演艺业

佛入中土，为宣扬其教义，吸引远近百姓，寺院早就重视组织资助一些乐舞活动，如前述六朝之行像、六斋活动。至于隋唐，寺院已逐渐成为人们观光游览的佳处，以至形成了"逛庙"的风俗。这样，寺院既成众人聚集之所，僧尼便无须挖空心思再去招徕善男信女。于是佛教乐舞活动便开始在功能和方式上产生新的变化。

---

① 《古今图书集成》卷十《织女部》引王建诗《当窗织》："当窗却羡青楼倡，十指不动衣盈箱。"

② 钱易《南部新书·戊》载："长安戏场，多集于慈恩（寺）。小者在青龙（寺），其次荐福（寺）、永寿（寺）。"

③ 元稹《哭女樊》。

④ 任中敏.唐戏弄[M].上海：上海古籍出版社，1984：969.

⑤ 《资治通鉴》卷二百四十八《宣宗大中二年》载："（宣宗）问：'（万寿）公主何在？'曰：'在慈恩寺观戏场。'"

⑥ 《全唐文》卷四百三十三。

⑦ 《隋书》卷六十二《柳彧传》。

（一）新的社会娱乐中心之兴起：热闹的道场

隋唐佛寺大多建筑绮丽、规模宏大，且庭院宽阔，门前也多为广场之属，逐渐转变为一种新的社会娱乐中心。任半塘曾将"道场"与歌场、变场、戏场并举，推为唐代长安的四大娱乐场所。其重要表现之一就是佛寺中建有供表演伎艺的舞台。寺观中的这种舞台一般称为"舞榭"，也有叫作"红楼""歌舞楼"的。据敦煌莫高窟第 172 窟唐代观《无量寿经变》壁画显示的佛寺造型，专家考证，院正中的一座上有乐舞的平台，就是当时寺院舞榭的再现。从中我们可以看出，这种寺院舞榭并不比平地高，当时人尚习惯于在平地上观看和表演。但有一点可以肯定，这种歌舞台是在建寺时就已预先设计好、专供表演技艺的，它有低矮围栏，以便将表演者与观众隔开来。

当时不仅寺院内常有伎艺表演，连寺前广场也是热闹非凡。有时一座寺院的门前，竟能聚集"不下三万人"，其盛况不难想见。

（二）佛寺的伎艺收入：交了钱才能听讲经

佛寺的伎艺收入首先来自观赏伎艺表演的收费。任半塘说："慈恩青龙诸戏场，露天居多，设备简单，乃卖艺性质，凡入场者须纳赀。"歌舞、百戏历来有看头，一旦演出，收费入场自不待言。有意思的是，本为宣传教义而进行的讲经活动——"唱导"和"俗讲"，也成了获得钱财的手段。唱导不是枯燥地论理说法，而是说唱结合，有时甚至完全是清唱，且多讲述某一故事，情节引人入胜，自然是听众云集。中唐时的文溆和尚是长安著名的俗讲法师。京师法海寺的宝岩和尚每次唱导，如同歌星的一次大型演唱会，"及岩之登座也，案几顾望，未及吐言，掷物云崩，须臾坐没，方乃命人徙物。"[1]事实上，寺院俗讲并不总是随缘施舍，常常是名码标价，规定听众须缴纳一定钱帛方可入场听讲。有时听讲者来得太多，寺院还要酌情随时抬高票价，以适当减轻拥挤状况。《远公话》中就曾记载一次纳赀听讲的故事。原定"每人纳绢一匹，方得听一日"，预计约有一两万人，寺院难容，乃改定"要听道安讲者，每人纳钱一百贯文，方得听一日"，如此逐日不破三五千人。从这时起，佛教艺术对于寺院来说便不再继续作为一种花费和开支，而意味着钱财的收入。从此，佛教艺术经济进入了一个新阶段。

第五节　雕塑业

一、宫廷雕塑：天枢

唐代宫廷雕塑业除了寺观、石窟的宗教雕塑外，大型仪卫性、纪念性雕塑以及小型陶

---

① 《续高僧传》卷三十《宝岩传》。

俑塑造都很盛行。在当时的中央政府里，设立有专职官员、专门机构——将作监属下的甄官署、石窟丞等，负责主持大规模的石窟开造、陵墓雕刻，以及各种陶俑明器的制作等工程和手工业活动。

宫廷大型纪念性雕塑当首推武则天竭资塑造的"天枢"："长寿三年，则天征天下铜五十万余斤，铁三百三十余万，钱二万七千贯，于定鼎门内铸八棱铜柱。高九十尺，径一丈二尺。题曰'大周万国述德天枢'，纪革命之功，贬皇家之德。"①耗费如此之多的铜铁材料，花费如此巨额的资金并动用役使如此之多的人力，实为中国雕塑史上的奇迹，若不是宫廷官府出面组织和动员几乎是毫无可能的。

二、宗教雕塑

隋唐宗教雕塑很发达，南北朝时期开凿的几大著名石窟，都在这一时期增添了更加辉煌的艺术内容。其中最重要的就是佛教雕塑。

（一）隋代造像之风

隋代虽然短暂，但其造像之风不减六朝。杨坚屡次下诏修复、安置北周灭佛时所破坏的佛教造像，提倡僧俗修造佛像，并严禁官民毁损。据《法苑珠林》卷一百和《辨正论》卷三载，在隋文帝统治期间（581—604 年），造大小金银、檀香、夹纻、牙、石佛像十万六千五百八十躯，修复残损佛像一百五十万八千九百四十余躯；在隋炀帝统治期间（605—618 年），又修治旧像十万一千躯，雕铸新像三千八百五十躯。

（二）龙门奉先寺大卢舍那像龛的兴造及其管理

唐代也大力造像，其中著名的如四川乐山高七十多米的弥勒佛石雕像，令人叹为观止。至于洛阳龙门石窟、太原天龙山石窟、敦煌莫高窟的唐代佛像遗存同样是不可多得的雕塑艺术珍品。隋唐佛像与六朝一样，多为世俗发愿制作。其中最大的施主自然是皇室。洛阳龙门奉先寺大卢舍那像龛，是龙门石窟群中规模最大的一个。大像龛佛座北侧，有唐玄宗开元十年（722 年）补刊的《河洛上都龙门山之阳大卢舍那像龛记》碑，碑文详尽地记述了这群构思奇巧、气势宏大的佛像的制作过程。从中可见，为完成如此巨大的雕刻工程，唐王朝专门配备了各方面的人员，并成立分工明确、组织严密的领导小组。更值得注意的是这个工程竟耗费了二十年左右的时间。

（三）资金的筹集：武则天捐了脂粉钱

在龙门奉先寺大像龛兴造期间，为加快进度，武则天曾用脂粉钱二万贯相助。对于她来说金额虽不算多，但毕竟是从私囊中支出的，也许是为了表达她本人对佛的崇敬。相比之下，隋文帝的做法要精明得多，或许是府库中无实力相助，他在开皇元年（581 年）"诏

---

① 刘肃《大唐新语》卷八《文章》。

境内之民任听出家，仍令计口出钱，营造经像。"①久视元年（700 年），即武则天病故的前五年，她在白司马坂（今白马寺附近）"欲造大像，使天下僧尼日出一钱，以助其功"②。让笃信佛法的僧尼出钱造像，最终仍是取自于百姓，无怪乎狄仁杰竭力反对："工不使鬼，止在役人。物不天来，终须地出。不损百姓，将何以求？"③

其实更多的佛像雕塑都是由民间捐助的。各大石窟中显贵富豪费重金雇人制作的佛、菩萨像，以及衣冠楚楚、慈眉顺目的供养人群像，都是雕塑艺术中的精品。也有不少雕刻粗糙、身材矮小的佛像，可见其供养者的窘迫。洛阳龙门的莲花洞洞口南侧，有一仅高三四厘米的制作粗糙的观世音像龛，供养人潘大娘是比较穷困的民间妇女，由于无钱刊刻她一心供养的形象，才粗糙地刻上"潘大娘造"四字，以证是她发愿造的。

（四）民间小型佛雕售卖

由于社会各界都愿出钱造像，造像的佣工市场也十分发达。雕塑工匠有的来自官府的作坊，也有一大批"自由职业者"。他们四处揽活，以自己一技之长聊以糊口。同时迎合佛教信徒偶像崇拜的需要，隋唐时期还出现了专门制作小型佛雕售卖以求利的"伎巧之家"。佛像市场比佛像佣工更具有商业意味，有人认为是对佛的大不敬，以至于怂恿太宗下诏明令禁止。

三、雕塑市场

（一）艺人收入与《典儿契》

唐代雕塑市场主要是佣工市场。佣工或受雇于权贵富户，或受雇于佛寺道观。这些以卖佣为生的雕塑工匠大致又有三种：一种是浇铸金铜为像的，为金工；一种是雕琢山石为像的，为石工；一种是捏塑泥土为像的，为塑工。当时以佣工为活的雕塑工匠毕竟生活在社会下层，经济收入相当微薄，有些人甚至卖儿卖女。敦煌藏经洞有一份文书《塑匠都料赵僧子典儿契》记述了一个悲惨的故事（见插页图 7-3）。935 年，敦煌的塑匠都料赵僧子家的田地灌溉水渠破损漏水，必须要修补好，否则要被官府责罚，但一时缺乏修治的工具材料，无处寻觅，只好把年幼的儿子质典给亲家翁，六年为限，到期后才能赎回，典质期间实则形同奴婢。这生动地反映了雕塑艺人，即使已经到了最高等级的技艺（都料），生活依然十分窘迫。比他们境况略好的是某些拥有部分生产资料的自耕农式的塑匠。如唐太宗下令禁止其制作佛道形象的伎巧之家，大致集合了一批雕塑艺人，独立进行雕塑品的商品化生产，其创作意图完全是悦俗易售，追逐利润。

---

① 《资治通鉴》卷一百七十五《陈纪九》。
② 《资治通鉴》卷二百零七《唐纪二三》。
③ 《旧唐书》卷八十九《狄仁杰传》。

（二）雕塑品价格

由于雕塑品的制作和销售在当时已相当普遍，人们对雕塑品的市场价值和价格也有了较为深刻的认识。"瀛州饶阳县令窦知范贪污，有一里正死，范集里正二百人为里正造像，各出钱一贯。范自纳之，谓曰：'里正有过罪，先须急救。范先造得一像，且以与之。'纳钱二百千，平像五寸半，其贪皆类此。"①交钱"二百千"而换得五寸半的人像，时人谓之曰贪，可见这已超出雕塑品正常价格的上限了。

第六节　工艺业

一、宫廷工艺品制造业

唐代沿袭秦汉旧制，丰富发展了庞大的少府监工艺制造系统。少府监之职，囊括了陶瓷、染织、漆木和金属工艺等各类工艺品的生产和制作。从《唐六典》的记载看，这些管理机构不仅分工明确、制度井然，连从何处进来原材料、何时完成产品等事项也都安排得井井有条，足见唐代宫廷及官营工艺品制造业的计划管理已达到一个新的高度。②

宫廷及官府工艺制造业除了少府监系统的大批工匠和作坊外，还由内廷直接管理了一批御用作坊，用以制作更为精巧的工艺品。总的来说，无论从规模、分工还是从管理制度、计划水平来看，唐代宫廷官府工艺品制作业都是空前的。据称，少府监系统就有工匠一万九千八百余人，③加之其他诸作，其总数十分庞大。这些工匠的来源主要有三部分：一是奴隶，一是役丁，一是雇工。其中绝大部分是定期征调来服徭役的民间艺匠。除具有特殊技艺者外，如果工作不多，其他应役工匠都可以纳资代役，大致标准是缴纳绝布三尺，正好等于和雇一名工匠的日工资。④

由于宫廷工艺品制造业在材料、技术、人员上得到了全国的支持，尤其是宫廷在艺术活动中投入特有的财力，不少宫廷作坊制作出的工艺品往往价值连城。唐中宗安乐公主，"有织成裙，直钱一亿，花卉鸟兽，皆如粟粒，正视旁视、日中影中，各为一色。"⑤这些凝聚了能工巧匠无数劳动的精美工艺品都成了皇室贵族的私有物。工艺品中还包括著名的三彩釉陶和越窑青瓷、邢窑白瓷、唐锦、铜镜，等等，它们充分反映了中华民族勤劳智慧的优秀传统。

---

① 《朝野金载》卷三。
② 《唐六典》卷二十二《少府监》。
③ 《唐六典》卷七《工部》。
④ 《新唐书》卷四十六《百官志一》。
⑤ 《资治通鉴》卷二百零九《唐纪二五》。

二、民间工艺业

社会各界，尤其是贵族地主的奢侈性消费不断增长，刺激了民间工艺珍宝制作业和贩运业的进步。当时的长安，修造乐器的大多在崇仁坊，延寿坊有造玉器和出售金银珠宝的店铺；永昌坊有茶肆还有画工，新昌坊有客舍及"会饮"的饮所。

（一）工艺珍宝制作业在民间的发展

唐代工艺业在生产组织上大致有两类：一类是"流佣"性质，不备原料，不设作坊，为顾客制作工艺品后计件收取工资报酬；一类是"作坊"性质，自行采购原料，组织生产制作并自行出售。隋唐五代时期，流佣的手工艺人很多，也很常见，随叫随到。有定州人王珍，"能金银作，曾与寺家造功德，得绢五百匹。同作人私费十匹，王珍不知。"[①]看来这种"流佣"式工艺制作也并不全是单干，结伴而行者也有，结伴者可能或是出于师徒关系，或是出于工艺制作上的分工协作。这一时期的佣工往往具有一定的商业眼光和市场价值观念。

……义未之信，亮曰："延寿坊召玉工观之。"玉工大惊曰："此奇货也。攻之，当得腰带銙二十副，每副百钱，三千贯文。"遂令琢之。[②]

这种能为顾客进行市场参谋的手工艺匠的出现是隋唐五代工艺珍宝制作业的一个新发展。这为流佣的手工艺人从单纯的佣工或工资劳动者向独立经营的工艺作坊主转变进一步创造了条件。也许正是由于这样的商业眼光，身怀技艺者有不少走上了举办作坊的道路。

隋唐五代的工艺珍宝制作业作坊大多数是进行来料加工的小作坊。这一类作坊制作的工艺品往往需要精密的分工，有专门的场地和设施，并且工期较长。这是手工艺人由流佣转向作坊经营的第一步，从某种意义上说，只是劳动地点相对稳定了。这类手工艺人中有不少属于染织服饰加工艺人。这些承接来料用工的手工作坊业主，在很大程度上仍和"流佣"一样属于出卖劳动力的雇佣劳动性质，只是已拥有了最简单的劳动资料（包括房屋场地、工具等），但尚无力购进劳动对象（材料）。

随着来料加工业务的扩大，一些工艺作坊主逐渐积聚了一定资金，也开始购进少量的劳动对象（材料），并加工成制成品出售。这种变化是一种本质性的变化，佣工市场向成品市场转变，工资劳动者开始真正向经营管理者转变。工艺珍宝大多以名贵材料精制而成，材料本身如金、银、玉、锦等价值都相当高，由来料加工到自备材料加工成品出售，需要很长时间才能完成，而且能实现这种转变的往往也是那些技艺精湛的优秀艺人。事

① 《太平广记》卷一百三十四《王珍》引《古今五行记》。
② 《太平广记》卷二百四十三《窦义》。

实上，当时有不少手工艺人自立作坊后发了大财，甚至引起文人士大夫的羡慕。但在中国小农经济保守思想的制约下，也由于工艺珍宝制作业本身的特点，大部分手工艺人拥有一定的经济实力后便不再扩大经济规模，能够雇工大规模劳作十分少见。大部分靠手工技艺发家致富者往往将增加的资财或用于购买土地，或用于商业经营，或用于家庭的生活消费。隋唐五代时期，民营工艺珍宝制作业几乎没有大型作坊。

（二）工艺珍宝商业的繁荣

唐代仍基本采取抑商政策，世人一入商籍，便不得为仕。但国家有关法令到了基层往往变样甚至根本不起作用。中下级官吏常与商人勾结，为其大开方便之门。经商致富已成为时人的热门职业，其中工艺珍宝商业犹为炙手可热，以至于有"农夫税多长辛苦，弃业宁为贩宝翁"[1]的说法。

当时的工艺珍宝商往往资财雄厚。有一个叫何福殷的商人，曾花十四万购买玉枕，派家僮和商人李进到淮南出售，并换回茶叶。不料这位家僮却见利忘义，居然私吞了何福殷价值数十万的财货。能一次让家僮隐匿数十万资财，何福殷的产业之丰厚也可想而知。[2]

由于工艺珍宝多系价值昂贵之奢侈品，单人匹马地走南闯北，确实不安全。因此，当时工艺珍宝商人多结帮同行。但结帮的用意也仅在于此，同一商帮的商人之间不仅没有合伙经营的意味，有时在商业上还互相拆台。尽管如此，商帮的组成，对保护工艺珍宝长途贩卖起了很大的积极作用。由于结成相对固定的商帮，这一时期的工艺珍宝商人能够不远千里采购贩卖。

三、工艺珍宝市场

（一）工艺珍宝市场的扩大

隋唐五代的工艺珍宝市场随着工艺制作业的发展和奢侈品购买力的提高而极为繁荣。特别是西域商人的参与，更促进了工艺珍宝市场在全国各地的全面展开。当时的工艺珍宝市场汇集了四方珍奇玩好，包括工艺品的各种类别，而且品优价高。有些在市场流通的工艺珍宝竟可与皇宫御用之物相媲美。"时上命玉工为带坠，坏一銙，乃私市以补。"[3]

工艺珍宝市场在都市多隶于官市之中，在乡村则多隶于草市。国家对城市市场管理较严，而对乡村市场则相对宽松得多，因而许多在城内官市中无法上市的奢侈性工艺珍宝往往大量在乡村草市中出现。当时城内官市往往面积狭、交易时间受限，而且管制很严，尤其是对高级官吏入市的限制，严重影响了官市内工艺珍宝的购买力和销售额。而城郊乡村自发形成的市则往往交易自由，又面向广大的地主阶层，工艺珍宝成交量反而相

① 张籍《张司业诗集》卷一《贾客乐》。
② 《旧五代史》卷一百零七《史宏肇传》。
③ 《旧唐书》卷一百二十五《柳浑传》。

当大。

从中国和中亚、东南亚地区的考古发现中，人们注意到，唐代生产了许多具有异域风情的金银器、陶瓷等。有的反映出唐朝吸收了许多外来文化，更多的则说明当时已经存在来样、来料加工的订制模式。美国史密森机构收藏的一件具有波斯风格的唐代白瓷，可以说是这种商业订制的标本。但随着商品经济的发展，以工艺珍宝为主的奢侈品商业的地位在逐渐下降，经营日用消费品和舟车器具的商业却迅速崛起。这是古代型商业向近代型商业发展的一个重要标志。但尽管奢侈品商业的地位在下降，我们仍应客观地承认，唐代以工艺珍宝为主的奢侈品的交易规模在绝对地扩大。

（二）商胡大规模参与

隋唐盛世，大批外国人涌入中土。由于受到当局的欢迎和优待，有不少外国商人深入中国内地经商、定居。这些"商胡"中很多人都在经营工艺珍宝。他们入境时就多已贩来域外珍异之宝，有时还要受到官吏的盘剥抑制。这些商胡到了中国以后，往往深入穷乡僻壤，不惜高价收购珍宝，其在都市开设的邸店——"波斯邸"，除经营银钱业外，无不兼营珠宝业，而且几乎每一笔交易都富有浓厚的传奇色彩（见插页图7-4）。

唐朝长安有个平康坊，宰相李林甫就住在附近。有一次，李林甫在宅第西侧的庙里诵经完毕，赐给庙里一件"宝骨"，用香罗帕包着。寺僧打开一看，是一段数寸长的"朽钉"，不禁大失所望。后来给西市的一个商胡看，虚张声势地声称愿意以百千钱出手。商胡以为他是开玩笑，叫他加码。僧人壮胆加至五百千。不料这个商胡却直接说："此直一千万。"[1]可见商胡不仅珠宝知识精深，而且讲究诚信，难怪长安人对他们那样信赖。

 **本章小结**

▶▶ 隋唐时期，国力强盛，各类宫廷建筑也蓬勃发展，形成我国建筑艺术的第二次发展高潮。通过赋税渠道向百姓征敛资金，由将作监负责，隋唐时期建立了很多规模宏大的宫廷建筑和园林宅邸。佛教建筑仍然兴盛，数量变少，规模比六朝有过之而无不及。

▶▶ 隋唐是中国诗歌的鼎盛时期，也是散文发展的重要阶段。全社会上自王公贵族，下至平民百姓多爱诗歌文章，由汉代发轫的文学市场重新复苏，并迅速繁荣。卖文取酬已不鲜见。文学业后续还转化为印刷品市场或书籍市场。

▶▶ 隋唐宫廷绘画方面的经济活动除了与各代共同的蓄养画师，还有一项重要内容就是购求民间书画。由于隋唐公私竞相收藏法书真迹，因而书法市场在六朝的基础上进一步发展起来。人们对法书价值的认识水平不断提高，在市场价格的确定上也比六朝更加细致、精确。"写经生"、画匠佣和名家佣也十分流行。

---

① 《酉阳杂俎》续集卷五《寺塔记上》。

▶▶ 从唐初至"安史之乱"的一百多年间,宫廷设置了庞大的乐舞机构。但"安史之乱"以后,财政收入减少,宫廷乐舞机构的经费也逐渐成为问题,规模逐渐变小。在民间存在街头卖艺、上堂卖艺和围场卖艺三种形式,每逢重大节假日还有民间大型歌舞活动。佛寺开设的道场也成为收费的娱乐场所。

▶▶ 唐代宫廷雕塑业除寺观、石窟的宗教雕塑外,大型仪卫性、纪念性雕塑以及小型陶俑塑造都很盛行。以皇室为首,社会各界都愿出钱造像,造像之风不减六朝,修复了北周灭佛时破坏的佛造像,还打造了大卢舍那像龛。

▶▶ 无论从规模、分工还是从管理制度、计划水平来看,唐代宫廷官府工艺品制造业都是空前的,不少宫廷作坊制作出的工艺品往往价值连城。社会各界尤其是贵族地主的奢侈性消费不断增长,刺激了民间工艺珍宝制作业和贩运业的进步。在生产上有"流佣""作坊"两种性质。工艺珍宝市场随着工艺制作业的发展和奢侈品购买力的提高而极为繁荣。特别是西域商人的参与,更促进了工艺珍宝市场在全国各地的全面展开。

 思考题

1. 武则天在隋唐时期文化产业的发展中起了哪些作用?
2. 简述隋唐时期文学业的产业链及外延。
3. 简述隋唐时期演艺业的变迁。
4. 隋唐时期工艺业的繁荣有哪些原因?

第八章

宋辽金夏

 学习目标

通过对本章的学习，学生应了解或掌握如下内容：

1. 掌握宋代画院及制度、绘画市场的交易情况及牙侩；
2. 掌握宋代书法市场的繁荣和书法价格迅速上升的情况；
3. 掌握宋代文学业的变迁；
4. 掌握宋代精雕细镂的宫廷建筑、民间建筑转让市场和"摩睺罗"；
5. 掌握宋代宫廷乐舞的萎缩和市民文化的兴起；
6. 掌握宋代书法市场的繁荣和书法价格迅速上升的情况；
7. 掌握宋代宫廷工艺制造及购藏、工艺珍宝市场、古董市场的发展；
8. 掌握宋代文化产业服务业之兴起。

导言

宋代是一个羸弱的时代，军事上的连年失利导致其签订了屈辱的盟约，虽然疲于奔命，但宋朝居然存续了 319 年。由于赵宋皇帝重视文人，开明开放，市民社会迅速崛起，文化消费、文化市场和文化产业达到前所未有的高度。

也许今天我们会为宋词的婉约而伤感，为瘦金体的狷介而迷醉，但是，我们不能忘了这段历史中的耻辱。《清明上河图》只能说明，没有政治理想和军事野心的王朝，是如何掩耳盗铃地纵乐，这脆弱而短暂的纵乐，又如何在铁蹄下化作尘土，化作无尽的叹息。

第一节　绘画业

上有雅好丹青的皇室，下有社会精英阶层的追捧，还有民间对绘画面广量大的需求，

这一切都使得绘画在宋代成为高尚的职业，而且由于绘画市场的开放，画家们名利双收，不亦乐乎。

一、画院及其制度：翰林图画院

宋代画院即翰林图画院，不同于为皇帝顾问性质的翰林院，而是隶属于内侍省，以内侍（宦官）二人为勾当（管理）。初无定员，仁宗时以待诏三人、艺学六人、祗候四人、画学生四十人为额，①后来又加以扩大。金代亦短期设画院。

当时一般宫廷艺人在宫里都不得佩玉，只有书画院的职员例外；一般艺人的薪水叫"食钱"，画家的薪水却称为"俸直"。宋内廷对于当时画院的画家和画学生的经济收入有一定的标准，这个标准见"武学法"或"武学条例"，此条例今已不见，估计不会低。绘画所需颜料、笔、纸等也由专门机构——监库负责采办。②

宋代，大批画家都曾入宫供奉，其著名者如高益、高文进、武宗元、燕文贵、许道宁、郭熙、王希孟、黄居寀、崔白、李迪、张择端、苏汉臣、李嵩、梁楷、李唐、刘松年、马远、夏圭等。宋代不少画院的画家都自民间征召，他们在入画院之前有不少人经济无保障，靠卖艺谋生。这些画家被宫廷短期或长期征召后生活上有了稳定来源，绘画技艺也因此日有长进。相反，画院画家一旦离开画院，往往又需靠卖画艰辛度日，如李唐在徽宗时为画院待诏，靖康之变后，仓皇南逃至临安，流落于市场上卖画谋生。③

画家既受皇家赞助，则必在创作上受其规范，这不仅表现在作品数量上，④而且更重要是表现在作品内容和风格上。宫廷画家之创作深受帝王喜好与宫廷生活影响，在宋代尤其突出。由于宋代帝王偏爱名花珍禽，宋代宫廷的工笔重彩花鸟画显示了最高成就，并形成了著名的"院体"。为了适应绘制敕建宫观壁画和装饰宫廷，宫廷山水画和界画也有了一定的发展，而推动画院繁荣的直接动力还是来自宋代精于绘画和鉴赏的帝王。

二、采办画作："毕骨董"

市民社会的兴起与绘画业的繁荣，这一切都使绘画市场迅速发展。在这种情况下，绘画市场购销两旺，价格节节攀升。绘画成为一种投资和保值的新宠。宋太宗赵光义、徽宗赵佶和高宗赵构对绘画情有独钟，经常悬金求购。"宣和中，遣大黄门就西都多出金帛易古画本，求售者如市。"⑤高文进、黄居寀等书画及鉴赏名家都参与访画者的行列。有一

---

① 《宋会要辑稿·职官》三六之一〇六。

② 《宋会要辑稿·崇儒》三之二七。

③ 据宋祀的调查。

④ 宫廷画家当经常接受宫廷指定的绘画任务。邓椿《画继》卷六《人物传写》载："杜孩儿。京师人。在政和间其笔盛行而不遭遇，流落辇下。画院众工，必转求之，以应宫禁之须。"

⑤ 邵博《邵氏闻见后录》卷二十七。

次，米芾进献其所藏法书名画，宋徽宗一次赐给"白金十八笏"[1]。为了应付交易单价和交易总额迅速增长的绘画市场的需要，赵构就曾"月给俸二百千"延请毕少董留在身边专门负责鉴赏字画古玩，时称"毕偿卖""毕骨董"[2]。

三、绘画市场

宋代绘画市场也已广泛发展，上至皇宫、官府、寺院，下至寻常人家，乃至食店茶肆也都以张挂字画为雅事，一时间，社会各界买卖绘画蔚然成风。

（一）诸种形式

1. 佣画市场

主要服务于建筑装饰和民间画事，为人绘画收取佣金。据孟元老《东京梦华录》载，汴京相国寺后廊有人专门为人设摊画像，这些画人像的摊子与算命摊往往聚在一处（"后廊皆日者货术传神之类"）。民间善于绘画的画工仍很常见，他们往往父子相承，技艺家传，并以为人作画为主要生活来源。一般说来，这些靠佣画为生的民间艺人大多收入微薄，经济上也多不稳定。文人偶尔也会画壁画，但润笔也是少不了的。在 1081 年大年初二致陈季常信札（《新岁展庆帖》）的附纸中，苏轼随手写道："知壁画已坏了，不须快怅。但顿着润笔新屋下，不愁无好画也"（见图 8-1）。

2. 作品市场

宋代作品市场的重要特点是文人画与民间画两大市场的共同繁荣。在社会中上层，人们主要参与的是文人画市场。许多名画几经转手，层层加码。质卖、寄售等方式也引进了绘画作品市场，说明当时的绘画市场形式已经灵活多样。至于当时的成交量有多大，已无从查考，但从一些具体事例中，我们仍然可以感觉到当时绘画市场大宗买卖的规模。周密《志雅堂杂钞》中曾记载，有个叫刘子礼的人，一次就花五十万钱，购图五百轴，确实令人咋舌[3]。

宋代民间画工大多以卖画谋生，所作的画中，有的反映当代生活，有的是历史题材、

图 8-1　苏轼《新岁展庆帖》
末尾附言，故宫博物院藏

---

① 张邦基《墨庄漫录》卷二。
② 《三朝北盟会编》卷二百零八。
③ 周密《志雅堂杂钞》卷上。

神怪题材和人像。如南宋临安的市场上，就有人临摹张择端的《清明上河图》，每卷售金一两。深孚众望的司马光去世后，"京师民刻画其像，家置一本，四方争购之，画工有致富者"①。总之，就绘画市场形态而言，宋代已主要是作品市场，无论在士大夫阶层，还是在市民阶层都是这样。这种情况说明，宋代绘画市场比唐代绘画市场和同时代的书法市场都更为成熟。

（二）市场交易状况与牙侩

1. 交易场所

宋代以前，绘画交易都是在画家或画作持有者家中进行的。这种情况在宋代仍然存在。如"淮海富商陈永以百千求《春龙起蛰图》，（高）克明以非素习者，坚让不从，一时侪辈多之。"②宋代，一些画商或持画者主动上门求售画作，还在市上售卖。就当时京都开封而言，买画场所就已有多处。孟元老所著《东京梦华录》中曾经提到京师好几处卖画。不仅果子行和潘楼酒店等处有固定画市（其实果子行一带还不止一家画铺，"余皆卖时行纸画花果铺席"），相国寺每月还有五次定期的集市。除此以外，瓦市中也有卖纸画者。这些都是社会上公开进行的书画交易之所。当时许多书画收藏家都经常光顾这些地方。如米芾曾一次在相国寺内以七百金买得王维《雪图》一幅，为同行富弼的女婿范大珪借去不还，又一次以八金买到徐熙画的《桃两枝》。

2. 特殊的市场中介人——牙侩

宋代绘画市场的发展还造就了一种特殊的中介人——牙侩。牙侩，又叫牙人。"侩"者，谓合会两家买卖者。他们活跃在书画市场上，联系买主、卖主，协调书画价格，可能因此而收取一部分佣金。《图画见闻志》卷六《近事》载：

> 张侍郎典成都时，尚存孟氏有国日屏扆图障，皆黄筌辈画。一日，清河患其暗旧损破，悉令换易，遂令画工别为新制，以其换下屏面，迨公帑所有旧图，呼牙侩高评其直以自售，一日之内，获黄筌等图十余面。

一般说来，经纪书画的牙侩须是艺术鉴赏家，其评价有较高权威性。显然这是一种专业性很强的特殊职业，兼有艺术评论家和商人的双重身份。

而事实上，宋代绘画市场中还有比"牙侩"更为高级和先进的商人。当时绘画市场中有一极常见的题材——"村田乐"，一些职业画家专门画这种内容，因而出现一种专门收购、贩卖其作品的画商。有位叫杨威的画家，"工画村田乐，每有贩其画者，威必问所往。"③这种"贩其画者"想必专门收购杨威的《村田乐》图，然后到处转售。这些商人使画家无

---

① 王辟之《渑水燕谈录》卷二。
② 《圣朝名画评》卷二《山水林木门·妙品》。
③ 邓椿《画继》卷七《小景杂画》。

须为售画之事而分心，从而得以专心绘事。同时商贩也可随时将绘画市场的行情和消费者偏好反馈给画家，这种新情况的出现促进了绘画市场的进一步商业化和世俗化。

（三）绘画价值与价格

书画商品价格在宋代典籍笔记中有记述，但大多含糊其辞，如"百千""万钱"。如"绍兴丁巳，寓宝溪，有鬻罗汉像一堂者，笔法奇古，疑蜀孙知微笔，虽绢素已碎，而装愫尚新，意忻然欲之，以钱七万售焉，因续岁供不辍。"①"米敷文之画全法其父，……张肖斋梦卿以至元戊子夏四十千购得之，姚燧寓目焉，为识末幅。"②"今江西人得补之一幅梅，价不下百千匹。"③

绘画价格受很多因素影响。画家声望与其作品价格有直接关系。"先是蜀人未曾得见生鹤，皆传薛少保画鹤为奇，筌写此鹤之后，贵族豪家竞将厚礼请画鹤图，少保自此声渐减矣。"④其结果是"黄筌画鹤，薛稷减价"。⑤

画家去世后因为供给中断，会导致画价攀升。《题坡竹》云："劲节风霜日，平生忠义心；谁知身死后，寸墨市千金。"⑥《宋稗类钞》卷八载，"古来以文章名重天下，伢不工书，所以子瞻翰墨，尤为世人所重。今日市人持之，以得善价，百余年后，想见其风流余韵，当万金购藏耳。"

同一画家的作品常常也有参差，或信手涂鸦而妙手偶得，或心力不济而有败笔破绽，这也会影响作品的价格。如赵伯驹兄弟的仆役赵大亨也能作画，画风与二赵相近，"大亨之画，至得意处，人误作二赵笔迹，倍价收之。"⑦

宋人虽未明确地将画幅面积与价格挂钩，但已有所表露："过江后称杨补之，其墨梅擅天下，身后寸纸千金……"⑧

市场的审美趣味也是决定作品能否卖出以及能否卖得好价钱。宋代重视人物花鸟的形似，以气韵胜的山水画有时不免要受到冷遇。故李唐有诗云：

> 雪里烟村雨里滩，看之如易作之难；
> 早知不入时人眼，多买胭脂画牡丹。⑨

"物以稀为贵"，对书画作品也是这样。《宋稗类钞》卷之八记东坡画事云："先生翰墨之妙，既经崇宁大观焚毁之余，人间所藏，盖一二数也。至宣和间，内府复加搜访，一纸

---

① 葛胜仲《丹阳集》卷九。
② 姚燧《牧庵集》卷三十一。
③ 赵希鹄《洞天清禄集》。
④ 黄休复《益州名画录》卷上《妙格中品》。
⑤ 郭若虚《图画见闻志》卷二《纪艺上·五代》。
⑥ 许景衡《横塘集》卷六《题坡竹》。
⑦ 庄肃《画继补遗》卷上。
⑧ 刘克庄《后村先生大全集》卷一百零七。
⑨ 郁逢庆《续书画题跋记》。

定直万钱。"这与东坡临钱塘时，每幅扇面仅卖"千钱"相比，已不可同日而语了（参见《春渚纪闻》卷六）。这个因素使艺术品的定价标准大为复杂化。这时，书画作品已不是一般的劳动产品，而是带有大量的古董色彩。

我国绘画价格还与收藏者的经济实力及眼光有关。再看一个例子：

> 开宝末，金陵城陷，有步卒李贵入佛寺中，得齐翰所画《罗汉》十六轴，寻为商贾刘元嗣以白金二百星购得之，贵入京师，于一僧处质钱。后元嗣诣僧请赎，其僧以过期拒之，因成争讼。时太宗尹京，督出其画，览之嘉叹。遂留画，厚赐而释之。①

据《圣朝名画评》卷一《人物门·妙品》载，这次太宗为留得此画，"各赐白金千两释之"，同一幅画由刘元嗣以四百两白金购得，至时任开封府尹的赵光义花两千两白金留下，其价格翻了五倍。

第二节　书法业

在印刷术和排版技术尚未发达和普及的年代，书法无疑具有特别重要的地位。宋代的书法业已经蔚为壮观。

一、宫廷书法业：蔡襄不与待诏争利

宋代宫廷翰林院中曾长期设置"翰林御书院"，有书待诏、书艺、艺学、祇候等职别。"太平兴国中，选善书者七人，补翰林待诏，各赐绯银鱼袋、钱十万，并兼御书院祇候，更配两院。"②在宫廷诸艺中，书法之地位仅次于绘画，书法家与画家一样是按月取俸，谓之"俸直"，而不同于其他艺人按日计钱（"食钱"）。

宋朝对御书院待诏书家待遇极宽厚，其书法称旨会获得帝王赏赐，而且每完成一次书写，还可以取得一笔润笔。翰林侍书王著"善草隶，独步一时"，尝奉旨写字，"皆极一于遒劲，上称善，厚赏之"③。仁宗朝曾命学士撰写《温成皇后碑文》，诏蔡襄书之，蔡襄"辞不奉诏，曰'此待诏职也。'"④蔡襄为何要"辞不奉诏"呢？他在给欧阳修的信中道出个中缘由：

> 勋德之家，干请朝廷，出敕令襄作书。襄谓近世写碑志，则有资利，若朝廷之命，则有司存焉，待诏其职也。今与待诏争利，可乎？⑤

---

① 郭若虚《图画见闻志》卷三《纪艺·人物门》。
② 江少虞《宋朝事实类苑》卷五十《书画伎艺》引《杨文公谈苑》。
③《事实类苑》卷五十二。
④ 江少虞《宋朝事实类苑》卷五十《书画伎艺》引《杨文公谈苑》。
⑤ 赵翼《陔余丛考》卷三十一《润笔》引《蔡忠惠集》。

至于民间，为人写字谋生似乎很平常，平常得几乎让人没有感觉。许多寒微之士就依靠为人写字为生。

由于技术上的原因，书法润笔往往很难分出这笔钱是因为字，还是因为诗文。当时人们对润笔习以为常，著名书家蔡襄为老友欧阳修的《集古录》写序刻石，照样收取润笔物，欧阳修也不以为怪，可见宋人在这一点上是很开明的。

二、书法市场：苏东坡字价暴涨

高宗赵构曾说："本朝承五季之后，无复字画可称，至太宗皇帝始搜罗法书，备尽求访。"[①]金人亦然，曾不惜重金收集宋代书家如张即之等人的作品。《长水日抄》记载，徽宗崇宁大观年间，朝廷对苏东坡的作品严加禁止，"尽行焚毁"。到了宣和年间，宋徽宗又命内府在全国搜访苏轼遗墨，出价极高，"一纸直至万钱"。由于皇室开始寻求苏氏书法，达官权贵也纷纷随风而动，"梁师成以三百千取《英州石桥铭》；谭稹以五万钱辍"月林堂"榜名三字。至幽人释子，所藏寸纸尺幅，皆以重购归之贵近。"

事实上，在苏东坡生前，就已有人大量收购其作品，如东坡自己记述：

明日得王晋卿书，云："吾日夕购子书不厌，近又以三缣博两纸。子有近书，当稍以遗我，毋多费我绢也。"乃用澄心堂纸，李承晏墨，书此遗之。[②]

宋代书法市场繁荣，书法价格上升迅速。这其中还有一个特别的原因——纸币的使用。由于南宋统治者针对铜钱流失而大力推行纸币，宋代书法市场也出现了用交子计较、交易的情况，这在中国艺术市场发展史中尚属首次。纸币的使用不仅使书法市场增添了新的流通手段，而且由于纸币本身无实际价值，而常有贬值之趋势，客观上还抬高了书法市场价格水平。大中城市的官营"便钱务"所承担的汇兑业务，也为大宗货币支付提供了便捷。同时，由于书法市场流通环节的发达，出现了一些"鬻书者"，专门从事书法作品的中介和买卖。转手和交易的次数越多，价格提高的次数就越多，最终的成交价格也就越高。

现藏台北故宫博物院的米芾《翰牍九帖》中，有两封是米芾写给赵伯充的信札，委托他不惜代价，帮助在苏州求购王羲之的墨宝《来戏帖》[③]（见插页图8-2）。

第三节　文学业

由于科举制度的实行，文学成为寒门学子的进身之阶。文学的功能首先不是经济功能，

---

① 赵构《翰墨志》。

② 苏轼《书黄泥坂词后》。

③ 李向民. 米芾错失《来戏帖》——《面谕帖》《伯修帖》钩沉[J]. 南京艺术学院学报（美术与设计），2016（1）：1-5.

不是养家糊口的工具。但文学是中国古代一切事业的基础和前提。凡是识文断字的人，都是文学市场潜在的生产者和需求者。从业人员之多，使得文学业成为中国规模最大的文化产业。而润笔的常规化和印刷业的迅速发展，更为宋代文学市场提供了新的活力。

一、宫廷文学业：舍人院立石是中国最早的成文稿酬制度

宋代文学润笔已经非常普及，不仅民间请人作文必须付钱，连皇家也对宫廷文人实行独创的稿酬制度。宋代宫廷文人除去俸禄和赏赐外，更重要的一个经济来源是润笔。一般的任命诏书由舍人院起草，重要的也会请翰林。这种情况下，被任命者要给起草诏书的翰林或者舍人起草者赠送润笔。"词臣作诰命，许受润笔物"①。

宋代首次出现了成文的稿费制度。宋太宗时，在舍人院前立石，规定文士草制润笔。

内外制凡草制除官，自给谏、待制以上，皆有润笔物。太宗时，立润笔钱数，降诏刻石于舍人院。每除官，则移文督之。在院官下至吏人院驺，皆分霑。元丰中，改立官制，内外制皆有添给，罢润笔之物。②

其一，北宋宫廷草制润笔并不是不分对象的，须达到一定级别才有资格获得润笔物。当然这个级别要求估计不会很高，否则不利于提高宫廷文士的积极性。其二，润笔物之支付有级差。大概宋太宗也认识到起草不同体裁的公文有不同的难度和要求，而且长短也不尽相同，故需要"立润笔钱数"，按质付酬。其三，润笔标准化、成文化、公开化。为了合理支付润笔，减少润笔支付时产生的误会，竟将稿酬标准"刻石于舍人院"，尽人皆知，经济关系相当明确。其四，润笔均霑。由于舍人院并非所有人都有资格获得润笔，为了融洽内部关系，规定润笔物在全院人吏之中进行分配，当然作文者理应获得主要部分。其五，润笔较为丰厚。如果没有较丰厚的润笔，舍人院上下人等也无从分配。

对于官员来说，获得朝廷擢拔是一件值得庆贺的事，也都乐于以润笔相赠，"王元之在翰林，尝草夏州李继迁制。继迁送润笔物，数倍于常。"但也有人不送。舍人院也不客气，便直接派人上门去催索。"近时舍人院草制，有送润笔物稍后时者，必遣院子诣门催索，而当送者往往不送，相承既久，今索者送者皆恬然不以为怪也。"③

宋代草制受润制度存在约一百年。太宗年间（976—995年）至神宗元丰改制（1080—1082年），其间润笔制度比较明确。后来，无论是否翰林学士，只要加知制诰官衔掌起草文书者，"皆有添给"，这才暂时废止润笔。

显然，北宋草制受润制度是有多方面缺陷的，这种缺陷实际上反映了商业意识与中国文化传统之间的冲突和矛盾。这主要表现为宫廷润笔制度的两方面局限性：一是作文

① 《宋史·祖无择传》。
② 《梦溪笔谈》卷二《文章二》。
③ 欧阳修《归田录》卷一。

受润与按劳取酬的矛盾；二是润笔物价值总量超过文章价值总量。润笔这种貌似商业产物的经济范畴包含了对自身的深深否定，是对文学市场的一次戏弄。但我们应该认识到，宫廷润笔制度呈现上述特征在当时具有一定的社会合理性。北宋宫廷润笔制度的历史作用仍是不容低估的。这种制度毕竟是将商业制度（市场行为）首次正式引入宫禁，并客观地改善了宫廷文人的经济待遇，有力地推动了民间文学市场和宫廷艺术经济的发展。

南宋时期，宫廷润笔制度再次恢复，并比北宋有所发展。当时的稿费标准取决于所写文章的重要性，这就形成了更为明确的稿费等级制度。起草后妃、太子、宰相的诏书，一般赐给砚匣、压尺、笔格、糊板水滴等文具，计金二百两。若是立皇后太子这样的重要文告，所得的稿酬，则要加倍付给。如果文笔绝妙，皇帝也可大大超出规定标准，予以重赐。如绍兴二十四年（1154年），高宗赵构一次赐给王伦润笔万缗，即一千万钱。另外，或许是出于财政上的考虑，南宋孝宗乾道年间（1165—1173年）开始削减润笔物，"止设常笔砚"，这些普通笔砚其实也并不普通，大约仍值金一百两，当然这已比绍兴年间减少了将近一半。南宋宫廷稿费往往当即兑现，绝不拖宕。从稿酬的形态看，通常是文具等实物形态。后来，由于文具来不及打造，就改赐牌子金。

如此之高的润笔酬答极大地扭曲了润笔的本来面目，价格意义下降，赏赐意味增强。尤其是对"除目"（任命文书）之类的简单文字起草也赐润笔物，实在是赏赐过度，但这也许就是宋廷对文士的优遇吧。

二、文学市场的状况

（一）概况

宋代文学市场仍然十分兴盛。在谈到作文受谢时，宋人洪迈说，"本朝此风犹存，唯苏坡公于天下未尝铭墓"[①]。看来文人不受"谀墓金"者已十分难得，而碑志市场中，经济关系之重要性已远远超过其他人情恩怨。有积怨者也同样可为之作碑文，只要有人付润笔。故宰相陈尧佐在郑州死后，正逢翰林学士李淑知郑州，"诸子纳其父行实与淑，求神道碑文。涉怨尧佐素不荐引，虽纳其润赂，文有讥薄之意。"[②]。由此亦可见宋代碑志市场之一斑。至于诗歌市场，宋人续唐人之余绪，千金买诗者不乏其事，欧阳修曾听说"皇亲有以钱数千购梅诗一篇者"[③]。梅圣俞的诗自然价高，其他人的诗也许价钱低些，但卖诗仍是不成问题的。

宋代文学市场又有了新的业态，这就是话本、剧本市场的产生[④]，并因此出现了"才

[①] 洪迈《容斋续笔》卷六《文字润笔》。
[②] 田况《儒林公议》卷上。
[③] 欧阳修《归田录》卷二。
[④] 杨荫浏. 中国古代音乐史稿：上册[M]. 北京：人民音乐出版社，1980：353. 在详细研究了宋代戏曲的剧本抄本（掌记）后指出"掌记除由书会才人抄写之外，也有由杂剧班自己请人抄写的；它是学戏和演戏所用的剧本；它可以作为一种商品在市场上买卖。在南宋时代"掌记册儿"既已成为临安瓦市中"小经纪"营业项目之一，则其为大量存在无疑。

人""书会"。宋代杂剧、说书盛行，为了满足艺人对新话本、新剧本的需要，有一批文士开始专门从事这些话本的写作，时称"才人"，他们甚至还组成了自己的行会——"书会"。周密在《武林旧事》卷六《诸色伎艺人》中专列"书会"一条。这些"书会"作家都是职业的，有时甚至还会因众多艺人争购新本而发生争执。

不仅杂剧、说书艺人争求新本，歌唱艺人也四处寻求新词。北宋词人柳永就是靠给歌女们写词而维持生活的，南宋罗烨的《醉翁谈录》中记载："耆卿（柳永）居京华，暇日遍游妓馆。所至，妓者爱其有词名，能移商换羽，一经品题，声价十倍。妓者多以金、物资给之。惜其为人出入、所寓不常。"显然，一个不知名的歌妓若唱了一个名家的歌词，她有可能一炮走红，一夜成名，身价倍增。唐文标说："我们相信柳永能拿到的润笔，必与韩愈的"谀墓金"大有分别，但从柳永的生活来看，他多少借此为生，也许下开以后职业写曲人之风。"①宋代的歌词市场已经很繁荣，甚至还出现了专门的词作者协会——遏云社②。

（二）夜市的"酸文"和挂牌卖诗

吴自牧在《梦粱录》卷十三中，记载杭州的夜市时说，"衣市有李济卖酸文"。"酸文"是一种小品文，依其机警智慧，针砭时弊，制作笑料，以文字的款式发售给市民，鬻钱以糊口，如元杂剧《青衫泪》中所说做"一个酸溜溜的卖诗才"。与此同时，文人们还卖诗。场合也是夜市。不过，贩卖的诗和自我表达的诗完全不同，它是由买家点题来创作的。比如，买家以红白喜事，或者刺绣、纸扇这样的物品为题，要求文人作诗，买家有时还会指明用什么韵。文人必须当场挥毫。这种交易方式虽然有些落魄，但也颇有些游戏和快乐的因素，卖诗者不以为耻，买诗者也觉得物有所值。

据《夷坚志》载，在东京就有秀才以卖诗为生，市民出题目让诗人作诗，而且非要他以"浪花"为题作绝句，以红字为韵，这秀才作不好，便向市民推荐南熏门外的王学士，王按市民要求欣然提笔写道：

一江秋水浸寒空，渔笛无端弄晚风。

万里波心谁折得？夕阳影里碎残红。③

读书人自己主动到市上大庭广众之下，向别人推销自己的诗文，这在过去几乎是未之尝闻。不仅如此，宋代还有卖文者挂牌卖诗，明码标价，这显然是具有里程碑意义的。

宋隆兴仇万顷未达时，尝挈牌卖诗，每首三十文，停笔磨墨，罚钱十五。至一富家，方治棺，就以为题，即书云：梓人所就像纹杉，作就神仙换骨函，储向明窗三百日，这回

---

① 唐文标. 中国古代戏剧史[M]. 北京：中国戏剧出版社，1985：149.
② 吴自牧《梦粱录·社会》记载："又有锦体社、台阁社、穷富赌钱社、遏云社。"
③ 洪迈《夷坚志》己卷第八。

抽出也心甘。①

可见，卖诗极需敏锐才情，非得长期磨练才能做到，而且较难的是，卖诗者要根据不同职业、不同性别、不同需要的市民作诗，这就需要有广博的知识，熟悉市民阶层生活，才能应付自如。

三、文学与商业的冲突

（一）文学家商业意识的加强

宋代文学市场的发展也表现在市场参与者，尤其是卖文者商业意识的加强。文人往往主动索要润笔。即使亲朋好友，也照样可以收取润笔，直至主动索要。《玉壶清话》载：李翰为和凝门生，同为学士。会凝作相，翰草制罢，悉取凝旧阁图书器玩而去，留一诗于榻云："座主登庸归凤阙，门生批诏立鳌头。玉堂旧阁多珍玩，可作西斋润笔不？"因为起草了老师的任命诏书，就把老师书房里洗劫一空，虽然有戏谑的成分，但也确实有些过分。同时，卖文者对润笔物的品质、数量也有了主动要求，付得太少或不合意还有纠纷。②

（二）文学市场与传统观念的冲撞

宋人的观念发展也不平衡，作文受谢虽已被社会各层所普遍认可，但对于知交故旧，并不是谁都能拉下脸来收取润笔：

曾子开与彭器资为执友，彭之亡，曾公作铭，彭之子以金带缣帛为谢。却之至再，曰："此文本以尽朋友之义，若以货见投，非足下所以事父执之道也。"彭子惶惧而止，此帖今藏其家。③

有些人虽然在口头上耻言润笔，一旦真的不付给其润笔，或将其挪用，他又会满脸不快。《祖无择传》载，"初，词臣作诰命，许受润笔物。王安石与（祖）无择同知制诰，安石辞一家所馈不获，义不欲取，置诸院梁上。安石忧去，无择用为公费，安石闻而恶之。"④别人将其犹豫不取的润笔用作公费，竟也使王安石大不开心，可见他不要润笔的做法有些虚伪。

第四节　文化建筑与雕塑业

宋辽金夏时期宫廷建筑与雕塑均不如唐代那样规模宏大。但宫中仍设置了专门的机

---

① 胡仔《苕溪渔隐丛话》。
② 王明清《挥麈录·后录》卷十一。
③ 洪迈《容斋续笔》卷六《文字润笔》。
④《宋史》卷三百三十一《祖无择传》。

构并聚集了大批艺人与工匠。宋设少府监监掌百工伎巧和将作监，"凡土木匠板筑造作之政命总焉"；辽设作监大匠，职掌宫室、宗庙、陵寝等土木营建；金设少府监，"掌邦国百工营造之事"。

一、宫廷建筑雕塑业

（一）精雕细镂的华丽建筑

这一时期的建筑注重于精雕细镂，大量用金装饰建筑是宋代的一个新现象。就连素以逍遥侈靡著称的徽宗也看不下去。他说："用金箔以饰土木，靡坏不可复收，甚无谓也。其请支金箔内臣，令内侍省按治。"[①]正由于宋人讲究建筑装饰，因此即使规模不大的建筑也常常耗资惊人。

（二）中岳庙的施工管理

宋辽金夏时期的宫廷建筑工程管理及其经济情况，可以著名的嵩山中岳庙在金大定年间的重修中窥见一斑。根据大定二十二年（1182 年）制诏黄久约撰写的《金重修中岳庙记》碑文[②]，当时重修中岳庙之情况大致如下：

规模："总为屋二百三十间"。历时 26 个月。

资金及其来源："费钱以贯记之，为一万四千九百六十有四。""凡一夫之役，一物之用，悉从官给，无得烦民。"

人力及其来源："用力以工记之，为万八千三百六十有二"，工匠主要来自河南及旁近诸郡，既有役卒，也有"优予其直"募雇来的"游手之民"。

工程管理：从工程进展流程看有几个步骤，一是制订详细的人财物预算计划（"以诸应费材用工徒，与夫百物之数，具图上之"）；二是按预算进行准备，具体落实人力和财物之源；三是确定工程指挥管理小组，任命总指挥。

重修中岳庙是一次巨大的建筑艺术工程，之所以能顺利完满地进行，很大程度上得益于管理。先是尚书省将任务落实到府县，由其具体指挥组织；再是地官"出公帑之钱"给予财政支援；最后是冬官调集役夫和雇佣工匠。分工明确，上下协作。

宋朝情况与此相似，建筑管理和分工也很周密。太平兴国七年（982 年），在汴京设立的事材场专门"度材朴斫，以给营缮"，是一个准备各种木料的大型作坊，拥有一千六百五十三名工匠。[③]此外，还有大型窑场，即东西窑务，"掌陶土为砖瓦器，给营缮之用。……匠千二百人"。[④]对于参加宫廷建筑的工匠，无论是服役者还是和雇者，每当大功告成，皇

---

① 周辉《清波别志》卷上。

② 此碑已佚，碑文见景日珍《说嵩》卷二十六。

③ 《宋会要辑稿·食货五四》。

④ 《宋会要辑稿·食货五五》。

帝都会降来"德音"，犒赏工人，甚至还会主动予以放假或增加其工资。

（三）雕塑真宗像用黄金五千两

宋金的官方雕塑不多，主要是一些仪卫性雕塑和部分宗教雕塑。由于材料上的原因，一些雕塑成本相当高，"天圣中，为玉皇像，用黄金三千两。至和初，为真宗像，用黄金五千两"①。但由于贵金属匮乏，宋代统治者严禁民间用黄金镕铸像塔器用。当时的法律规定：对于非法用金、银、钱铸像者判处徒刑，而且还鼓励人们告发，告发者得赏金。统治者自己造像一次可用金几千两，而民间用"金错末"造像就要被判三年徒刑！

二、民间文化建筑市场：沧浪亭的转手

宋代有不少建筑是由地方官府或富贵家庭资助兴建的。如南宋时对杭州西湖的修葺，每年二月，"州府自收灯后，例于点检酒所开支关会二十万贯，委官属差吏雇唤工作，修葺西湖南北二山，堤上亭馆园圃桥道，油饰装画一新，栽种百花，映掩湖光景色，以便都人游玩。"②苏老泉死后，苏轼为其功德而舍吴道子壁画四版，并施钱为之建大阁。③贵族、地主和文人士大夫在建筑艺术上的另一方面大的投资是购买和建造私家宅第园林。苏舜钦看中孙承祐之池馆，"以钱四万得之。构亭北碕，号'沧浪'焉。"④钱四万是铜钱四十千文，按宋代通行习惯，每千文实际上还只有七百七十文。而某次进奏院举宴时，苏舜钦自己一次拿出十金为筵席费⑤，可见四万钱的代价确实算不了什么。比起苏舜钦购"沧浪亭"的开销，沈括为造"梦溪"园却花了三十万的钱，就不便宜了。

名园胜迹既为士大夫所喜好，随着中贵之人时兴时废，园林之转手买卖也相当常见。还以苏州名园沧浪亭为例，仅在宋代就数易主人。据载，"沧浪亭，在郡学之东，中吴军节度使孙承祐之池馆。其后苏子美得之，为钱不过四万。欧公诗所谓'清风明月本无价，可惜只卖四万钱'。是也。予家旧与章庄敏俱有其半，今尽为韩王所得矣"⑥。宋代私家园林往往集山林之胜与亭台之美于一体，颇具观游之价值。主人亦常在一年中开放园子供人游览一段时期。游人入园按惯例给看园人一些茶汤钱，闭园以后，这些茶汤钱由园主人和看园人平分，这些钱有时也用于园林之修葺和增建。

三、民间雕塑市场："摩睺罗"

宋代民间除了少数大型佛像、人物雕塑，更多的是小型捏塑造像。每到"七夕"，宋

---

① 吴曾《能改斋漫录》卷十三《金像》。

② 吴自牧《梦粱录》卷一《二月》。

③《东坡集》卷三十一。

④ 苏舜钦《苏舜钦集·沧浪亭记》。

⑤ 魏泰《东轩笔录》卷四十三。

⑥ 龚明之《中吴纪闻》卷二《沧浪亭》。

人有供奉"摩睺罗"的风俗。"摩睺罗"（亦称"磨喝乐"）是一个来自印度梵文的音译名字，实际上是一种用泥或蜡捏塑的小孩像，故亦称"泥孩儿"，主要用来祝愿妇女生男孩。元朝孟汉卿曾经写过一个名为《张鼎智勘魔合罗》的杂剧，其中最重要的道具就是这种"泥孩儿"。买卖这些小型捏塑像在宋代大江南北均很盛行，而且也各有一些能工名匠。供奉泥孩儿风靡一时，连皇室贵族亦概莫能外，因而往往工艺精湛，材料也不仅仅限于泥蜡，甚至用象牙、金银制成。

摩睺罗的主要产地是苏州、鄜州、杭州，制作者往往将自己的姓名刻在底座上，这也许是"物勒工名"的遗绪吧。当时有一批像田玘、袁遇昌这样的名艺人，"作泥孩儿，名天下，态度无穷，虽京师工效之，莫能及"[1]，其作品大量流入京城和其他都市，并成为市场上的热门货。名家的捏塑作品价格也不低，《东京梦华录》说"有一对直数千者"，当不为过。陆游《老学庵笔记》在谈到陕西鄜州田玘塑的泥孩儿价钱时说："鄜州田氏作泥孩儿……一对至直十缣，一床至三十千，一床者或五或七也。小者二三寸，大者尺馀，无绝大者。"苏州名艺人袁遇昌的泥孩卖价也不低，据说，"每用泥抟填一对约高六七寸者，价值三数十缗"[2]。

南宋以后，泥孩儿等泥玩具多产自杭州市区。泥玩具艺人居住的地址因此得名为"孩儿巷"。《得树楼杂钞》十卷上说："按杭州至今有孩儿巷，以善塑泥孩儿得名，盖仍南渡之俗。"由于宋代民间小型捏塑市场十分广阔，而且塑像精品往往价格也很高，一些塑像艺人也因此而致富。

摩睺罗除采用普通的买卖方式外，还有采用"扑卖"的方式——流行于宋元时期的一种售货方法，小商贩以赌博招揽生意，多以投掷铜币为之，视铜币正反面多寡定输赢，赢者得物、输者失钱。后代流行于城镇的"转糖得彩""升官图卖糖"等售货形式即"扑卖"的延续。扑卖者带有赌博的性质，又有游戏的色彩，用于出售泥玩具是很相宜的。东京设有许多"扑卖"摩睺罗的处所，陈元靓《岁时广记》引《墟词》：

天上佳期，九衢灯月交辉。摩睺孩儿，斗巧争奇，戴短檐珠子帽，披小缕金衣。嗔眉笑眼，百般地敛手相宜。转睛底功夫不少，引得人爱后如痴。快输钱，须要扑，不问归迟。归来猛醒，争如我活底孩儿。

第五节　演艺业

一、宫廷乐舞的萎缩

最初，宋代宫廷尚设有教坊，后来，由于歌舞这种纯表演艺术缺乏趣味性和故事性，

---

[1] 陆游《老学庵笔记》。
[2] 卢熊《苏州府志》。

宫中逐渐对此失去兴趣。①加之南宋政府财政的拮据，至于绍兴末年，竟被取消②。每逢大朝会、圣节等情况需要用乐，往往是拨借临安府衙前乐人，或者干脆和雇民间卖艺人。宋宫廷所蓄养的乐人本来就很少，《宋会要》中说嘉祐前"执色"（乐人总称）共计才二百一十人，到嘉祐后，还大大削减。因此，宋宫廷在演艺上所花的钱并不多。这主要由于宫廷用乐的艺人或由军费供养（称为"厢军"或"左右军"），或由临安府供养（衙前乐），即使是少数留在宫中的歌舞艺人也很自由，甚至可以公开地抽身到勾栏瓦肆演出挣外快，③如当时的瓦肆中，"不以风雨而寒暑，诸棚看人，日日如是。教坊钧容直，每逢旬休按乐，亦许人观看。"④至于宫廷和雇市上艺人献艺，工直多少无从查考，但其赏赐却并不很多。如四月初八日寿和圣福皇太后生日，照例要和雇各色乐舞艺人表演，演出后，"凡色长独奏玉乐器，例有宣赐，其弹玉琵琶者赐五两五匹，打玉方响者，赐三两三匹，乐伶当殿谢恩祗受讫"⑤。宋宫廷对乐舞之忽视不仅表现在宫中应侍乐人的减少，而且还吝于制造乐器，甚至一度在祭宗庙演出时也无法提供好的乐器，乐工只好用自己的旧乐器代用。这一切充分显示了宋金时期，以市民世俗文化为主的艺术经济格局正在逐渐取代以宫廷贵族文化为主的艺术经济格局。从历史发展来看，这种变化是有利于艺术经济的进步和提高的。

二、曲艺市场：瓦市勾栏

宋金市民文化兴起的重要标志是曲艺市场的繁荣。唐代兴起的"市人小说"⑥与寺院俗讲这时已蔚为大观，形成种类繁多、异彩纷呈的说唱艺术，其中尤以"说话"引人注目。说话包括四大家，即"小说"、讲史、讲经、合生或说浑话，其中言情、公案"小说"与"谈三国事"扣人心弦，市场也特别兴盛。与说唱艺术交相辉映的杂剧艺术，较唐时"踏摇娘"参军戏又大有发展。不仅广泛吸取歌舞、杂技、说唱等多方面艺术成果，而且在内容上也多"寻常熟事"和重大事件，嬉笑怒骂之中迎合着市民趣味。说唱和杂剧的崛起，为中国艺术史和艺术经济史开辟了新的线索。

（一）瓦市：城市商业——娱乐中心

宋金时期，以寺院为中心的文化娱乐场所依然繁华，如东京汴梁的大相国寺。另一方面，市民社会的发展使世俗文化受到很大刺激，形成了新型的属于市民自己的文化艺术

---

① 周辉《清波杂志》卷一，哲宗赵煦大婚，"吕正献公当国，执仪不用乐。"连皇太子大婚都不愿用乐，可见宋宫廷对乐舞之态度。

② 盛如梓《庶斋老学丛谭》卷四。高宗时，吏部尚书张焘上奏曰："教坊乐工，员数日增，俸给赐赉，耗费不赀。皆可罢。"不久，高宗便"减乐工数百人"。

③ 宫内对此态度可从《宋史·安焘传》所载一事中看出："谏官常安民又言，教坊不当于相国寺作乐，帝（宋哲宗）怒。欲逐安民，（安）焘为救释。"

④《东京梦华录》卷五《京瓦伎乐》。

⑤《梦粱录》卷三《宰执亲王南班百官入内上寿赐宴》。

⑥ 段成式《酉阳杂俎》续集卷四《贬误篇》载："予太和末，因弟生日，观杂戏，有市人小说。"

中心——瓦子。瓦子，又称瓦舍、瓦肆、瓦市。瓦子既不是有围墙的封闭园区，也不是毫无设备依据的集市点，只能理解为城市的某一带有特定功能的社区。如同城市中有商业区、金融区一样，瓦子实际上是宋代商业娱乐区的总称。绘于北宋时期的山西高平开化寺《报恩经》壁画中，有表现善友太子在街头弹筝乞食的情形，特地在其身边画了一只可以施钱的碗，实际上是画工对瓦市卖艺的描绘（见插页图8-3）。

宋代比较大的瓦子常常有十几个、甚至几十个勾栏。勾栏作为封闭的表演场所，最初的功能就是围场收费。勾栏式剧场的大致结构如下：一个可以三面看戏的戏楼（即舞台），其两侧有"腰棚"，这是两侧的看台，戏楼正对面还有高高的"神楼"（相当于今之包厢）。

进勾栏观戏、听书都得纳钱，但纳钱方式却有发展。北宋时期勾栏初兴，大抵还未彻底摆脱过去临街作场的收钱方式，即"卖艺乞赏式"，与此相应的勾栏形式往往并不一定是全封闭式的。《水浒传》第五十回《插翅虎枷打白秀英，美髯公误失小衙内》中，我们可以了解到北宋勾栏卖艺的多方面情况。

第一，勾栏外有戏曲海报，指明艺人姓名、戏曲名目等情况，以招徕生意。

第二，勾栏入口处并无人收钱。否则雷横就不至于在场内出丑，李小二也不至于未开演就出场。

第三，收钱在演艺当中进行。演完一出"笑乐院本"已引起满棚喝彩，便忽然打住，先告示下一出是"交鼓院本"，再下来求赏敛钱。

第四，赏钱有很大随意性，但自愿入坐特定席位者须首先纳赀。雷横不自觉而坐在"青龙头上第一位"，这个位置显然是观赏表演的最好地点，却让后来的雷横坐上了，说明坐这一位置需承担一定的经济责任，所以众人皆避开不坐。雷横不知，故当白秀英说明"官人坐当其位，可出个标首"[①]时措手不及。

第五，由于勾栏观赏者大多为市民百姓，每次收得赏钱估计不会很多，雷横许标首"三五两银子"想必已远超过正常的标首。

第六，勾栏演出完全是商业化的。白秀英见好就收，乘机请赏，是其一；收钱时指着盘子念了几句十足的江湖套语完全是功利性的，是其二；认为既来听唱理应带钱，是其三；若无现钱见赐，则恶语相向，毫无人情可讲，是其四。实际上，勾栏演出当中求赏很可能还不止一次。白玉乔让女儿"且走一遭"，显然还会继续择机请赏。只不过首次请赏最为重要罢了。当时勾栏表演甚至在正角未出场，副末用一两支曲子叙明大意后，就要下来收钱了：

> 宋人凡勾栏未出，一老者先出，夸说大意以求赏，谓之"开呵"。[②]

到南宋和金后期，勾栏开始收门票，这时的勾栏基本上已经封闭，有专人看门收钱，

---

① 标首，宋元时俗语，指最先出的赏钱，又称"标手钱"。
② 徐渭《南词叙录》。

执行统一的收费标准，不纳赀则一概无法入场。杜善夫所撰《般涉调·耍孩儿·庄家不识勾栏》云：

[六煞] 见一个人手撑着椽做的门，高声的叫："请！请!"道："迟来的满了无处停坐。"……

[五煞] 要了二百钱放过咱，入得门上个木坡，见层层叠叠团圜坐。抬头觑是个钟楼模样，往下觑却是人旋窝……①

元末撰写、明初印行的《朴通事谚解》亦云，"勾栏里看杂技去来，去时怎么得入去的？一个人与他五个钱时放入去。有诸般唱词的，也有弄棒的……有呈诸般把戏的那？"专人把守勾栏并收钱，不仅可以绝对保证演出收入，还可以招徕看客，为过去的无声海报增加了有声的广告。这是一大进步，也是宋金时期商业经济发展的直接结果。有了这样的发展，近代剧场的"公开售票制度"可以说是呼之欲出了。

（二）乡村曲艺市场

宋金时期，随着城市市民文化的兴盛和城乡经济交往的增加，说唱、杂剧也开始向城郊扩散。这种扩散的实际进程与当时经济发展有着密切的联系，这种联系突出地表现在宋金戏曲文物分布上的时代分隔性和地域集中性。

乡村戏曲之成立同样需要投入不少的资金，这些资金主要包括两个部分：一是建筑表演场所的投资，一是延聘艺人的佣金。

乡间的表演场所往往与宗庙相属，并由乡民共同筹划募资而成，主要是露台和舞亭（或"舞楼"），其营建过程在《芮城县东关东岳庙金泰和三年（1203年）新修露台碑》中略可知之。宋金时期乡间建造戏曲舞台往往有土豪乡绅发起赞助，而乡民或出钱或出力襄助。这一点和都市中之"勾栏"大有不同。勾栏往往是由表演者设置的，并不赖市民解囊。市民与戏曲表演的关系是纳赀入场看戏而已。

乡村延聘戏曲艺人或以迎神祭鬼为名，在农闲时期前来演出。比较大的演出团体来一地演出往往先与当地"不逞少年"联系，由他们负责逐家逐户收敛钱财以为演剧开支，如当地没有固定戏台还要临时搭建。也有一些较小的艺人团体自行流浪卖艺，并不与"戏头"联系，而是在迎神之时上门表演傀儡戏、说唱等，当然所去的也都是富贵人家。

（三）"打野呵"及其他

宋金时期，有许多"路歧人"临街作场、"打野呵"。"打野呵"，卖艺乞赏。人们在街衢广场围看表演，大都已自觉地掏钱。当时，"涂巷中小儿薄劣，其家所厌苦，辄与钱令聚坐听说古话。"②让小孩去听说话人讲三国故事，也没忘了"与钱"，连小孩也不可免，成人听书看戏就更要自觉了。由于曲艺市场中观众甚多，且多能自觉付钱，因而靠曲艺谋

---

① 隋树森. 金元散曲：上册[M]. 北京：中华书局，1981：30.
② 苏轼《东坡志林》卷六.

生便成了一条新路子。《清明上河图》就描绘了临街说书的情形。陆游在《小舟游近村舍舟步归》一诗中生动描绘了一位盲人老艺人在乡村说唱蔡伯喈故事的情形：

> 斜阳古柳赵家庄，负鼓盲翁正作场。死后是非谁管得，满村听说蔡中郎。

三、歌舞百戏市场：歌星丁都赛的魅力

宋代城市经济的发展促成了市民文化的兴起。在北宋后期汴京瓦子中演出的有不少名角，如"嘌唱弟子"张七七、王京奴等，"散乐"王颜喜，"舞旋"杨望京，"弟子杂剧"女艺人萧住儿、丁都赛等。当时勾栏"不以风雨寒暑，诸棚看人，日日如是"①，可见其盛况。追星者甚至在死后，将名角丁都赛的形象镌刻在墓砖上（见插页图8-4）。

更多的民间歌舞艺人则在酒楼茶馆中卖艺，其社会地位低下，几同于乞丐。酒肆茶馆中除了这些"不呼自来"的卖艺人，更多的是一些浓妆淡抹应召待唤的艺人。富家风流子弟乘兴而来，常命店中侍候的"闲汉"代为"买物命妓"，艺人按其吩咐表演乐曲歌舞，并获得一笔赏钱。②

在勾栏和酒楼茶馆中卖艺的歌舞艺人大多相对稳定，不常变更卖艺场所。另有一种"路歧"艺人则往往流动作场，谓之"打野呵"。宋苏汉臣《杂技戏孩图》，描写两位孩童被卖艺人的绝技所吸引，驻足观看的情景。这是宋代街头艺人的生动写照。

对于民间歌舞百戏艺人的生意来说，节日是最重要的。"今街市有乐人三五为队，专赶春场、看潮、赏芙蓉，及酒座只应，与钱亦不多，谓之荒鼓板。"③但宋时禁止伎艺人未被召雇就前往人家招徕生意④，当然，艺人在正常的节日聚会聚集，尤其是元宵类佳节，还是允许的。除了节日集市以外，一些优秀的歌舞艺人还常被人雇请"上堂会"。南宋以降，由于世风转而喜好杂剧，加之财政经济拮据，宫廷教坊解散，临时活动需要歌舞表演便常自民间"和雇"，演出一次付一次工钱。民间富贵人家遇红白喜事，也常雇请一班乐人来家演出。⑤

第六节　工艺业

一、宫廷工艺制造及购藏

宋代，工艺玩好不仅是身份地位的象征，更是文化气质的表现。

---

① 孟元老《东京梦华录》卷五《京瓦伎艺》。
② 南宋情况与北宋略同，见《梦粱录》卷一百零六《酒肆》《分茶酒店》，唯前述"札客"为"礼客"，或一误耳。
③《都城纪胜·瓦舍众伎》。
④《庆元条法事类》卷八十《杂犯》。
⑤ 元祐大婚时，宣仁高后主张用乐，她说："寻常人家，娶个新妇尚点几个乐人，如何官家却不得用？"（《清波杂志》卷一）。

（一）文思院的工艺制作

宋承唐、五代旧制，在宫中设文思院负责工艺珍玩的生产。文思院为太平兴国三年（978年）置，分为上下两界，上界造金银珠玉，下界造铜铁竹木杂料。其中尤以上界产品工艺最为精致，价值也尤其昂贵。文思院尤其是上界，有一套极为完善的管理、稽察制度，对其中工匠也严加管理。这些工匠除了服役者外，许多都是和雇来的民间技师。对于招雇的民间艺人还要有人做经济担保，或者本身家产有五百贯以上。但由于文思院上界"所支工钱低小，其手高人匠往往不肯前来就雇"。可见当时宫廷官府作坊在经济上已很少有吸引力了，而大批手工艺人都愿在市场上闯荡一番，成就自己的事业。

宋代为宫廷制作工艺珍玩的还有其他机构和作坊，如甲库①、烧制瓷器的官窑、制作玩好的后苑作以及绫锦院、文绣院、染院等织制部门。官窑包括北宋汴京（今河南开封）官窑和南宋杭州修内司官窑、郊坛下官窑，均属青瓷系列。当时"文绣院"中有300名绣工，都是从民间选拔的刺绣高手，她们的任务是绣制龙袍、凤衣、龙凤日月旗、朝服等各种衣物装饰，是专为皇族服务的刺绣团体。

所有这些宫廷工艺珍玩作坊的产品都是非卖品，直接供给御用，因而基本上不是商品化生产经营。其经费和材料除了来自各地进贡以外，全都纳入中央的财政预算，仍是一种"食官"体制。当然，在某些极其特殊的情况下，宫中也会鬻卖收藏的工艺玩好，但毕竟是非常少的。如宋仁宗明道元年（1032年）九月曾下诏，"阁中金银器物，量留供须外，尽付左藏库，易缗钱二十万，以助修大内"②。

（二）四处收购

宫廷出售文思院的工艺精品实属罕见，但从市场上收购工艺玩好，却十分寻常。③如北宋时汴京大内东华门外就有专为禁中买卖的较大市场，市场中也包括"金玉珍玩衣着"。④

除了大内收购珍玩，一些商人还主动带着宝贝向皇帝兜售，当然这需要有宫内之人的引见。内府获取民间玩好的另一重要途径则是臣民主动的无偿奉献。由于时人知皇上喜爱工艺玩好，官员多不惜高价购求以敬献宫廷，甚至推动了民间工艺珍宝市场价格水平的上升。如大观初年，徽宗效李公麟之《考古图》，作《宣和殿博古图》。所收藏的各式礼器，超过五百多件。"世既知其所以贵爱，故有得一器，其直为钱数十万，后动至

---

① 盛如梓《庶斋老学丛谈》卷四，"（宋）高宗置甲库，凡乘舆所需图画什物，有司不能供者，悉取于甲库。百工技艺精巧，皆聚其间。"后因吏部尚书张焘奏请而罢。
② 《宋大诏全集》卷一百七十九《营缮上·两宫金银器易钱大内诏》。
③ 应该指出，宋金时期宫廷向民间收购工艺品并不都是为了赏玩。如《金史·食货志三》载，大定十一年（1171年），金廷"禁私铸铜镜，旧有铜器悉送官。给其直之半"。明昌二年（1191年）又"敕减卖镜价，防私铸销钱也"。显然这些收购都出于非玩赏性动机。
④ 孟元老《东京梦华录》卷一《大内》。

百万不翅者"①。

二、工艺珍宝市场

宋代工艺珍宝市场比过去大为扩大，不仅包括传统的手工艺制品，而且包括古董、花木奇石等。宋代取消了城市宵禁制度，商人可以临街开店设市，因而涌现出一大批坐售工艺珍玩的店铺。在瓦市或其他集市中，临时设摊售卖工艺珍玩者也很常见。如大相国寺每月五次开放百姓交易，佛殿后"资圣门前，皆书籍玩好图画"类。此外，带了货色走街串巷兜售者也很常见，如"元圭传乃丁晋公家物，流落出常卖檐上，士人王提举敏文者，以千七百金售得之"②。

宋代私营工艺品制作业有多种门类，如制瓷业、髹漆业、金银器制作业和其他手工艺制作业等。工艺品的生产方式也出现许多新的变化，社会化分工和大规模生产开始出现。曾作台州知州的唐仲友，在家乡开设彩帛铺，既贩卖，又加工，是一个大型的作坊店铺："仲友私家婺州所开彩帛铺，高价买……罗三四百匹及红花数百斤，本州收买紫草千百斤……并发归婺州本家彩帛铺货卖。……动至数千匹。"③这个彩帛铺实际上是一个大规模的手工工场，这是商人兼营作坊或工场，亦即商业资本控制生产的实例。

由于工艺制作要求一定的制作设施（如烧制瓷器的窑），而且有些材料往往价值较高（如金银、珠玉），独立经营并不容易。一些技艺高超的"作家"为了扩大制作经营的规模，开始将部分生产资料有偿租给一些没有资本的较为落后的同行。以制瓷业为例，"陶氓食工，不受艺佣，埘赁窑家，以相附合……"④。即租工在经济上并不完全依附于窑主，而只是租赁窑主的窑。这种制度在景德镇甚至一直延续到1921年。

宋代，全国工艺品制造中心逐步移到南方，海外贸易进一步兴盛，据南宋福建路市舶提举赵汝适于理宗宝庆元年（1225年）完成的《诸蕃志》记载，当时与中国发生贸易关系的有50多个国家，包括南亚、东南亚、东非和远东各国。贸易方式，一为朝贡贸易，即以呈献当地物产为主，宋王朝以回赐丝绸等贵重物产作答；二为市舶贸易，即正式的交易，宋代在泉州、广州、明州（宁波）、杭州、秀州（上海松江）、密州（山东诸城）等处设立市舶司管理进出口贸易，政府征收商税，并鼓励中国商人出海贸易，出海物资中以丝绸为主要内容。

外销工艺制品中主要的还是瓷器。《诸蕃志》一书记载了宋代中外交通与贸易的情况，卷上列举了亚非地区五十六个国家，其中用瓷器进行交易的占四分之一。从日本出土中国陶瓷的年代分布也可看出中国陶瓷输出最多的是宋元。而对于宋朝来说，出口陶瓷也是一项大宗收入，绍兴七年（1137年）宋高宗赵构说："市舶之利最厚，若措置合宜，所

---

① 蔡絛《铁围山丛谈》卷四。
② 同①卷一。
③ 朱熹《朱文公文集》卷十八《按唐仲友第三状》。
④ 蒋祈《陶记》。

得动以百万计，岂不胜取之于民？"①市舶之利中自然也包括了瓷器的出口。

1987 年发现的宋代商船"南海一号"载货物总量有 6 万至 8 万件，主要是宋代"来样加工"的外国人的生活用品。考古专家在试挖掘中出水的 4000 件文物中，许多都出自中国的四大名窑，还看到了一些"洋味儿"十足的产品，与国内发现的同期产品有着很大差异。如其中一些"喇叭口"大瓷碗，其式样在国内从未发现，却与阿拉伯人常用的"手抓饭"饭碗类似。还有一些陶瓷首饰盒等物品，式样、造型都与国内同类物品风格迥异，显然都是专门为国外客户制作的。考古学家据此推断，该船上的很多商品都是当时国内厂家根据国外市场要求特别加工制作的。

三、古董市场

宋代，内府收藏之古董日见增多，也就不那么稀罕，而恰恰有一大批有金石之好或附庸风雅的官僚文人又近乎疯狂地追求古物。古董市场中既有新出土的古器，也有宫禁流出的旧物。由于古董不能再生产，而且其获得也与直接生产劳动无关，因而买卖古董是一个极其有利可图的行业。宋代经营古董的主要是"骨董行"的老板，他们往往具有较高的艺术鉴赏力和考古技能，有雄厚的资金，并与文人士大夫阶层有较多接触。一些经营杂货的小贩——常卖也参与经营一些价值较小的古玩。另外，文人士大夫之间互相转售古董也相当常见。

古董价格是一个饶有兴味的问题。据宋人笔记，当时人们确定某件古董价格，往往比较注重四个因素，即形制、工艺（文藻）、质地和有无著录，而对于年代之远近却并不很在意，至少它不是主要考虑因素。同时，宋人买古董似乎很重视其收藏史，也许这样可以更全面地了解其价值和真伪，如果曾有大收藏家藏玩过，其真伪也就不言而喻了。此外，古董的保值功能在宋代似还不明显，人们对同一件古董价值的评价并不稳定，古董价格并不稳定或渐长。因此，宋人购藏古董大概还不至于以保值为主要目的，主要是为了日常把玩。

由于古董价格往往远高于同时代出品的同类产品，与古董市场相对应的古董赝品市场也同时发展起来。制作赝品者往往有较高超的工艺技能，赝品几可乱真，甚至在技艺上超过真品。因此古董的鉴识便成了古董交易所面临的重大问题，好古者稍不小心就可能上当受骗。

第七节　文化相关产业的兴起

宋代文化产业的繁荣，也带动了相关行业的发展。这些相关行业主要包括雕版雕刻

---

① 《宋会要辑稿》第八十六册《职官四十四》。

业、纸墨笔砚制作业、乐器制作业、裱褙业等。

一、刊刻出版业

坊肆刻书又称坊刻，指书商刻印的书。其刻书以售卖流通营利为目的。一般书场有自己写工、刻工、印工，刻书坊往往也称书林、书肆、书堂、书棚、书铺、书籍铺、经籍铺等。宋代的坊肆刻书遍布全国各地，以浙江、福建、江西、四川等地最为活跃。有些坊肆从事刻书、卖书，甚至几代人相继传承。

宋代有不少刊刻工匠，身怀刻石和雕版技艺，四处寻雇谋生。他们中有一些人受雇于官府。如北宋崇宁四年，"司农卿王诏，元祐中，知滁州，谄事奸臣苏轼，求轼书欧阳修所撰《醉翁亭记》，重刻于石，仍多取墨本为之赆遗，费用公使钱。"①这些被花费的"公使钱"（地方官员交际费）除了部分被用于捶拓墨本，主要就是用来付刊匠工钱。这些刊匠在当时多是有一定文化者，在经济上也往往比较敏感。如在南宋舒州刊刻书板的刊匠，因"左食钱不以时得，不胜忿躁"，刻字时"故意令误"②。

刊匠也受雇于私家，雇者支付"口食钱"③。这些私家书肆往往既雇人刻书，又自办发行。如穆修得韩柳善本后"乃自镂板，鬻于相国寺。"④私家书铺刊书对于发展文化、推动艺术（尤其是诗歌等文学作品）传播有很大作用，但这种刻书又完全是商业性的，所以有时在刊书的每页都有刻工的姓名和字数，并将雕造板数、合用纸墨工价开列下来，同时还刻上每部书的价格。南宋十七年刻印的《王黄州小畜集》末记云：

印书纸并副版四百四十八张，裱褙碧纸十一纸，大纸八张，共钱二百六文足，赁板榻墨钱五百文足，装印工食钱四百三十文足。除印书纸外，共计钱一千一百三十六文足，见成出卖每部价五贯文。⑤

这里在计算成本时包括了工资、材料费（印书纸、墨钱）和固定资产使用费（赁板费），应该说还是比较科学的。

二、制纸、墨、笔、砚业与裱褙业

由于宋金时期，书画极盛，对于墨的要求也相当高，质量好的墨常能卖得很高的价钱，不少优秀墨工如张滋等人都因此获巨富。当时墨工之间竞争相当激烈，有的（如潘衡）借助名家如苏轼等为己扬名，也有人通过降低墨价而争夺市场，元祐间，"潘谷卖墨

---

① 周辉《清波杂志》卷五。
② 王明道《投辖录》。
③ 朱熹《晦庵先生朱文公文集》卷十九《按唐仲友第六状》。
④ 朱弁《曲洧旧闻》卷四。
⑤ 孙星衍《平津馆鉴藏书籍记》卷二。

都下……每笏止取百钱"①。

与墨一样,笔也是士大夫追求的清雅之品。建炎绍兴年间,屠希制笔"暴得名……自天子公卿朝士,四方士大夫,皆贵希笔,一筒至千钱,下此不可得"②。在纸张中,产于徽州的澄心堂纸受到众多书画名家追捧。砚台以端砚和歙砚最为著名。时人评端砚"琢为时样供翰墨,十袭包藏百金贵。"③有人向孙之翰兜售一砚,竟索价三十千④。

此外,随着字画走进寻常百姓家,宋代出现了"裱褙铺"⑤,南宋时临安就有"朝天门里大石版朱家裱褙铺",同时以裱褙为生的工匠也不少,其中技艺精湛者不仅能装裱,而且还能修残补缺,整旧如新,其报酬也相当高。

三、乐器的买卖

在宋代,古琴作为一种独特的文房清玩颇受士大夫欢迎。名琴常常在士大夫间辗转买卖,而且越流通,故事积淀越深厚,越能显示其价值,价格也越高。不仅文人士大夫争购古琴,连道士、和尚也以蓄琴为荣。社会上流通的古琴,许多仍归入宫禁,为帝王所有:

携李僧智和蓄一琴。……后智和云,没官,乃入乐府,遂入禁中。或云,蔡叔羽以钱五万得之。妄矣!⑥

四、游园收费:魏氏池馆的意外之财

有宋一代,都市里的人们总是生活得有滋有味。宋初,一位樵夫从洛阳寿安山中挖来一棵野生牡丹,在街上叫卖。退休赋闲的名相魏仁溥看到后,一咬牙,出五十金买之,栽在自家的池馆,慢慢培育成一代名花"魏紫"。"魏紫,花后也。""人有数其叶者,云至七百叶。"⑦魏氏池馆实际上就是魏大人在洛阳邙山脚下魏坡村的私家园林,池馆"甚大",有山有水,看景要"登舟渡池",也应该算得上名园。魏家有名花的消息很快就在洛阳传开了,花开时节,大家争相涌来,一睹为快。欧阳修《洛阳牡丹记》载:"此花实出时,人有欲阅者,人税十数钱,乃得登舟渡池至花所,魏氏日收十数缗。"魏大人居然开了收取公园门票的先河!

 **本章小结**

▶ 宋代精于绘画和鉴赏的帝王推动了画院制度和翰林图画院的繁荣。宋代绘画市场

---

① 何薳《春渚纪闻》卷八。
② 陆游《渭南文集》卷二十三《书屠觉笔》。
③《后山集》卷二《谢寇十一惠端砚》。
④《梦溪笔谈》卷九,亦见彭乘《墨客挥犀》卷九。
⑤《梦梁录》卷十三《铺席》。
⑥ 姚宽《西溪丛话》卷一。
⑦ 欧阳修《洛阳牡丹记》。

也已广泛发展，社会各界买卖绘画蔚然成风，存在佣画市场和作品市场，并且出现了公开出售画作的场所和市场中介人——牙侩。

▶▶ 宋代宫廷翰林院中曾长期设置"翰林御书院"，有书待诏、书艺、艺学、祗候等职别，完成书法可以得到润笔及其他额外赏赐，民间润笔也习以为常。得益于纸币的运用，书法价格迅速上升，出现了专门从事书法作品的中介和买卖的"鬻书者"。

▶▶ 宋代文学润笔已经非常普及，不仅民间请人作文必须付钱，而且连皇家也对宫廷文人实行独创的稿酬制度——舍人院立石。虽然这一制度是有多方面缺陷的，但是有力地推动了民间文学市场和宫廷艺术经济的发展。

▶▶ 宋代文学市场产生了话本、剧本市场的新业态，从事剧本创作的人时称"才人"，还组成了自己的行会——书会。文学家收润笔的意识增强，市场观念与传统观念产生了一定的冲突。

▶▶ 宋辽金夏时期宫廷建筑与雕塑均不如唐代那样规模宏大，重于精雕细镂，大量用金装饰建筑是宋代的一个新现象。宋代民间园林之转手买卖相当常见，出现了支付茶汤钱参观园林的业态。宋代民间除了少数大型佛像、人物雕塑，更多的是小型捏塑造像。供奉"摩睺罗"风靡一时，连皇室贵族亦概莫能外，出现了"扑卖"的售货方式。

▶▶ 宋金时期，以市民世俗文化为主的艺术经济格局正在逐渐取代以宫廷贵族文化为主的艺术经济格局。宫廷乐舞的萎缩、曲艺市场的繁荣是宋金市民文化兴起的重要标志。宋金时期形成了新型的属于市民自己的文化艺术中心——瓦子，瓦子中出现了不少名角。说唱、杂剧也开始向城郊扩散，还有许多"路歧人"临街作场、"打野呵"。

▶▶ 宋代，工艺玩好不仅是身份地位的象征，而且更是文化气质的表现。设文思院负责工艺珍玩的生产，还从市场上收购工艺玩好。宋代工艺珍宝市场比过去大为扩大，不仅包括了传统的手工艺制品，而且包括了古董、花木奇石等。全国工艺品制造中心逐步移到南方，以瓷器为主的海外贸易进一步兴盛。古董市场中既有新出土的古器，也有宫禁流出的旧物。市场中出现专业的"骨董行"的老板。

▶▶ 宋代文化产业的繁荣也带动了相关行业的发展。这些相关行业主要包括雕版雕刻业、纸墨笔砚制作业、乐器制作业、裱褙业等。

思考题

1. 简述宋代宫廷的润笔制度的变迁。

2. 宋代市民世俗文化的兴起有哪些现象？

3. 简述宋代工艺珍宝市场的发展情况。

4. 简述宋代文化产业对相关行业的带动效应。

第九章

元

学习目标

通过对本章的学习，学生应了解或掌握如下内容：
1. 掌握元代宫廷的秘书监和书画市场的商品化；
2. 掌握元代杂剧兴起以及歌舞剧衰落的历史；
3. 了解元代文学业的杂剧、散曲市场情况；
4. 掌握元代购藏工艺珍宝以及国际贸易发达的历史；
5. 了解元代大规模的营造工程。

蒙元贵族骄奢淫逸，在艺术消费上常一掷千金，不仅高俸厚养艺术家，在声色、珠宝上也所费甚巨。而江南地主由于远离政治中心，又积数代的财富，加之地利人和，学养深厚，多乐于赞助艺术，从而使私家艺术赞助呈增长势头。艺术市场继续发展，尤其是戏剧市场的发达刺激了元代杂剧艺术的空前繁荣。艺术市场的其他门类也都有不同程度的发展。

第一节 书画业

一、宫廷书画业

元代，皇室对艺术题材和风格有较大影响，元大都不仅是前代作品的保管所，还是绘画创作的中心。

宋代画院有严格的创作规范，仍把画家视为高级工匠，其政治地位和经济地位从总体上看并不高。元代虽未设画院，但对入仕宫廷的画家却是优待的，这种优待主要表现为授予宫廷画家高品秩官职并给予相应的优厚俸禄。元代画家居高位者不少，赵孟頫、李衎，均官至从一品，李倜、何澄等官至从二品，高克恭甚至还担任过刑部尚书这样的要职。专业名画家获得不同品第的官职，并获得较高俸禄，这是元代皇家赞助绘画艺术的一种独特形式。

元代上层统治集团素以侈靡滥废著称，对艺术家的赏赐也体现了北方游牧民族特有的慷慨、豪爽。元代皇家赐予画家的金额相当大，而且赏赐频度也很高，在中国皇家绘画赞助史中实属罕见。

元代皇室大规模收购画作的记载很少，对书画的保护和襄助在很大程度上表现为对金内府藏品的收藏、鉴定、装裱。这方面工作当时主要由秘书监和奎章阁负责。

元世祖忽必烈建元伊始，在至元九年（1272年）十一月，即令太保刘秉忠、大司农孛罗设立秘书监，掌管内府书画。二十五年，又设"辨验书画直长一员"。元朝另一个与绘画有关的机构是奎章阁，由雅好翰墨、能诗善画的元文宗图帖睦尔在天历二年（1329年）二月设置，其初旨虽为"备燕闲之居，将以渊潜遐思、辑熙典学"[1]，但事实上却在柯九思等人的参与下，变成了鉴赏图书宝玩的机构。

秘书监在某种程度上部分地起着画院的作用，不少名画家被先后罗致于此，如何澄、商琦、王振鹏、班惟志、刘融、何思敬、李肖岩等。秘书监不仅为画家提供优厚的物质生活待遇，而且也提供颜料、纸笔等绘画工具、材料，更重要的是为他们观摩大家名迹提供机会。元代比宋代更为方便地让画家临摹内库藏画，如顺帝曾特许何思敬进宫阅内储："至正以来画山水，秘监何侯擅其美。帝御宣文数召见，抽毫几动天颜喜，有时诏许阅内储。"[2]赵孟頫之子赵雍多次进入内府观摩，居然将黄筌《秋山图》真迹借去临摹达三月之久。

秘书监的一个重要职能就是装裱收藏字画。这方面的工作量和开支也是巨大的，据《秘书监志》卷六载，至元十四年（1277年）二月，裱褙匠焦庆安计料裱褙"画轴大小相滚作二幅计一千单九百轴"，成宗大德五年（1301年）由王芝负责裱褙的又有"画卷六百四十轴"。而事实上这些都还仅仅是元内府藏画中有损坏的一小部分，并不包括完好的书画。

二、绘画市场

元代山水画是中国传统文人画的杰出代表，由于科举不兴，文士无以进身，常有作画自娱、娱人者，朝野上下画风益盛。绘画市场亦因此而比宋有一定进步。

---

① 虞集《道园学古录》卷二十二。
② 戴良《九灵山房集》卷二十六《题何监丞画山水歌》。

（一）卖画已成通例

蒙古铁骑所过之处，一扫儒生斯文羸病之气，价值观念为之一变。士人也不以卖画为耻。身居一品高位的赵孟𫖯，字画堪称一绝，"但亦爱钱"。富甲一方的大地主、大画家倪瓒，"雅趣吟兴，每发挥于缣素间，苍劲妍润，尤得清致，奉币贽求之者无虚日。"[①]像松雪、云林这样因卖画而锦上添花者有之，更多的是另一类赖卖画为生的职业画家。这些职业画家中不乏才高艺绝的亡宋遗老，因不愿与元朝合作而坐隐人间，如南宋末代丞相陆秀夫的挚友、画家龚开等。还有许多职业画工，他们是元代绘画市场的重要供画者，当然其卖画也完全是为了生活。他们的志趣与文人画家有较大差异，更多地带有世俗色彩。

除了作品市场，佣画市场也广泛而大量地存在。大相国寺资圣殿后的专为人画像的写真市场这时也继续存在。如元代后期的人物肖像画家陈芝田，"京师三十年，画富贵人不知几辈，得金帛积之可大富"[②]。像陈芝田这样因卖画而致富的情况，在元代并不鲜见。善画人像的李肖岩因受皇帝赏识，便"自此身价重，白璧黄金不堪送"[③]。王冕早年东游吴地，"吴人雅为君名，君又善写梅花竹石，士大夫皆争走馆下，缣素山积"[④]。正由于画艺高超可获得较多经济收益，画作是否有市场便成了衡量画家艺术水平的一个重要标志。

（二）绘画市场价格：王冕按尺幅论价

就市场而言，绘画价格在计量上出现了更加精细化的倾向。不仅普遍地考虑艺术水平、画家名望等质的因素，而且引进了量的指标，即画幅面积。元末大画家王冕"善画梅，不减扬补之，求者肩背相望，以缯幅短长为得米之差。人讥之，冕曰：'吾藉是以养口体，岂好为人家作画师哉！'"[⑤]这位"短衣迎客懒梳头，只把梅花索高价"[⑥]的王冕，曾因被吴敬梓写入《儒林外史》而名闻古今，其经济头脑却是远非一般文人可比的，因而也是元代绘画商品化的积极推动者。

元代绘画商品化浪潮中，也有一些画家或为迎合买主，媚俗易售，或忙于应付，其画风和艺术质量也受到不少影响。如倪瓒绘画名扬天下，"奉币贽求之者无虚日"，整日忙于应酬，尤其在晚年，以致于作品"率略酬应，似出二手"[⑦]。

（三）民间佣画市场：明应王庙请来的画工们

山西洪洞县境内霍山西南的霍泉之源，曾建有水神庙一座，名为明应王庙。因毁于地

① 倪瓒《清阁阁集》卷十一《元处士云林先生墓志铭》。
② 许有壬《至正集》卷三十一《赠写真陈芝田序》。
③ 刘敏中《中庵集》卷二十一《赠中山画工李肖岩》。
④ 徐显《稗史集传》。
⑤ 宋濂《宋文宪公全集》卷二十七《王冕传》。
⑥ 来复《蒲庵集》卷二《胡侍郎所藏会稽王冕梅花图》。
⑦ 夏文彦《图绘宝鉴》卷五。

震，由乡民出资复建，延祐六年（1319年）竣工。正殿东西两侧壁画，分别由南北渠用水村庄出资请人绘制，从而留下了当时民间画工的姓名和有关情况。一是绘画者均为民间画工，而且还有一些是父子传承。二是画工皆为本地人。西侧题记中在画工姓名前冠以籍贯，东安、周村、南祥实际上均为当地村名，一直沿用至今。可知这些壁画画工均为当地村落中人。同时，我们还可看出，民间职业画工队伍是相当庞大的，也是具有一定的绘画艺术水平的。如此大规模的壁画创作，仅需招雇几名当地画工即可完成，而且完成得很好，就为明证。

总之，元代绘画市场是发达的，无论是文人画的画品市场还是民间画工的佣画市场都有一定发展。

三、书法市场：赵孟頫见钱眼开

元代书法市场的重要特色是，市场的商业味更加浓烈，书法与金钱几乎成了不可或缺的一对。市场交易相当活跃，法书名迹常常辗转售卖。由于书法碑帖有较大的市场，商业性的伪作亦时有发生，于是鉴定也成了重要的有利可图的职业。有名家鉴定认可，作品身价立时提高。因此，有些商人或收藏者为了抬高持有书法品的价值，甚至不惜行贿获取鉴赏家的题款。

元人卖字既成惯例，竟有人（扬州盛端明）名其室为"鬻字窝"[①]，也许这并不真的是一爿卖字的作坊，但这俗极而雅的室名却深深地渗透着丰富的艺术经济内涵。

当时的书法家往往深知自己作品的经济价值。甚至有人自市上购来书家作品请其鉴识题跋，书家亦欣然作证。如有人拿赵孟頫当年写的《千字文》给他看，赵孟頫尽管口头上说，别人买卖其作品"皆可笑也"，实际上，如果真有人无端地前来索画，不给钱也是绝对不行的（赵孟頫书《湖州妙严寺记》见插页图9-1）。

（赵孟頫）但亦爱钱，写字必得钱然后乐为之书。一日有二白莲道者造门求字。门子报曰："两居士在门前求见相公。"松雪怒曰："甚么居士？香山居士，东坡居士邪？个样吃素食的风头巾，甚么也称居士？"管夫人闻之，自内而出曰："相公不要怎地焦躁，有钱买得物事吃。"松雪犹愀然不乐。少顷，二道者入，谒罢，袖携出钞十锭曰："送相公作润笔之资，有庵记，是年教授所作，求相公书。"松雪大呼曰："将茶来与居士吃。"即欢笑逾时而去。盖松雪公入国朝后，田产颇废，家事甚贫，所以往往有人馈送钱米肴核，必作字答之，人以是多得书，然亦未尝以他事求钱耳。[②]

初则恶语相待，旋即"欢笑逾时"，完全是金钱的魔力使然。到这里，中国文人艺术家的羞涩与矜持都被十锭钞赶得无影无踪。

---

① 元代书法家杨维桢曾为之写《鬻字窝铭》轴。
② 孔齐《至正直记》卷一《松雪遗事》。

第二节　演艺业

一、宫廷歌舞杂剧

元代统治者出于政治统治和文化统治的需要，对民间歌舞杂剧活动多有禁令，限制颇严。设立"乐籍"制度，只允许在籍歌伎与乐户参与演艺活动[①]，但宫廷歌舞杂剧活动还是很热闹的。

元宫廷艺人及主要乐器是从全国征集的。元世祖至元二十一年（1284年），"丁未，括江南乐工，……徙江南乐工八百家于京师。"[②]作为游牧民族的蒙古人本没有固守一地、收取赋税的财政制度。每到一处，则搜括人口、财物等，旋即离去。直到耶律楚材帮助太宗窝阔台试行赋税，才有所改观。但传统的劫掠搜括往往比理财经营见效快，况且宋金都曾积累大量现成的文化财富，直接把乐人和乐器征集到宫中来显然更加便捷。

因此，元代建国后不久就形成了相当规模的宫廷乐舞队伍，并在礼部设有专门机构掌管艺人。其中主要是至元二十年（1283年）设置的仪凤司、中统二年（1261年）设置的教坊司，仅教坊司就有乐工约五百户。据陈高华《元朝宫廷乐舞简论》[③]的考证，仪凤司负责管理演奏各种乐器的"乐工"，教坊司则管理表演各种伎艺的"优人"，兴和署"掌妓女杂扮队戏"应是管理杂剧表演和歌舞的演员，祥和署"掌杂把戏"应是管理"百戏"等各种杂技的演员。

元太宗十年（1238年），东平（今山东东平）一带集中了一批亡金旧乐人，朝廷指定由地方财政供应衣食（"于本路税课所给其食"[④]），以便补充宫廷乐人。宫廷舞队只要承应演出，宫中总要照例赏予"缠头"。元朝少有精打细算的财政策划，宫中奢侈浪费严重。对于宫廷艺人的表演服饰也很舍得投资。[⑤]《元史·祭祀志·国俗旧礼》描述了元世祖听从帝师八思巴意见，大作佛事的情况。这次重大佛事活动在很大程度上也是大规模的礼乐活动，其浩大的艺术表演工程反映了元朝雄踞世界的宏博气魄，也反映了元统治者对乐舞艺术的大力支持。

元代从至元八年（1271年）开始实施两都制，蒙古帝王随季节定期巡守于上都（今内蒙古自治区锡林郭勒盟正蓝旗境内）与大都（今北京）之间。正如元代诗人、史学家苏

[①] 拜柱《通制条格》卷二十七《杂令》搬词："除系籍正色乐人外，其余农民市户良家子弟，若有不务本业，习学散乐，般唱词话，并行禁约。都省准呈。"

[②]《元史》卷四《世祖本纪》。

[③] 陈高华. 元朝宫廷乐舞简论[J]. 学术探索 2005（6）：124-129.

[④]《元史》卷六十八《礼乐一》。

[⑤] 据《元史·刑法志》"禁令"条："诸乐人工艺人等服用，与庶人同，凡承应妆扮之物，不拘上例。"

天爵在《跋湖边上京纪行诗后》①中所云："今国家混一海宇，定都于燕，而上京在北又数百里，滦舆岁往清暑，百司皆分曹从行。"每当皇帝在两都间巡游，朝廷官员都得依其职分，扈从随行，其成员中除狄君厚、侯正卿这样的元杂剧作家，"掌乐工、供奉、祭飨之事"的仪凤司、"掌承应乐人"的教坊司等都要随行，以备皇帝及权贵们娱乐需求。在此基础上，伴随着两都巡游，元代形成了最早的国家巡游演出制度。在年复一年的上都巡游中，从演出前的人员征召、资金筹措，到剧目安排、队伍建制都安排得井井有条。

二、杂剧市场

元代是中国杂剧艺术的鼎盛时期，首先是因为城市经济的繁荣和表演艺术的商业化。《马可·波罗行纪》记载的元大都，不仅人口众多，华屋巨室列布，四方异域之人会聚，而且"外国巨价异物及百物之输入此城者，世界诸城无能与比……百物输入之众，有如川流之不息，仅丝一项，每日入城者计有千车"。随着都市经济的发达，市民阶层也相应地壮大，当时已有"一百二十行"之说（见关汉卿《金线池》）。市民热衷于观赏既富于市俗性又具有较高艺术性的戏曲，从而推动了元杂剧的成长，仅大都就产生了珠帘秀、顺时秀、天然秀、司燕奴等著名杂剧艺人。

由于元代社会深藏着民族矛盾和阶级矛盾，统治者认识到杂剧表演所特有的聚众性和煽动性，对杂剧表演地点有明确的规约，将勾栏（乐棚）纳入城市营造统一规划，严禁在勾栏以外进行街头演出。《青楼集志》中说：当时"内而京师，外而郡邑，皆有所谓勾栏者，辟优萃而隶乐，观者挥金与之"。杂剧班来勾栏演出，其目的是为了赚钱，这一点是毋庸置疑的。杂剧《汉钟离度脱蓝采和》对勾栏中的商业性演出有所反映：

（钟云）你做场作戏，也则是谎人钱哩。

［鹊踏枝］你道我谎人钱，胡将这传奇扮。（云）则许官员上户财主，看勾栏散闷。

对于贫苦人家的子女来说，学戏是一种出路。《汉钟离度脱蓝采和》中说，"做一段有憎爱、劝贤孝新院本，觅几文济饥寒得温暖养家钱。俺这里不比别州县。学这几分薄艺，胜似千顷良田。"

元代杂剧很注重广告宣传。一是在勾栏外广贴海报——招子，亦称"花招儿"，告示所演剧目、演员、地点，如《汉钟离度脱蓝采和》第一折白——"昨日贴出花招儿去"。二是在勾栏或舞台上方悬挂帐额，以便吸引看客。山西省洪洞县明应王殿的一幅元代壁画，图中戏台上赫然悬挂一幅帐额——"大行散乐忠都秀在此作场"（见插页图9-2）。

既是勾栏，承宋金遗制，必收入座费。这一点是戏班作场卖艺的基本经济收益。元代随着杂剧看客对剧目的进一步了解和熟悉，加之不少官吏大户财主入内观剧，一种新的经营方式应运而生，这就是点戏给赏。即指点和挑选某一剧目，让演员表演，并相应给予

---

① 苏天爵. 滋溪文稿[M]. 北京：中华书局，1997：70.

赏金。演员列出剧目任观众挑点,显然是出于经济上的动机,即为了获得赏钱。收取入座费(入场费)与点戏费这两种方式比宋金时期显然又有了新的进步。

城市勾栏多为简陋的场屋,至元年间,松江府竟发生了勾栏倒塌,压死四十二人的重大事故。[①]在农村,戏台往往建于祠庙前,演戏和祭神、酬神活动相结合,构成神庙剧场。农村杂剧演出由承担祭祀职能的农村基层组织——"村社"筹备:村民向村社缴纳一定份额的祭祀经费,村社从中出资延聘戏班,以实物或货币方式支付戏班演艺费用。除了定期祭祀演出,还有不定时的演出,"平时若遇新建庙宇、新塑神像开光,商行开市、宗族修谱、久旱求雨、求神灵应后还愿,违反乡规民约、行业常规之罚等等,均要演戏。"[②]元代末期,基层农村官员以组织祭祀剧演为手段,活跃当地经济并聚敛钱财,各地竞相效仿,普及甚广,有学者在亦集乃路遗址(今内蒙古自治区阿拉善盟额济纳旗境内的黑城)出土的祭祀文书中发现了元杂剧手抄残片。

山西赵城明王庙正殿有元代演剧画壁,上有"尧都见爱大行散乐忠都秀在此作场"字样,说明专业戏班已在农村演出。《重修明应王殿碑》更记述城镇村落扶老携幼前来看戏的情景,还提到"资助乐艺牲币献礼,相与娱乐数日,极其厌饫"。足见艺人的演戏酬神实际上也是收取费用的商业活动。

戏班剧团来此演戏、卖艺,也要支付一笔场租费。山西省万荣县孤山风伯雨师庙前戏台石柱上有一处铭文:"尧都大行散乐人张德好在此作场。大德五年三月清明。施钞十贯。"[③]名为施钱钞助祭祀,实乃场地租借费。

三、歌舞市场

如果说宋人对于歌舞伎尚重视色艺两绝的话,元人则更重视艺人的色,艺反而处于辅助的、次要的地位。歌舞艺术本身更走向下坡路。元代歌舞艺人临街卖艺和入勾栏演出都相当少。前者是由于元廷的禁令,后者则是由于歌舞比之杂剧更少具吸引力。于是歌舞艺人的卖艺场所转入茶楼酒馆,甚至妓院。食客闲人饮馔之余,观舞听歌,艺人侍奉左右。这些歌舞艺人(大多为年轻女子)几已沦落为富贵子弟的侍妾与玩物,逐渐由出卖技艺向出卖色相转变,由此可见元代歌舞市场的堕落和退步。

这些卖艺兼卖笑的艺伎,收入主要是"缠头锦"与"卖(买)笑金"。她们依附茶馆、酒楼,等候茶客或酒客的召唤。她们与茶馆、酒楼的业主有相对固定的经济关系,其卖艺收入由业主连同茶酒钱一并向顾客索收,然后,业主再将这些钱分一部分给艺人。元代艺伎大多集中于大城市,其中尤以元都城大都为最。马可·波罗曾记述汗八里城的情况道,"凡卖笑妇女,不居城内,皆居附郭,因附郭之中外国人甚众,所以此辈娼妓为数亦多,

---

① 陶宗仪《南村辍耕录》卷二十四。

② 车文明. 中国神庙剧场概说[J]. 中央戏剧学院学报,2008(3):16-35.

③ 丁明夷. 山西中南部的宋元舞台[J]. 文物,1972(4):47-56.

计有二万有余，皆能以缠头自给，可以想见居民之众"①。

元代歌舞市场的衰落是与杂剧市场的同时兴起有密切联系的。歌舞作为杂剧表演的一个要素已被杂剧演员所吸收，因而在少有专业歌舞艺人的元代，歌舞艺术的市场交易逐步成为杂剧市场的附属。

第三节　文学业

一、专业编剧群体的出现与杂剧散曲的崛起

元代文学市场以杂剧、散曲市场为主。刘大杰指出：

（宋末）词原来的生命丧失了，同民众隔离了，活泼的生机是愈来愈少了。处在这个词的僵化与形式化的局面下，都市中的歌女伶工，并不因此就闭住了口。他们仍旧要卖唱谋生，要歌唱以寄抒情意，……曲子便慢慢地产生。②

杂剧的情况也相类似。元初很长时期废除了科举，使广大知识阶层失去了仕进之途。当时有所谓"九儒十丐"之说（见谢枋得《送方伯载归三山序》），大量儒生几乎成了卑贱而无用的废人。既然读书人的社会地位并不比戏曲艺人高，不少人将其文学专长用于剧本创作以为谋生之道。一些文化人喜欢戏曲，并且与艺人密切交往。官至提刑按察使的胡祗遹，与艺人珠帘秀关系甚密。③作为熟悉杂剧的著名演员，珠帘秀也很有可能参与创作或修改剧本。

二、作文鬻钱：陈友谅与宋濂的"交易"

当然，元代文学市场并不仅仅包括剧本和散曲这两个部分。一次，赵松雪为一宦官"奉钞百锭"作为润笔，请胡长孺先生为其父作墓铭，被严辞拒绝。长孺先生仅仅是不愿为宦官作墓铭，若是其他人的墓铭看来是可以收取润笔、代为撰写的。而坐上诸客劝他受钱作文，也反映时人对碑志市场已是司空见惯。④以钞百锭为润笔也可见稿酬并不低，钞百锭，合一万贯，折白银五千两⑤，简直是千金买赋了。

《元史》载，虞集"碑板之文，未尝苟作"，有一南昌富民死后，"其子属丰城士甘悫

---

① 马可·波罗《马可·波罗行纪》。

② 刘大杰. 中国文学发展史[M]. 上海：上海古籍出版社，1982：769.

③ 夏庭芝《青楼集》。

④ 陶宗仪《南村辍耕录》卷四。

⑤ 《元史新编》卷八十七记刘宣议更钞法语云："每钞二贯倒白银一两，十五贯倒赤金一两。"

求集文铭父墓，奉中统钞五百锭准礼物，集不许，悫愧叹而去。"①这里，也许是由于求文者家财富甲一方，更有经济实力，为求虞集一篇墓志铭愿意出润笔达钞五百金，真有点在所不惜的味儿。

清人王应奎《柳南随笔》卷六记载了一个故事，元末宋濂盛名远播，曾经在常熟一富豪家坐馆授课。一日，有一位大汉带着二童子登门拜访，自称卖文为生，谈论起来出入经史，口若悬河。宋濂向其求诗，大汉曰："吾一诗直二十金。"一旁的富豪主人许之，诗成，很有气势。宋濂又请求其作文一篇，大汉曰："吾文非百金不可。"富豪主人又与之，大汉文不加点，援笔立成。陈友谅扮成卖文者去考察宋濂或许是虚构的，但其背景却是真实的，反映了当时文学市场的状况。

三、才人与书会

碑志市场、诗歌市场毕竟不是元代文学市场的主旋律，散曲、杂剧才堪当此任。山西省右玉县宝宁寺保存的元明时代水陆画中，"第五十七，往古九流百家诸士艺术众"的下层是杂技、戏剧演员，描绘了为戏曲、杂技演出写词作本的书会才人的形象。与宋金时一样，元代才人也组成自己的组织，如玉京书会等，当时许多著名杂剧作家关汉卿、白仁甫等都是其成员。书会是一种非实体性的才人社会团体，"自为当时所爱好，而其时适有书会为编摩词曲之所。"②一批杂剧作家常集中于此，切磋学艺，并创作剧本。其剧本的去向有二，一是直接卖给戏班剧团。如《汉钟离度脱蓝采和》：

［正末唱］俺路歧每怎敢自专，这的是才人书会划新编。

［钟云］既是才人编的，你说我听。

元代戏班多与书会才人保持较密切的联系。一有新本子出来，便争相求购。书会的新本子还有另一出路，就是抄写成"掌记册儿"在店铺中售卖，以供闲人阅读。山西省运城市西里庄墓室西壁元杂剧演出壁画左侧艺人手中拿的很可能就是掌记册。

第四节　工艺业

一、宫廷工艺制造和收购

工艺珍宝作为皇家气派的实物体现，在元代同样颇受重视。在这里，元代统治者的贪婪、腐朽也达到了史所罕见的地步。

---

① 《元史》卷一百八十一《虞集传》。
② 孙楷第. 沧州集：下册[M]. 北京：中华书局，1965：353.

元代早期购藏工艺珍宝方面鲜有所闻，后来就不一样了。大德九年（1305 年）八月"丙戌，商胡塔乞以宝货来献，以钞六万锭给其直。"①英宗硕德八刺至元间，西域富商以其国异石、名"塯"者来献，价值巨万，诏酬累朝所献诸物之值。②除外商主动进献，由宫廷收购外，统治者仍不满足，还主动派员携巨资到海外购求。

另一方面，向民间强行收购工艺珍宝，在元代也很常见。如至元二十二年（1285 年），"禁私泛海者，拘其先所蓄宝货，官买之；匿者，许告，没其财，半给告者"③。元代在边疆出产宝物地区有特殊的赋税规定，如要求吐蕃农牧民向领主缴纳实物，各领主向朝廷纳贡。其贡物以金、银、象牙、大粒珍珠等土产为主。④在珍珠的主产地，如大都、南京、罗罗（四川西昌）、水达达、广州等地征收"珍珠课"。此外还以征发劳役的方式强迫百姓采集珍宝。畏兀儿南部所产的玉历来都很有名气，一些畏兀儿人民被遣为"采玉户"，专为宫廷采玉。

皇室为购买宝物而滥费钱财在财政上造成了极其严重的后果。至泰定年间，尚未偿付的宝价竟达四十万锭，而当时全国所征包银，岁额止十一万锭。由于府库空虚，得位未久的泰定帝也孙铁木儿竟在 1324 年做出一个令人啼笑皆非的决定：用关税充抵所欠珍宝货款。

元代官营工艺珍宝制作业规模相当庞大，机构设置也极其复杂。关于这一方面的详细情况，可参见鞠清远的研究成果。⑤但元代宫廷工艺珍宝业的主要组织者是将作院，其职责是"掌成造金、玉、珠翠、犀象、宝具、冠佩、器皿、织造、刺绣、缎匹、纱罗、异样百色造作。"⑥属于皇帝私产的分别隶属于将作院和大都留守司，属皇后的隶中政院，属太子的隶储政院。上述机构中都掌管了大批手工艺人，他们的来源和身份不同，经济状况也大不一样。其中俘虏、强括⑦、囚犯与无主逃奴，在作坊中属于强迫性劳动，没有人身保障，也没有一定的供给制度。这些人的生活条件非常差，甚至常有饿死的。这种劳动生产方式，盛于元代初期。后来又利用政治权力拘刷⑧民户为工匠，称为抽籍与招集，其生活待遇也还是很恶劣，但当时封建经济关系毕竟已有了较大的发展，手工艺人所受的限制比过去似乎有所削弱，甚至还允许他们在完成指定任务后干点私活。

由于是给皇室宫廷制作工艺品，制作材料往往十分讲究，也很贵重。金玉、象牙之类消耗相当多，这一点我们仅从诸如金银局、石牙金局、玛瑙玉局、温犀玳瑁局、珠翠局等

---

① 《元史》卷二十一《成宗纪四》。

② 《元史》卷一百八十二《宋本传》。

③ 《元史》卷二百零五《卢世荣传》。

④ 《萨斯迦世录·萨斯迦班智达致蕃人书》。

⑤ 鞠清远. 元代系官匠户研究[J]. 食货，1935，1：（9）.

⑥ 《元史》卷八十八《百官志四》。

⑦ 强括：即元代统治者强行抓走的壮丁。

⑧ 拘刷：元代马政，强行证收民间的马匹，几同掠夺明抢。此处指人丁。

制作机构名称中就可看出。为了制作出精美的工艺品，这些机构还往往分工协作来完成。宫廷工艺制作用料精、用工多，其产成品价值也相当大。如惠宗至元四年，天历太后命将作官以紫绒金线翠毛孔雀翎织一衣缎赐伯颜太师，一衣之值竟比全年包银收入还多百分之五十。

二、工艺珍宝市场

元代的工艺珍宝市场是建立在发达的国际贸易和工艺制作业基础之上的。一批批中国的或外国的商队，漂洋过海，载着金银珠宝，运送中国的瓷器、织锦以及刻印制品，从而交织出一幅繁忙兴隆的国际贸易图。在这样的背景下，民间工艺制作的技艺也不断提高，商品化经营越来越发达，国内市场也有很大进步。

元代工艺品以丝织、制瓷和刻印业为大宗。作坊内部生产关系比过去更复杂，除了雇佣一些没有生产资料的贫穷手工艺人，还出现了奴隶劳动。在工艺制作业中使用驱口（奴隶）首先出现在官营工艺作坊中，很快也蔓延到民间工艺制作中。当然能用驱口劳动的主要是权贵之家，一般工艺作坊主多靠招雇工匠弥补劳力之不足。元代大部分工艺作坊都进行商业性经营，其产品主要销往市场。瓷都景德镇的制瓷业与商业之间的业务衔接已经相当紧密。瓷器出窑后，众商争购，并根据各地销售市场需求特点选择进货，然后雇人装船运出。景德镇窑瓷器出卖时还有"牙人"活跃其间，负责居中鉴别、评估、定价。

至元以后，随着纸币的持续大幅度贬值，工艺珍宝的市场价格也明显呈现出上涨趋势，时人评曰："楮日多而日贱，金帛珠玉等日少而日贵。"[1]由于工艺珍宝价格变动较大，尤其是珠宝犀玉之类价值本无定数，因而经营此业的商人往往需要善于投机，甚至还要设法打通关节，将其货色呈献给大元皇帝。借此，商人可"朝无担石之储，暮获千金之利。"[2]

此外，与工艺珍宝市场有密切联系的古玩市场在士大夫阶层仍然很活跃，开设有专门的古董店。略举一例证之：

> 淮海龚翠岩先生开寓吴门日，一僧权道衡者，颇聪慧，识道理。先生与之游。偶市肆粥汉印一颗，权尝酬价，归取镪。先生适见，主人以实告，遂用十五缗买之。语诸女，女曰"大人乃亦夺人所好。"先生惊悟，即持送权。[3]

元朝廷特别重视对外贸易。元朝建立前就与西域、阿拉伯国家有贸易往来，统一全国后，又设立泉州等处市舶司。至元二十一年（1284 年）以后，政府欲将对外贸易变为官办。

---

① 张之翰《西岩集》卷十三《楮币议》。
② 张之翰《西岩集》卷十三《议盗》。
③ 陶宗仪《南村辍耕录》卷九《女谏买印》。

由政府备办船只和资金，招人经营，所得利润中，官取十分之七，经营者得十分之三。与此同时，禁民间私自贸易，但实际上未能做到。终元一代，官私贸易都很发达。外贸需求的增加，推动了国内工艺品制造业的迅速发展。马可·波罗在其游记中说，"元朝瓷器运销到全世界"。根据目前世界各地出土中国元代瓷器的分布情况和元代汪大渊《岛夷志略》等有关文献记载，可以得知元代瓷器输出基本上延续了唐以来的海上丝绸之路，利用季风航行运输。通过对元代海上沉船的考古研究，发现瓷器都是按订单生产的专门外销瓷。现存景德镇窑生产的元代青花鱼藻凸花牡丹大盘，直径达 48.2 厘米。如此硕大的盘子，显然是按照阿拉伯人的生活习惯所制，为西亚烧制的外销瓷器。

第五节　文化建筑业

一、宫廷建筑艺术

元代皇宫在当时世界上是首屈一指的，除了有豪华壮丽的亭台楼阁，还有由玻璃建成的水晶殿、用棕毛建成的棕毛殿、用黄金裹楹的金殿。同时，元代又痴迷地崇尚佛教、信奉道教，兴建了一大批装饰华丽的寺院道观，其资金、材料、人力都是由宫廷筹集、组织的。如英宗初年给钞千万贯建寿安山佛寺；天历三年（1330 年）十一月，皇后以银五万两助建大承天护圣寺。除了皇帝、皇后亲自赐金，绝大部分资金都是由宫廷有关主管部门安排落实的。

元代宫廷组织的建筑工程都是由工部负责的。大都皇宫中的紫檀殿主要用紫檀香木、文德殿则用楠木建造。这些材料，有的是拆除前代旧建筑取得的，有的是从国外采购的，还有一些是地方权贵富豪进献并令百姓千里迢迢运来的。但宫廷建筑材料的更主要部分还是由各地府州发民择木取材，送至工地的。

无论是采木运料，还是垒台积土，都是靠征发大批民众完成的。由于建筑规模特别庞大，所动用的民力也相当惊人。如为建造大都宫殿仅至元八年（1271 年）一年就征用了不下一百五六十万民工。[1]除征发军民役外，有时也采取招雇的方式。

大规模的营造工程，所花费的资金显然是数额巨大的，且不说从海外进口木料、佣工佣资等主要开销，赏赐一项就很多了，这些巨额的财力、物力、人力的负担最终都落到了各地百姓身上[2]，并且严重影响了民众的正常生产、生活。如时人所说："土木既兴，工匠夫役，不下数万，附近数路州县，供亿烦重，男女废耕织，百物踊贵。"[3]

---

① 魏初《青崖集》卷四《奏折》。

② 杨瑀《山居新语》。元贞元年（1295 年），为皇太后建佛寺于五台山，以大都、保定、真定、平阳、太原、大同、河间、大名、顺德、广平等十路"应其所需"。

③《元史》卷一百七十六《李元礼传》。

二、民间建筑艺术

元代私人赞助建筑艺术并不发达，但也仍然大量存在，其中有不少是属于寺庙台观和戏台、舞亭等，山西省各地遗存的戏台中，不少是元代的。山西省万荣县太赵村稷王庙存至元八年（1271 年）《舞厅石囗》碑一通，说明当地人花钱建戏台，是为了便于在祭神时延聘戏班作场娱神兼娱人。西景村岱岳庙存至正十四年（1354 年）的戏台石碑刻，其碑文详尽到人名与捐赠钱财数额。还有的是商户赞助，如元代《广禅侯碑》记载了山西省临汾市魏村牛王庙兴建时的盛况："牛王庙元时碑记：……临邑协兴源、丰泰号，洪邑长顺号、长顺炉，各施钱伍佰文。……"①其中，"丰泰号""长顺号"为商号名，"炉"为官营冶铁工坊。此外，南方大官僚、地主兴造私家园林也不少，华亭人曹知白所建的私人园囿尤其著名。《农田余话》上卷就曾描述了曹知白的私家园林。

 **本章小结**

▶▶ 元代设立秘书监，掌管内府书画，部分地起着画院的作用，还负责装裱收藏字画。元代山水画是中国传统文人画的杰出代表，由于科举不行，文士无以进身，朝野上下画风益盛，绘画市场亦因此而比宋代有一定进步。卖画的作品市场和佣画市场大量而广泛地存在。元代书画业的市场商业味浓烈，书法与金钱几乎成了不可或缺的一对。

▶▶ 元代统治者出于政治统治和文化统治的需要，对民间歌舞杂剧活动多有禁令，限制颇严。设立"乐籍"制度，只允许在籍歌伎与乐户参与演艺活动，但宫廷歌舞杂剧活动还是很热闹的。城市经济的繁荣和表演艺术的商业化推动了以勾栏为表演场所的民间元杂剧的发展。由于元人更重视艺人的"色"，"艺"反而处于次要的地位，歌舞艺术走向下坡。

▶▶ 元代文学市场以杂剧、散曲市场为主。由于科举的废除，大量读书人转为专业编剧群体，与宋代一样，这些才人组成了书会，与元代戏班保持较密切的联系。除此之外，碑志市场、诗歌市场也依然存在。

▶▶ 元代皇室为购买宝物而滥费钱财，在财政上造成了极其严重的后果。元代官营工艺珍宝制作业规模相当庞大，机构设置也极其复杂。民间的工艺珍宝市场建立在发达的国际贸易和工艺制作业基础之上，以丝织、制瓷和刻印业为大宗。

▶▶ 元代皇宫在当时世界上是首屈一指的，除了有豪华壮丽的亭台楼阁，还有由玻璃建成的水晶殿、用棕毛建成的棕毛殿、用黄金裹楹的金殿。同时，元代又痴迷地崇尚佛教、信奉道教，兴建了一大批装饰华丽的寺院道观。私人赞助建筑艺术并不发达，但仍然大量存在，其中有不少是寺庙台观和戏台、舞亭等。

---

① 碑高 147 厘米，宽 74 厘米，笏头方趺，额刻"广禅侯碑"，阴额则刻"百世流芳"四字，均为正书，此碑现立于山西省临汾市魏村牛王庙正殿廊下。

思考题

1. 元代废除科举对文化产业产生了哪些影响？
2. 元代演艺业与宋金时期有何不同？
3. 简述元代工艺珍宝市场的国际贸易情况。

第十章

明

学习目标

通过对本章的学习，学生应了解或掌握如下内容：

1. 掌握明代宫廷的大型建筑工程和私家建园之风；
2. 了解明代翰林院制度和买卖诗文的情况；
3. 了解明代绘画市场的全面繁荣和书法市场的以字换银；
4. 掌握明代宫廷歌舞的衰弱以及民间的戏班和评弹；
5. 掌握明代的代役银制度和发展较快的工艺珍宝市场。

导言

明朝的皇家艺术赞助比元代略强，其中较为突出的是不惜工本大兴土木，建筑了北京的浩浩皇宫和巍巍帝陵，但皇家赞助走向没落的趋势仍是不可阻挡的。明代取消了沿袭数代的工匠徭役制，收取代役银，使官营工艺作场受到致命打击，皇室工艺之需只好求助于市场。艺术市场日渐繁荣，艺术的私家赞助也随着城市工商业的发展，由以江南地主为主转向以工商业主为主，徽州商人的经济实力和艺术识见有力地推动了私家艺术赞助向高潮发展。

第一节　文化建筑业

明代建筑营造的规模是前代无法比拟的，预算开支也相当惊人。因此，明代建筑经济是文化产业的重要组成部分。

一、宫廷建筑业

明太祖朱元璋定都金陵前后，曾几度兴废建筑都城宫室的计划。折腾了多次才最后下决心。由于明初经济凋敝、国库空虚，加之朱元璋本人系农民出身，尚能体察民情，节俭从事。这也反映在他在营建宫室上务求去奢从俭，以实用为主旨。当他的第四子——燕王朱棣下令建设北京以皇宫为中心的煌煌新都时，大型公共建筑活动才拉开序幕。

北京皇城建设所需的劳动力是从全国各地征发来的。这些军民人丁从各地赴京，其盘缠是由有关部门事先分发的，并对他们制定了很严格的劳动纪律，力戒偷懒、怠工。当时规定工匠人丁实行轮换制，一般半年轮换一次，每人按月发米五斗，同时免除他们所有的赋税负担。由于明官府对于应征营造的人丁在经济待遇上比较优厚，因此尽管工作相当辛苦，还是有人在服务期满后，主动要求留下来。

北京宫殿之建设倾全国之力，虽然材料、人丁多以赋役方式多方调遣，但所费资金仍然难以计数。如永乐年间，遣工部侍郎刘伯跃采办大木于川湖贵州，湖广一省，费至三百三十九万余两。[①]至于紫禁城的建设成本更是不可估量，以武宗时修建乾清宫为例，"以太素殿初制，朴俭，改作雕峻，用银至二千余万两，役工匠三千余人，岁支工食米万三千余石"。[②]但是，强行增加赋税容易引起天下不满。宫室不能停建，朝廷又不敢征敛，钱从何来？明武宗正德元年（1506 年），由于宦官刘瑾等人乱政祸国，京库空虚，山陵、大婚、赏赐等项支出已超过全年收入。于是，十六岁的武宗朱厚照竟听从工部奏请，下令纳银充职，广收工匠代役银。

明代宫廷的大型建筑工程的管理是比较先进的。其表现有三：一是多部门分工协作，全力以赴，从而使人、财、物等都能及时到位，配合默契；二是具体负责营造的主管部门——工部，大胆起用有一技之长的能工巧匠，其中有些人甚至做上工部侍郎；三是从当时的一些工程记录中可以看出，明朝工程管理计划十分严密周到，充分照顾到实物指标和价值指标，有较高的科学性。

明代帝陵，尤其是南京的孝陵与北京的十三陵，因其形制宏伟，布局优美而成为中国皇陵建筑的佼佼者。明朝皇陵选材都十分讲究，多取之于南方深山密林。万历年间，四川一带因为长陵伐取高大楠木，竟有"入山一千（人），出山五百（人）"的谚语。而一木至京，费银常达万两。建陵所用人工则更是惊人。《明宣宗实录》卷二、卷四载，洪熙元年（1425 年）六月二十七日，命南京守备襄城伯李隆等以军士万人助建山陵。三十日，又调南京海船厂附近江北府卫旗军工匠 118 000 人助建山陵。但由于兴建规模过于庞大，两次"助建"十几万人，仍嫌不够。七月二十三日又于河南、山东、山西、直隶、凤阳、大名

---

① 《明史》卷八十二《食货志六·采木》。
② 《明史》卷七十八《食货志二》。

等府州，择丁多之家，拨民夫 5 万人助建山陵。

根据各朝皇帝实录的记载，昭陵多次兴工，地面建筑再加上玄宫和第二次续修的银两数，总费用竟达 200 万两以上，几乎相当于隆庆时一年的财政总收入（约 230 余万两）。定陵的营建则历时近 6 年，耗银 800 余万两，相当于万历中期两年的全国赋税总收入。

二、建筑园林宅第

明人私家建园之风很盛，有些权贵豪右甚至一人拥有多处园林。建园不仅讲究意匠趣味，而且也讲究装饰奢华，为此投入的人力、物力和财力就更多了。

正由于私家兴造是一件不小的建筑工程，承继宋人范仲淹的做法，用建造私家园林的方法，兴土木之工而赈灾救荒者在明代也很多。一些有远见的大地主、大商人也乐得做这种一举两得、利民利己的功业，有时工程规模还相当可观。明代私人园林宅第之买卖因此也颇有市场。如潘方伯后人在天启、崇祯年间曾将世春堂出手，南园亦曾"鬻于魏公"①，可见当时转售园林宅第也是一件很平常的事。

第二节　文学业

一、翰林院管不好自己的钱粮

明朝开国不久，朱元璋便多次向民间征召文士，并首次将翰林院自内廷划出来，使其成为外朝的正式常设机构。翰林院文士的俸粮先由礼部带支，后改由翰林院自行收支。然而，翰林院客观上仍缺乏自身理财的经验和兴趣，时过未久，其钱粮开支又归禄米仓负责。翰林院之酒饭由光禄寺逐日支给物料，并拨厨役制作。"凡内阁合用笔墨，及雌黄、朱墨，俱于司礼监关给。纸札，该监及刑部都察院关给。木炭，惜薪司及工部关给。本院（指翰林院）纸札，刑部都察院关给。"②

应召侍奉帝王是翰林的职责和荣耀，所获的赏赐亦是可观的。如成化间，程信随驾出游，应作称旨，"赐白金二十两，彩段二端。未几拜浙江提刑按察司佥事。"③不过陪皇上玩文字游戏并不轻松。太祖朱元璋"时礼遇诸儒甚厚，各赐以绮缯衣被等物，又御制诗，命次韵和之。"④皇帝亲自作诗，规定声韵，文士纵有天大的才情，亦难以发挥。

① 王世贞《弇州山人续四部稿·游金陵诸园记·徐九宅园》。
②《明会典》卷二百二十一《翰林院》。
③《钦定四库全书·明文衡》卷八十六。
④ 余继登《皇明典故纪闻》卷五。

二、风雅的买卖

有一次，唐寅写了一首谈卖画的诗，中有"闲来写就青山卖，不使人间造孽钱"句，友人吴鹿长见此题画诗，笑问这诗是"何处买来"。①虽然是一个玩笑，但说明当时买诗卖诗都已很平常，买卖诗文相当方便。

卖文者上自翰林学士，下至落魄书生，无所不有。如屠隆"纵情诗酒，好宾客，卖文为活。诗文率不经意，一挥数纸"②。靠鬻文养活自己，既说明诗文价格不低，也说明求文者人数不少。名家作品永远供不应求，是稀缺之物，因而升值也很快。叶盛在《水东日记》中谈到"翰林文字润笔"时说，三五年前，翰林名人送行文一首，只需花上二三钱润笔银就可求得。可是现在，文价涨得厉害，没有五钱一两的根本就不敢开口。

在明代支付润笔以银两为主，但付给润笔物的办法仍然通行，充当润笔的物品可谓五花八门，有字画文玩等所谓的"清品"，以及更实用的物品，如大米等。常熟刘效曾为先人亡故而派人进京求墓文、哀挽文，却都不中意。正巧世交陈生携挽诗来访，见其中有"两京冠盖知名久，百室饥寒感惠多"之句，刘效大喜道："我花重金厚礼都没请到这样的文句，"见到陈生来时所乘的小舟，连连摇头，"太小了，太小了！"于是命家人用自家的大船，装上大米百石给他送去。③

一些盛名在外的大文人因此获得巨额收入。明后期的大文学家陈继儒每天约请不断，家中金帛无数，竟"以润笔之资卜筑余山"。④甚至连邻国，也争相付润资请明朝作家作文，"洪武中，日本、安南俱上章，以金币乞宋景濂碑文"⑤。由此亦可见明代文学市场的巨大影响。

第三节 书画业

一、宫廷书画业：画家当上锦衣卫

明代皇家在宫中留养了一大批专职画家，其人数和费用都远超元代，直追唐宋。在内府购藏方面则似无大的发展，主要接收元文宗奎章阁所藏，但其总量仍是相当大的。洪武年间收藏书画藏品中钤有"典礼纪察司印"。明鲁荒王墓出土的宋高宗题跋《秋葵蛱蝶扇面》（见插页图10-1），绢本，上方钤有"皇姊图书"朱印，左下方钤有"司印"二字的骑

① 曹臣《舌华录》卷一《慧语》。
② 《明史》卷二百八十八《屠隆传》。
③ 《古今图书集成·理学汇编·文学典》卷二百一十五《诗部·纪事十三》引《常熟县志》。
④ 宋起凤《稗说》卷一《陈徵君余山》。
⑤ 《古今图书集成·理学汇编·文学典》卷一百三十五《文学总部·杂录三》。

缝朱印。证明其经手过宋高宗赵构、元代鲁国大长公主祥哥剌吉（元仁宗姐姐）。明初归入大内，并赐给鲁王朱檀。

明朝从洪武年间起，就征召了不少书画家进京入侍宫廷。由于明代并未正式成立画院，因此画家被加以翰林院及各殿"待诏"之称或锦衣卫"都指挥使""指挥"之类的虚职。这些无权的文职或虚设的武职，其实都没有实际职责，而是一些专业性的宫廷画师和书法家，授职仅仅是为了便于给其发俸。他们侍奉皇帝左右，如果应对称旨，还常能获得一定的奖赏。因此，明宫廷画家在经济生活上还是比较丰厚的，但是，所谓"伴君如伴虎"，要是举筹失措呢？轻则如戴进以红袍人秋江独钓一图获罪放归，重则像赵原那样搭上性命也未可知。但随着明中叶以后国家财政状况的恶化，王朝已无暇顾及宫廷绘画赞助，留养的画家也逐渐减少，甚至连内府收藏品也保不住，竟拿出来折当俸禄发给官员，这在隆庆、万历年间尤其常见。

二、绘画市场

明代绘画市场已进入全面繁荣的前夜，上有宫廷画家作画售人，下有民间画师卖画谋生，加之大内藏品渐次流出，市场流量相当大。

明代绘画市场的供给是多方面的，卖画取酬从上到下都已成为生活惯例。太常卿夏昶楷书画竹为当时第一，"番胡海国兼金购求"，故当时有"夏卿一个竹，西凉十锭金"[1]之谣。这些在朝为官的丹青妙手，除俸禄收入外又增加了卖画收入，而且后者还常常高于前者，其经济状况是十分优裕的。翰林高棅画法米南宫，名噪一时，"在翰院二十年，四方求诗画者争致金帛修饬，岁常优于禄入"[2]。这些居庙堂之高的官宦画家在位时以卖画为"第二职业"，离职后则往往以卖画谋生。

民间画家如果才高艺绝，其经济收入也很丰厚。文徵明"晚岁德尊行成，海宇钦慕，缣素山积，喧溢里门，寸图才出，千临百摹，家藏市售，真赝纵横"[3]。

绘画市场保证了画家获得稳定的物质生活资料。如徐渭，"凡求书画者，须值其匮乏时，投以金帛，顷刻立就，若囊钱未空，虽以贿交，终不可得。"[4]因为经济宽裕，名画家有很大的财力可以购买书画古玩。如朱之蕃"山水竹石花卉俱妙。出使朝鲜，其国人乞书画，以貂参为贽。所获巨资，尽买法书名画古器云"。绘画市场的繁荣与一批收藏家有着十分重要的关系。他们是画家的衣食父母，也往往因声气相投而成为画家的朋友。文徵明就曾以八十岁高龄，两度为收藏家华夏画《真赏斋图》，摹写其收藏鉴赏的生活。

但并不是所有的画家都这么幸运。待诏画家戴进自为谢环所谗离开宫廷以后，完全靠卖画为生。但正如郎瑛《七修类稿》所叹，"艺精而不售，展转为竞艺者所忌，卒死穷

---

① 王穉登《国朝吴郡丹青志·能品志》。

② 焦竑《玉堂丛话》卷七《巧艺》。

③ 王穉登《国朝吴郡丹青志·文待诏先生》。

④ 陶元藻《越画见闻》卷上《徐渭》。

途。"然而，戴进死后，其画作市场却有了戏剧性的变化，不仅画十分好销，而且价格也陡增，"全堂非百金不可得"①。

明代绘画市场是十分繁荣、活跃的，交易形式也多种多样。大量交易是由画商经手、市肆交易。其中既有由裱画店、杂货店等寄售的，也有由画商自行经营交易的。除了当朝画家作品大量涌入市场，前人画作也是明代绘画市场的热门货。嘉靖年间，奸相严嵩购求张择端《清明上河图》，"捐千金之值而后得之。"②

对于绘画的市场价格，时人常觉得无法定论。唐志契在《绘事微言》中不无感慨地说：

> 画有价，时画之或工或粗，时名之大或小分焉，此相去不远者也，亦在人重与不重耳。至或名人古画，那有定价？昔有持荆浩山水一卷货者，宋内侍乐正宁用钱十万购之，后为王伯鸾所见，加三十万得之，犹以为幸。伯鸾曾为翰林待招，诠定院画优劣，故一时画家，都以王氏爱憎为宗，以其能赏鉴也。又王酉室得沈启南直幅四轴，极其精妙，吴中有一杂官，闻其美而谋之，愿出二百金，王终不与。后王西园一见，坐卧画间两日，酉室谓画遇若人，真知己也，因述二百金之说，西园遂以一庄可值千金易焉。又兴化李相公家失谢樗仙一幅，曾贴招字，谓报信者五十两，则画价可知也。诸如此者，不得尽言。③

三、书法市场

明代书法市场的主要交易形式是以字换银钱，而以字换物往往并不受人欢迎。画家董其昌看中某人所收藏的褚遂良《西升经》，想以顾恺之的名作《洛神图》来换，竟被拒绝。这固然与字主人的个人喜好有关，但也反映了货币关系在书法市场中的发展。

人们普遍热衷于追求名家作品。祝允明、董其昌等名家常常是购者云集家门，争相求购。有些书家甚至开店卖字。由于书法市场可从中获得较多的物质资料，尤其是名家作品更是颇有奇羡，因而书法赝品业也很发达。陈谦善书，"专效赵松雪，时染古纸伪作赵书，猝莫能辨，购书者接踵户外。"④连大画家、书家董其昌少年时也作过赝品求售，据载，"其昌少好书画，……家贫，尝作（陆）万里书市之，人以为赝弗售也"⑤。

明代书法市场的价格档次很多，少则几金，多则几千金，上下悬殊达千倍之多。以大收藏家项元汴的藏品看，其天籁阁中有几帧珍品，价格惊人：

---

① 谢肇制《五杂俎》卷七。
② 姜绍书《无声诗史》卷七《黄彪》。
③ 唐志契. 绘事微言[M]. 北京：人民美术出版社，1964：32-33.
④ 马宗霍《书林纪事》卷二。
⑤ 《钦定四库全书·六艺之一录》卷三百七十二《历朝书谱六十二》引《松江志》。

晋王羲之《瞻近帖》二千金

唐怀素《自叙帖》一千金

唐冯承素摹《兰亭序帖》五百五十金

宋高宗临《真草千字文》五百金

宋拓定武《兰亭序卷》四百二十金

若以当时物价来看，崇祯田价最贱者每亩银二两，一千两银可买田五百亩，亦可见字价之高。

明代法书市场价格呈上升趋势。我们由现藏上海博物馆的一卷宋高宗临本《真草千字文》的卷后拖尾题跋中大致可以看出。这帧卷子在明万历七年（1579 年）为大收藏家项元汴购得，价钱是"五百金"。五十三年以后，即崇祯五年（1632 年）韩逢禧买得此卷时，已值"一千金"，上涨了百分之一百。又过了五年，即崇祯十年（1637 年），李永昌再从韩家购得，价格虽然仍维持在一千金，但要外搭宣德炉二座，实际价格增长了许多。也许这帧宋高宗临智永千字文价格的变化并不具有普遍性，但书法的艺术水平和社会价值是人所共知的。除非遇到极其意外的情况，其经济价值是不可能下跌的。这种法书名迹的价值坚挺性为其后来转化为价值储藏手段创造了可能性。

第四节　演艺业

一、宫廷歌舞杂剧："御勾栏"

明代宫廷中歌舞活动已相当衰弱，仅限于应付礼仪、宴乐的例行表演，杂剧也并不盛。开国之初，朱元璋就以恢复中华正统，极力贬损和排斥戏曲表演，甚至派人在街上巡察，"闻有弦管饮博者，即缚至，倒悬楼上，饮水三日而死。"[1]由于封建礼教的作用，人们由贱视歌舞戏剧艺术，进而贱视艺人，其政治待遇和经济待遇都很低下。以至于明中期以后，"名妓仙娃，深以登堂演剧为耻。"[2]

明代宫廷演出在体制上将外朝和内廷分开。隶属礼部的教坊司掌管外朝承应，内廷供奉职能则由宦官掌管的钟鼓司承担。教坊司除负责提供衣食蓄养一批艺人之外，一个重要工作就是负责乐器服饰的管理、采办，这对于减少财物损失，延长乐器、服饰使用寿命，从而节约宫中乐舞开支也是有一定效果的。

值得注意的是，作为政府强化统治的重要标志之一，明朝廷掌管"宴乐大会"的教坊司在当时的首都金陵出资兴建"御勾栏"，不仅独得佳地，建筑巍峨，而且角色齐备，场

---

① 李光地《榕村语录》卷二十二《历代》。
② 余怀《板桥杂记》上卷《雅游》。

面相当壮观。

二、戏剧市场

明代戏剧向世俗化、平民化方向又迈出了一大步。与此相适应，戏班也大量出现，他们冲州撞府，四处卖艺，既保证了演职员的经济收入，又客观地推进了民间艺术的发展。

（一）市场概况：宦官搭台演戏收费

明代戏剧市场的演出方式大致因袭宋代传统，主要有戏台表演、上堂表演和街头表演三大类。我们从正德年间南京宦官搭台收费的记载中大致可以看出，民间看戏花的钱并不多，戏班或组织者主要靠观众人数来增加其收入。如果以每日每处收入一万钱（十余千）计，若每天上午、下午各演两场，则平均每场约有 800 人，其盛况已不难想见。另外，演出的经营者针对每天不同时间的观众量，定出不同的戏价，以便控制人数，如上午每人四文，下午每人十二文，实际上是用价格杠杆来调节戏剧市场的供需关系。这种做法比前代有所进步，并为后世所承继。①

（二）戏班与演员经济收入

明代戏班的商业性演出收入是较为丰厚的，与雇主在经济上也常常互不相让，其商业组织的意味更浓。戏班的投入除行头（服饰）、砌末（道具）等固定资本外，还包括伶人的生活开支和教戏开支。明人西周生的小说《醒世姻缘传》中晁大舍与班主有一段对话，这里班主显然有意要敲晁大舍的竹杠，实际上，其投资估计只在一千五百两至二千两银子之间，否则他后来是绝不会以几百两银子把主角珍哥放走的。但即使这样，经营戏班所需的资金还是比较多的，没有上千两银子的本钱，是不可能建好班子的。当然那些街头卖艺的家庭戏班不在此列。投资固然可观，但收入也相应不会太低。《梼杌闲评》第四回说："做戏要费得多哩！他定要四两一本，赏钱在外，……连酒水将近要十两。"当然这可能算是较高的。《金瓶梅》中所述的戏班收入要略低一些：第四十三回，王皇亲家之戏班及师范连续演唱两个下午后，除酒饭外，"与了五两银子唱钱"；第六十四回，海盐子弟连唱两夜给了四两银子；第七十九回，海盐班唱了一个下午《小天香半夜朝元记》，"二两银子唱钱，酒食管待出门"。

可见，戏班应雇为人家演戏，主家不仅要付戏钱（唱钱）、赏钱，还要开支其饮食开销。尽管具体戏价上颇有参差，但每日戏班进几两银子当是没有问题的。如果戏班中有名角，班主又会经营、生意好，日进十金也是有可能的。这样看来，班主在教戏上投入的银两不消一年就可全部赚回。

演员的实际收入与表演方式有直接关系，一般说来，清唱收入要比演剧收入高些。据

---

① 周晖《金陵琐事剩录》卷四，载沈越《新亭闻见记》。

《金瓶梅》中的多次记述，明代艺人清唱，每人每次大致可得二三钱银子。

除唱钱以外，演员若表演得出色，亦可获得一些虽不稳定却也不少的赏钱。仍以《金瓶梅》中的记述为例，三十二回薛内相看戏后，"心中大喜，唤左右拿两吊钱出来，赏赐乐工"；四十三回，"唱毕，乔太太和乔大户娘子叫上戏子，赏了两包一两银子；四个唱的，每人二钱"。根据这方面情况，戴不凡推算，"戏班演员之收入，每日约为一钱五以下"①也差不多。

三、曲艺市场

（一）卖艺方式

由宋元说话分化而成的评话和弹词，在明代得到新的发展。四处流浪，表演评弹成了一些贫民的谋生之路。在其早期，以评弹为生的艺人有不少是双目失明的盲人，他们往往博古通今，又讲得生动活泼，颇能扣人心弦，因而大概也能获得一些收入，以至于有人靠评弹艺人赚钱。明代评弹艺人卖艺的方式大致有两种。其一是街头巷尾，作场开讲；还有一种是应聘去寺庙或府第作场讲唱。临街卖艺较为原始、简便，收入主要靠讲唱过程中的临时收费。往往是开讲以后吸引众人围观，然后到了精彩处忽然打住，绕场收费，听客们为了接着听下去，不便就此离去，只好纷纷解囊。《清忠谱》中有个开书场的人叫周文元，他请来说书人在李王庙前作场收钱，每日能收一二千钱，除去他"买酒吃、赌场玩耍"的钱外，说书人李海泉大致每日只能收入七八百钱，约合一两多银子。这还是因为李海泉是名艺人，才收入这么高。

（二）艺人收入

我们已经看到，应邀作场讲唱的艺人的一种收入方式，即作场开讲后，由组织者代为收钱，然后与之分配。这是一种事后支付方式。这种方式将讲唱艺人的实际收入与每天的讲唱效果和总收入挂钩，随总收入的变动而有所损益。与此不同，还有一些讲唱艺人有自己的固定开价，并要求邀请者一次付清。大说书家柳敬亭就采取这种收费方式。

不难看出，这些讲唱名艺人的衣食之需已能够保证，还能有余资来玩乐集会。据《板桥杂记》载："曲中狎客，则有张卯官笛，张魁官箫，管五官管子，吴章甫弦索，钱仲文打十番鼓，丁继之、张燕筑、沈元甫、王公远、朱维章串戏，柳敬亭说书。或集于二李家，或集于眉楼，每集必费百金。此亦销金之窟也。"②这是一种类似于文人雅集的艺人集会。

---

① 戴不凡. 小说见闻录[M]. 杭州：浙江人民出版社，1980：166.
② 余怀《板桥杂记》下卷《轶事》。

第五节　工艺业

一、宫廷工艺珍宝生产

（一）管理制度的重大变化：代役银

长期以来，中国官营工艺制作业是靠役使大量无偿劳动力来维持的，明初也一样，当时官营作坊之劳动力有两大类：一类是囚犯，以营造制作为其徒罚；二类是民间世袭匠户。

匠户是明代工艺制作业的主要力量。他们有着世代相传的高超技艺，工艺精巧，制作优良。其中一部分身怀绝技或特别优秀者，被官府工场长期役使，称为住坐匠。这些住坐匠籍隶京师，每月服役十天，属内府内官监管理。另一部分是"存留"匠，留在本府官工作坊，情况与住坐匠相似。但在官工作坊劳作的更多是轮班匠，洪武间，轮班匠达二十三万人之多，到宣德间，又增加数倍。[①]轮班匠始设于洪武十九年（1386年），《明会典》载："凡轮班人匠，洪武十九年，令籍诸工匠，验其丁力定以三年为班，更番赴京输作三月，如期交代，名曰轮班匠。仍量地远近以为班次，置勘合给付之。至期，赍至部听拨，免其家他役。"[②]这种轮流服役既加重了民间手工艺人的经济负担，又打乱了其正常的工艺制作经营。一些工匠抵京后，常遇到工场"无工可做"[③]的情况，枉费颠簸，而且途中开销太大，误时过久，工匠苦不堪言。[④]所以，明代前期，官营工场的工匠生产积极性极低，消极怠工，浪费原料，乃至逃亡失班的情况不绝于耳。

因此，明王朝不得不考虑采用新的用工制度，宪宗成化二十一年（1485年）奏准，轮班工匠有愿出匠价者，每名每月南匠出银九钱，北匠出银六钱，即可免役，从而使一部分有经济实力的工匠有可能通过缴纳代役银免去奔波。新政策受到了大多数匠户的欢迎，同时随着工艺品经营的进一步发展，越来越多的匠户都情愿纳银充役，于是嘉靖四十一年（1562年）题准，"行各司府自本年春季为始，将该年班匠通行征价类解，不许私自赴部投当。"[⑤]最终完成了赋役折银向以银代役的过渡。这种重大改革有力地促进了民间工艺制作业的发展和工艺市场的繁荣，具有进步意义。

---

① 《明宣宗实录》卷三十九"宣德三年三月丙戌"。载朱瞻基曰"今天下工匠，数倍祖宗之世。"

② 《明会典》卷一百八十九《工部九·工匠二十二》。

③ 《明太祖实录》卷二百三十"洪武二十六年十月己亥"。

④ 《明英宗实录》卷一百五十三"正统十二年闰四月丙戌"载："正班虽止三月，然路程窎远者，往还动经三四余月，则是每应一班，须六七月方得宁家。……一年一班者，奔走道路，盘费罄竭。"

⑤ 同②。

（二）工艺品制作和经营：宣德炉和"龙床"

在最终实行以银代役之前，明代官营工艺品的制作业是相当庞大的，陶瓷、髹漆、染织、玉牙雕刻和金属工艺都有很大发展。在各官营工场中，劳役的手工艺人相当多，洪武间，仅妆銮匠即达五百七十二名，雕銮匠亦有五百零二名。①其他种类工艺制作的规模也就可想而知。

明代官营工场的工艺品制作中，最有名的当推明宣宗宣德三年（1428 年）一批炉鼎（即宣德炉）的制作。宣宗"因见郊坛太庙内廷所在陈设鼎彝式范鄙陋，殊乖古制"②，命工部尚书吴中采《博古图》等书，以及内府所藏秦汉以来炉、鼎、彝器格式和柴、汝、哥、官、钧、定诸窑款式更铸，会同司礼监太监吴诚司铸冶千余件，以供宫廷、寺观之用。

官营工场制作的工艺品多归帝王贵族享用，因而制作多用精工良料，价值相当高。洪武时一位散骑舍人的一件衣服就值五百贯，连太祖也觉得过分，他说，"一衣制及五百贯，此农民数口之家一岁之资也，而尔费之于一衣，骄奢若此，岂不暴殄？"③但事实上，明代大多数帝王贵族都没有从朱元璋的训斥中引以为戒，奢侈滥费十分严重。如司礼监负责造作"龙床"，每三年一次，物料费银 10 321 两，每两年用金箔值银 500 万两。御用监负责制作龙凤床坐顶架等项，每年花费 2825 两，雕填剔漆龙床顶架等项每年用银 4011.49 两。④

官营工艺品制作成本之所以如此高，除其中费工多、用料精等因素外，还与官营工场采办材料过程中的贪污舞弊现象有很大关系。明代商人势力崛起，连一些权贵、官僚、地主也对他们刮目相看。大商人借助雄厚的资金实力，贿赂官吏，包办官营工场的材料供应，官商勾结，肆为不轨，如成化年间，金箔一帖，市价只值银五分，而采办官员与商人勾结，进价竟高达市价的三倍。⑤这种情况的大量存在，严重增加了官营工场的开支，间接地加重了明王朝的非生产性支出，加速了官营工艺品制作业的衰弱。

（三）购买工艺珍宝

成化年间以后，由于实行工役折银和以银代役的新政策，官营工场迅速衰退，宫廷所需工艺品更多地要靠向市场购进。如当时东华门内有一内市，前来购买者有不少是宫中之人。但是，宫廷向民间购进工艺珍宝活动见诸有形市场者毕竟是极少数，大多数情况都是通过进献赏金进行的。其中最为典型的是珠宝的交易。成化时的万妃算得上是搜求珠宝不遗余力。由于她"酷爱玉"，"京师富家，多进宝石得宠幸，赏赐累巨万，内帑

① 《明会典》卷一百八十九《工部九·工匠二》。

② 吴中、吕震《宣德鼎彝谱》卷一。

③ 余继登《皇明典故纪闻》卷五。

④ 《明会典》卷二百零七《工部二十七·四司经费》。

⑤ 《明宪宗实录》卷九十九"成化七年十二月"。

几为之空"①。

二、工艺珍宝市场

由于明代民间经济实力增强、工艺技术的发展和一些大型工艺工场的兴起，工艺珍宝市场也得到了较大的发展。

（一）重视器物品质，反对一味崇古

明代工艺技巧的发展造就了一批傲视古今的绝代精品，如宣德炉、成化瓷、景泰蓝等，成为人们争相购求的工艺珍宝。这种状况一扫唐宋以来盲目崇古求古的风气，首次打出了厚今薄古的旗号，显示了明人的时代自信心和自豪感。如长期为文人雅客所青睐的宣德铜器在当时就已能"与秦汉等器争价"，当时几乎所有的"玩好之物"都以本朝为贵。明人沈德符在其《敝帚斋余谈》中将这种"厚今薄古"现象的原因归结为二：其一是古物年久失落、损坏，存者无几，求者多不可得，故退而求其次，今物因此身价倍增；其二是士大夫和富民大贾的"示范"效应，以及工艺品价格本身的刚性，使今物动辄"曰千曰百"，居高不下。在他看来，这种状况是极其反常的，"其弊不知何极"。其实，明代工艺技巧的巨大发展和工艺品艺术价值的提高，才是造成明代工艺品价格高昂的最根本原因。

（二）工艺水平提高，市场价值增大

明代民间出现不少能工巧匠，创造了辉煌的工艺文化。如龚春（又作供春），是宜兴紫砂壶的创始人之一。所制"供春壶"在他在世时，就已价格高昂，至于清代更是奇货可居，周澍《台阳百咏》自注云，"台湾郡人茗皆自煮，最重供春小壶，一具用之数十年，则值金一笏。"现存中国历史博物馆的一件供春所制紫砂壶，原壶盖已失落，现在的盖系裴石民所配制，壶口铭文说，"做壶者供春，误为瓜者黄玉麟，五百年后黄宾虹识为瘿，英人以二万金易之而未能。"

（三）工艺业雇佣劳动的普遍化

明代工艺作坊中大多数雇请帮工协同制作，一些地主、官僚也看中工艺制作业的高额利润，投资兴办工艺作坊，并使作坊内的雇佣劳动与工业化生产相结合。明末常熟的大地主毛晋创办的刊印工场就是一个典型。

毛晋本是当地富甲一方的大地主，"有田数千亩，质库若干所"，后来为了经营刊印工场，把田地、质库"一时尽售去"。②这样建起来一家规模庞大的工场，并高价收购书稿，聘请海内名士对此进行校勘，然后再由刻工刊刻，印工印刷。印书工匠平时有二十多人③，

---

① 韩邦奇《苑洛集》卷十九《见闻考随录》。

② 《履园丛话》卷二十二《梦幻·汲古阁》。

③ 杨绍和《楹书隅录》卷一。

刻工有时达数百人之多①，可见工场的规模是很大的。

据有人计算，在毛晋的刻书工场中，"书板每块合工资一钱五分，十万块以上的书板，单是刻工工资至少需一万五千两；再加买木板、买书、建造场房等费用，其资本之雄厚，由此可以想见"。②

明代挟带巨额资本转入工艺生产制作的大地主、大商人很多，有人资本甚至比毛晋还要大得多。如《切庵偶笔》说徽州巨商吴勉学"搜古今典籍，并为梓之，刻资费及十万"③，则相当于毛氏的七倍。当时的巨商大贾向工艺制作业及其贩运业的转移，在话本小说中也得到了反映。《豆棚闲话》第三则中，大商人汪彦要给汪华资本让其开当铺，汪华说，"典铺如今开的多了，不与做他。须得五万之数，或进京贩卖金珠，或江西烧造瓷器，或买福建海板或置淮扬盐引，相机而行。"这里将"贩卖金珠"和"烧造瓷器"作为最有利可图的行当，并排在"置淮扬盐引"之前，可见其中利润之丰厚和吸引力之大。其利润的根本来源是对雇佣劳动力的使用和专利技术。当时的工艺作场中普遍使用雇工劳动，有些行业如陶瓷业的雇工人数还相当多，景德镇聚集的陶工常达数万人。其他工艺制作业如染织业、金属工艺业、雕刻业、髹漆业的情况也大致差不多。

（四）活跃的工艺珍宝商业

工艺珍宝并非生活必需品，对于每日为温饱而忙碌的普通人家来说是无从问津的。因此这类商品的有效购买力多来自权贵富豪之家和少数贫寒文士。从某种意义上说，这种市场的需求主要还是由最高统治阶层推动的。明代由于逐渐实行了纳银代役的制度，官营工艺珍宝业衰弱，宫廷对社会工艺珍宝品的需求迅速扩大，从而带动了民间工艺珍宝的辗转交易，市场比元代更加繁荣。

购买力之旺盛，推动了明代工艺珍宝市场价格水平的提高，经营此道的利润也就非他业可比了。谢秉在成化二十三时（1487年）的一次奏折中说："京师射利之徒，货鬻宝石，制为奇玩，交通近侍，进入内府，支价百倍。"④通过贱买贵卖、弄虚作假，明代经营工艺品和珠宝的商人都积聚了巨额财富，如湖州乌程大瓷器商朱佑明，"祖上世为木匠，其父亦作木匠。至其兄始为商于楚中，及景德镇卖碗，遂积资至八千余金。……到明末，朱佑明家有十余万矣。"⑤明代工艺品贸易不仅限于国内，在国际市场上也占据一席之地。1954年荷兰学者佛尔克（T.Volker）出版了《瓷器与荷兰东印度公司》一书，这是根据当年荷兰东印度公司的日记簿编撰而成的著作，为我们研究中国明代瓷器出口贸易提供了

---

① 陈瑚《确庵集·汲古阁制义序》。
② 韩大成. 明代社会经济初探[M]. 北京：人民出版社，1986：152.
③ 赵吉士《寄园寄所寄》卷十一引。
④ 《明孝宗实录》卷二《成化二十三年八月》。
⑤ 节庵辑《庄氏史案本末》。

可靠的资料。

中国瓷器最早进入荷兰并引起重视是在 1602 年，荷兰把掳获的一只葡萄牙武器商船"圣亚戈"号上的一批瓷器在米德尔堡（middelburg）当众拍卖。两年以后又在阿姆斯特丹拍卖另一只掳获商船上的瓷器。据说瓷器数量有 60 吨，购者来自西欧各个地区。法皇亨利四世也买了一套质量很好的餐具。由此可见，当时中国瓷器在海外的销量本来已经很大，而这两次成功的拍卖也使荷兰东印度公司认识到中国瓷器在欧洲有广阔的市场，有厚利可图，遂积极载运瓷器贸易。据载，1610 年 7 月有一条船载 9227 件瓷器到荷兰，1612 年运抵荷兰瓷器达 38 640 件，1614 年更上升到 69 057 件。至于中国向其他亚非国家输出的瓷器可能还要更多，由此可见明代瓷器出口贸易的繁荣。

 **本章小结**

▶▶ 明代建筑营造规模空前，管理先进，预算开支也相当惊人。包括北京皇城、明代帝陵，尤其是南京的孝陵与北京的十三陵。明人私家建园之风很盛，私人园林宅第的买卖也颇有市场。

▶▶ 明代将翰林院自内廷划出来，成为外朝的正式常设机构。买卖诗文相当平常，卖文者上自翰林学士，下至落魄书生，无所不有。支付润笔以银两为主，但付给润笔物的办法仍然通行。

▶▶ 明代并未正式成立画院，因此画家被加以锦衣卫"都指挥使"之类的虚职。明后期国家财政恶化，内府收藏品大量流出市场，再加之宫廷画家作画售人，民间画师卖画谋生，民间绘画市场进入全面繁荣。明代书法市场的主要交易形式是以字换银钱，而以字换物往往并不受人欢迎。书法价格呈上升趋势，法书名迹的价值储藏功能坚挺。

▶▶ 明代宫廷中歌舞活动已相当衰弱，仅限于应付礼仪、宴乐的例行表演，杂剧也并不盛。教坊司兴建"御勾栏"作为政府强化统治的重要标志。明代戏剧向世俗化、平民化方向又迈出了一大步。与此相适应，戏班也大量出现，客观地推动了民间艺术的发展。明代戏班的商业性演出收入丰厚，其商业组织的意味浓厚。由宋元说话分化而成的评话和弹词，在明代得到新的发展，成了一些贫民的谋生之路。

▶▶ 明代早期轮班匠制度的缺陷促使朝廷使用新的代役银制度。这一重大改革有力地促进了民间工艺制作业的发展和工艺市场的繁荣，具有很大的进步意义。民间出现了不少能工巧匠，创造辉煌的工艺文化。由于逐渐实行了纳银代役制度，官营工艺珍宝业衰弱，宫廷对社会工艺珍宝品的需求迅速扩大，从而带动了民间工艺珍宝的辗转交易，市场比元代更加繁荣。

思考题

1. 明代文化建筑业有哪些代表作品？
2. 明代宫廷的各种文化产业为何衰弱？
3. 明代书画业市场的繁荣体现在哪些方面？
4. 简述代役银制度对明代工艺业的影响。

第十一章

清

 学习目标

通过对本章的学习，学生应了解或掌握如下内容：
1. 掌握清代文化建筑业的皇宫、皇家园林、私人园林和公共建筑；
2. 掌握清代演艺业的发展状况；
3. 了解清代的书稿市场和捉刀市场；
4. 掌握清代书画市场的迅速衰退；
5. 掌握清代皇家工艺的败落和民间私营工艺业以及古董市场的兴起；
6. 了解清代唱片业和影戏业的出现。

 导言

康乾之际，清朝的综合国力在世界上仍名列前茅，凭借这种基础，清皇室在艺术赞助领域颇有建树，尤其是紫禁城的修复、圆明园的兴建、字画的购藏和艺术家的延聘都比前代有过之而无不及。但这与发展到极致的私家赞助和成熟的艺术市场相比只是次要的。以扬州盐商为代表的富豪巨室对艺术的赞助堪称为中国私家艺术赞助的顶峰，但唯其顶峰，其衰落也就是题中之义了。嘉庆以后扬州地位的下降，也标志着私家赞助的没落。与此同时，羽毛丰满的艺术市场趁势脱颖而出，成为中国艺术赞助的新霸主。

第一节　文化建筑业

一、宫廷建筑业

清代大规模的营造活动以皇宫的修建和皇家园林的建造为主。

（一）紫禁城的修复、扩建

明末的农民起义军闯进紫禁城，放了一把火，给清军留下一片焦土和残破的宫阙。因此，入主北京的清皇室不得不把重建紫禁城看作当务之急。由于久经战乱，皇家要找到符合要求的木料也十分困难。经过几十年的休养生息，社会经济重新繁荣，国家的经济实力也大大增强。至康熙四十八年（1709 年），户部存库银已达五千余万两。有了这样的经济基础，加之海内大定，清朝遂又继续增建宫殿。而且规模越来越大，规格越来越高，并建立了一整套完备的管理制度。清代内工营建，例由阿府营造司算房先根据建筑工程的规模，估算出大致的经费盘子，然后俟工程结束后再进行决算。至于人力的征发和材料的采办都由各有关部门具体负责，由工部直接指挥工程营造。

（二）圆明园的建设

圆明园是清代皇家最重要的建筑工程之一。初建时，"取天然之趣，省工役之烦"，规模并不很大，直到乾隆朝以后才有大规模的兴造。《养吉斋丛录》卷十一载，乾隆五十五年（1790 年）为建造圆明园宫门外的音乐亭、重檐楼等建筑，共用银一百十万四千二百九十余两。道光十年（1830 年）在圆明园添建"慎德堂"三卷殿寝宫，估价十三万三百余两。次年落成，共报销二十五万二千余两。[①]建园之费工更是难以计数。如长春园的几项欧式建筑，养雀笼、方外观、海晏堂、远瀛观、观水法、线法山、线法墙等至乾隆二十五年（1760 年）完工时，历时十三年。[②]至于建园所需物料，大部分由各地征购、采办，耗费不赀亦不在话下。为了圆明园各项建设工程的顺利进行，曾编有工程则例数十种，包括大木作、硬木装修作、漆作、佛作、陈设作、木料价值、杂项价值等十五项，规定了工程的要求、做法和计工方法，甚至连人工和材料的价格也规定清楚。

至咸丰十年（1860 年），圆明园被英法联军焚毁前，本身已积累了大量的财富。据西人估计，仅在这一次劫掠焚毁中，圆明园的损失就超过英币二百万镑以上[③]。后来，"和议之成，仅偿园值二十万（两），夷酋犹断断置辩"[④]。

（三）颐和园的营建

颐和园修建于清光绪十四年（1888 年），是在清早期建造的清漪园的基础上，为慈禧太后游览园林而增补修建的。颐和园的建造，为各有司贪污提供了机会。光绪时期王世龢在其《造陶庐日录》中记述得十分详细：

近年来如醇贤亲王辅政之设立海军衙门、武备学堂。名谓海军，实未办丝毫海军事，惟着司修清漪园大工事。自光绪九年内廷翊坤宫、体和殿、储秀宫、丽景轩四处落地重

---

① 张嘉懿藏《圆明园估单文件》。
② 童寯《北京长春园西洋建筑》。
③ 欧阳采薇译《西书中关于焚毁圆明园纪事》卷五。
④ 毛澄《辉澥诗集》卷四《西园引并序》。

修、改为一所，彼时获重利者惟内务府各堂司匠役人等，均得数万金。相继修西苑，归奉宸苑司其事，动用二千万余金。奉宸苑堂司各得百余万金，差役各得数千金、数万金不等。海军各堂司瞥见如此得金，营谋修清漪园（现改名颐和园），动款三千余万，而海军各堂司，较奉宸苑鱼肉尤甚。

为修造颐和园究竟花了多少钱？据胡钧的估算，建颐和园耗费海军军费的十之八九，其具体数字，至少在六千万两左右。当时的海军处，几乎成了颐和园工程的收支处。户部为了筹集修建费裁撤了许多经费，并预征了许多税捐。①清廷在国难当头的时刻，借兴办海军的名义大造园林深受朝野诟病。

（四）皇陵的兴建、修茸

清代在皇陵兴造上也是兴师动众，挥金如土。这里，我们不再逐一叙述清代各陵的具体营建情况，兹以光绪十一年至二十年（1885—1894 年）间的皇陵营造开支为例，十年间，仅仅为了皇陵的常规营造就花费了约一百六十万两白银，如表 11-1 所示。

表 11-1　1885—1894 年陵寝开支表②

年份	1885	1886	1887	1888	1889
银两	423 204	473 303	106 861	37 786	84 222
年份	1890	1891	1892	1893	1894
银两	130 559	88 021	78 118	92 219	77 951

（五）"样式雷"：皇家建筑设计院

中国历史上最后一次皇家建造高峰出现在清代。样式房是清代皇家建筑的最高设计建造机构。雷氏家族长期主管样式房工作，这个并不庞大的皇家设计院，凭借十几个一流的建筑师，承担建造了康熙时代以来的各类宫廷建筑。"样式雷"家族，占据皇家建筑师席位达 260 年之久。

从目前遗存的"样式雷"建筑"沙盘"模型（即"烫样"，见插页图 11-1）看，其模型制作工艺之精巧（按工程进度分步骤制作可随意拆改拼装的模型，比例为 1/200、1/100、1/20 等），以及雷氏独具匠心的测绘、施工设计、设计个案等，让人叹为观止。从规划、选址、设计的精细程度看，甚至超过现代建筑。尤其，早在康乾时期，雷氏家族就采用了先进的数字化地图，更令人拍案叫绝。"样式雷"的杰出才能和卓越成就，在经济上减少了浪费，节省了人工和材料，提高了建筑的工程质量，为中国传统宫廷建筑的精彩谢幕做出了不可估量的贡献。

---

① 胡钧. 中国财政史[M]. 北京：商务印书馆，1920：335，342.
② 《清朝续文献通考·国用五》。

二、民间建筑艺术

清代私人建筑艺术赞助主要可分为两种：一种是为私人生活服务的园林宅第建造，另一种是出资兴办公共建筑。

（一）园林宅第：胡雪岩的豪宅

对许多贵族富户来说，园林假山、歌舞丝竹已成为他们生活方式的必要组成部分。这点在扬州、苏州一带尤为突出，现存的苏州拙政园、网师园，扬州何园、个园等都是当时中上层社会大举兴造的遗迹。这些私家园林不仅为权贵富商们创造了居家生活的自然环境，而且也成为他们延聘名士的居留之所。这些园林虽然面积不大，但在营造上多极尽工巧，艺术水平也较高，因而用工、用钱都相当多，如程志铨为在扬州保障湖（今瘦西湖）中建"梅岭春深"一景，"筑是岭三年不成，费工二十万"①。

由于人事沉浮，家族兴衰而引起的园林易主也是常有的事，发家者向旧家购进大小园子，以壮其居，没落者则鬻园以获其资，一些名园在百年之中甚至几经转卖。"红顶商人"胡雪岩耗巨资建造的"芝园"，在他去世之后十七年，也就是光绪二十五年（1899年），其后人将此宅折合十万两白银抵债给尚书协办大学士文煜。1999年开始，为使胡雪岩故居以完整的历史风貌再现，杭州市政府决定对故居进行抢救性的修复，仅修复就耗资达6000万元。

（二）公共建筑

清代寺院、祠堂、公共园林等公共建筑常由私人集资赞助。这种募资活动常是由某位社会贤达之士首先倡导，之后群起响应。如顺治年间重修开封相国寺，就是由河南巡抚贾汉首先"捐俸"发起的。

由于公共建筑多系多方集资，常有发起人预先组织一个暂时性的财务、物资管理小组，负责资金的使用、材料的采用和人员的调配。如光绪九年（1883年）十月所立的上海"重建静安寺记碑"不仅说明了工程之缘起、组织，而且详细记述了财务收支的情况，在说到资金来源时，有个人、商号、社团的捐助，也有和尚自募，还把旧寺折卸下来的有用木料折价计入，并有明细账目。至于开支，既有总支出的记录，又有具体支出项目，甚至还有主要厅房的单独造价。②可见清代公共建筑的集资兴造逐渐向企业化的规范经营发展，管理方法也比较严谨。

---

① 李斗《扬州画舫录》卷十三《桥西录》。
② 上海博物馆图书资料室. 上海碑刻资料选辑[M]. 上海：上海人民出版社，1980：5.

第二节　演艺业

一、宫廷演艺活动

清代是我国宫廷歌舞戏剧的又一高峰。这固然与歌舞、戏剧自身的发展有关，同时也与清代宫廷的巨额经济赞助有很大关系。

（一）蓄养戏班艺人：艺人的腰牌

清宫廷一直很重视戏剧，宫中演戏自康熙年间至道光七年（1827 年）由南府统辖，后改由升平署管理。但其演员构成却一直包括内署教习、学生、太监和外班艺人四大部分。

1. 南府（升平署）内艺人之收入

南府学生习艺既成，按当时的内廷供奉例，每人月给俸银二两，年米二十五石（约合八人口粮）。但这只是一个基数，技艺出色者往往并不限于此，有领双份乃至数份者。南府伶人的月资从宫女胭粉钱中支出，每值宫女发放胭粉钱时，即于同日散给伶人月资。至于伶人的年米，则都在岁末，每人凭米票向西直门内某米铺具领。以领双份者计，五十石米足以养活一家十五人，这在其他职业是不太容易的。

2. 外班承差伶人之收入

根据朱家溍对清代宫廷有关戏剧的档案发掘[①]，清宫廷对于外班艺人进宫承差者颁发腰牌（临时进宫凭证，见插页图 11-2），工资待遇有一定标准，大体上为"月银二两，白米十口，公费制钱一串"。清宫廷从外班吸收伶人还是比较频繁的，承应伶人的工资待遇标准比较统一，与南府自有伶人相埒。

3. 外班演员赏金

清宫廷除挑选外班艺人进宫承艺、发给俸资外，还经常召名班进宫临时演出，并给予名演员一笔十分丰厚的赏金。据光绪二十二年（1896 年）赏给外班各角色银两档，我们不难看出清宫廷对外班伶人赏赐之多。外班艺人在宫中演戏所得，一次至少可抵上宫廷承应艺人月俸的一半，高的则几近于承应艺人一年的俸资。名演员与一般演职员的赏金收入差别也相当大，如光绪二十二年正月初一赏四喜班，最多的是大名角孙菊仙，获银 22 两，最少的甚至还"不足两"。可见在清末，随着班社由"集体制"向"名角挑班制"过渡，名角的收入也急剧上升，甚至比一般演员高出几十倍。

---

① 北京市艺术研究所，上海艺术研究所. 中国京剧史：上卷[M]. 北京：中国戏剧出版社，1990.

这些都还属于例行赏钱。如果帝后对戏班的某一出戏特别满意，还有"特赏"，其金额就更高了。如光绪三十四年（1908年）六月十八、二十四日，谭鑫培、杨小楼在颐乐殿承应演出《连营寨》两场，都相当精彩，两次获得特赏。十八日，"永喜交下赏《连营寨》银二百六十两"，二十日又赏《连营寨》银三百四十两。

（二）宫廷对戏剧的物质资助：金编钟、德和园大戏台

戏剧表演离不开必备的行头、砌末，而这一方面，清宫廷也是不遗余力地予以资助。乾隆五十五年（1790年），为祝贺皇帝八十大寿，向各省聚敛黄金，由工匠精心打造一套纯金编钟，重13 647两，共16只。这样的乐器已成为稀世奇珍。清宫廷内戏班的服装、道具无论在数量上，还是在质量上，都远非外班能相比的。据《清宫升平署档案》记载统计，清光绪年间宫廷内的衣箱、靠箱、盔箱、杂箱等所有的各男蟒、女蟒、圆领、桌帐、刀棍，等等，共开除3990件，库存20 406件。圆明园大戏台一处的衣箱、靠箱、盔箱、杂箱，就共开除10 890件，诚如《檐曝杂记·大戏》所言，"内府戏班子弟最多，袍笏甲胄及诸装具，皆世所未有"。此外，清宫还经常赏赐外班砌末之资。如前所引，光绪二十二年赏赐砌末之银两也动辄上百。

至于演戏之戏台，宫中也比民间豪华宏大得多。当时内廷六大戏台尤为突出，它们分布在清宫内、圆明园、热河行宫（避暑山庄）、张三营行宫、盘山行宫、颐和园，帝后借此随时随地都可看戏。这些戏台不仅装饰豪华、台面宽敞，而且往往费巨资安装机械设施，这大概也只有宫廷才能做到。其中花去70多万两白银，费时四年在颐和园中建造的德和园大戏台尤为豪奢。

（三）宫廷戏剧总投入：万寿庆典

清宫廷"观戏热"实际上是在光绪九年（1883年）以后兴起的。在此之前，只是在帝后生日"万寿节"才鸣锣开戏，此后则月月有戏，有时甚至连日开演。清宫廷既如此酷好看戏，其花费也就可想而知了。我们先看一下清前期的宫廷演出费用。据"乾隆二十六年崇庆皇太后七旬万寿庆典奏案"，这次祝寿庆典所花的银两十分惊人。根据康熙二十九年（1690年）的调查资料，当年宫内用银总共不过三万余两[①]，70年以后，宫中仅为一次祝寿看戏就花了一万七千多两，已是康熙时年宫中用度之半数。如果说，乾隆幸逢盛世，尚有理由兴办一些大型宫廷游乐活动，那么到了光绪年间，中国已屡受西方列强之摧毁，经济几乎到了崩溃的边缘，宫廷再沉醉于皮黄鼓琴就大不合时宜了。

二、戏剧市场

清代是中国戏剧市场发展的鼎盛时期，各戏班、名角争妍斗奇，艺术水平有了飞跃性

① 缪荃孙《云自在龛随笔》。

的提高。同时，作为一种经济活动，戏班与戏园的经营也有了新的变化，戏剧市场几乎成了人们日常生活不可或缺的成分。

（一）戏班及其经营：感谢《长生殿》

与明代相衔接，清代戏班也往往有一班主首先挑头组合，吸引艺人，教习戏剧，以便巡回演出，获得收入。这是戏班经营的主要方式。

先看戏班的支出。搭建戏班无非要有艺人、砌末、剧本等基本要素。这也是班主所需投资的三个主要方面。培养、供养艺人的开支自不待言，就从道具来说，这也是一般戏班的重要负担。当时有一种专门靠租赁戏箱谋利的人。他们将戏箱租给戏班，按日计费。好一些的戏箱连管箱人员在内，每天约需租金三十至五十元，次一些的每天也需十几元，再差就几乎没法看了。后来兴起机关背景，则由布景社承包，戏班或一次付清工钱，或按场分成，付给租金。

好的剧本对于戏班的重要性是不言而喻。当时洪昇的名剧《长生殿》经康熙皇帝的嘉许推荐，"于是诸亲王及阁部大臣，凡有宴会必演此剧，而缠头之赏，其数悉如御赐，先后所获殆不赀。内聚班优人因告于洪曰：'赖君新制，吾辈获赏赐多矣。请开筵为君寿，而即演是剧以侑觞。凡君所交游，当延之俱来。'" [1]

此外，清代逐渐活跃起来的戏剧业行会的资金也来自各戏班的捐助，若有兴造活动，各戏班自然也要襄助银两。如北京崇文门外精忠庙乃伶人活动之据点，其侧有喜神殿，为修复此殿有和成班、三庆班等十九个戏班和中和园等二十个戏园集资。当然，戏班的更大一块开支是班内伶人的工资，这留待下面详述。

清代戏班的卖艺方式主要有三种。一是在民间（主要是农村）流动作场，临时搭台演戏。这种方式条件简陋，收入菲薄，常为名气不大的小戏班采用。二是在戏园等专门表演场所演出，这是各戏班的主要卖艺方式。三是唱堂会，到雇主家演戏。一些名气较大的班社常被人高价延聘。

戏班演出之收入可以唱堂会为例，因为唱堂会的议价、标价比在戏园例行演出更为透明，也更丰富。当时唱堂会戏班的收入大致有例分、专给、普给三项。

一般情况下，请戏班唱堂会的程序是，先由"提调"与戏班商量，安排演出时间和剧目，但并不事先议价（"无先期议价者"）。到时演出，演出后事酌给戏钱。由于当时戏价大致已有公认的标准，付钱总的来说出入不大，也就无须议价了。如著名的三庆班，请一次大致要用当十钱二千缗左右。按当时银价，每两值当十钱十六七缗上下，即共需用银一百几十两。

清末戏剧名角的身价上涨很快。几年中，谭鑫培的戏价已由十两迅速涨为一百两，增长了近十倍。五年后，再次翻一番。由于名角出场费的不断上升，以名角制为基础的清末戏班的收入也呈上升趋势。

---

① 王应奎《柳南随笔》卷六。

戏班的经营不能仅仅靠班主个人的努力，还需要有制度的保障，清代戏班内部财务制度主要是为了处理演员的收入分配关系。这大致有两个阶段，即由包银制向分成制的变革，是与集体制向名角制戏班体制发展相伴随的。这种变化是进步性的，也有利于戏剧艺术本身的发展，其意义在于，随着戏班与演员之间关系的更加商业化，演员的流动性增强了。

（二）从戏园到剧场

清代表演戏剧之所初有戏庄、戏园、酒庄、酒馆之属，皆以酒食为主，看戏为辅。茶园或戏园虽然是专为看戏而设，但茶馆的形式毕竟不利于场内秩序的安定，加之本身建筑结构上的缺陷，容量太小，又不便于观看。

同治四年（1865年），罗逸卿在上海开的满庭芳茶园仿国外样式建造，虽仍名为茶园，实则已是新式舞台式剧场，层叠皆为列座。这无疑是一大进步。光绪三十四年（1908年），潘月樵和夏氏兄弟创"新舞台"于上海十六铺，这是中国第一家具有近代化设备的剧场。它第一次将"茶园"式的剧场，改为镜框式的月牙形舞台，并引进了国外的布景与灯光设备和技术。清代戏剧演出从嘈杂的饭庄走进宁静高雅的"新舞台"，虽然只有几十年时间，但其意义却是十分重大的。演出售票制度的形成与之有着极为密切的联系，这也是演出场所的发展所引起的一个直接后果。

旧式戏园（茶园）的收费实际上是戏钱与茶资、小费的总和，称为"座儿钱"或"茶票"。由于茶园中如前述座位有多种等别，收费也各不相同。戏园的收费十分混乱，案目私吞戏资①及送茶、送手巾起争执时有发生。这种收费方式不彻底改变，就无法安定场内秩序，无法吸引更多的观众。

光绪三十四年，上海十六铺"新舞台"建立后，在戏园收费制度上进行了一场革命。其要旨在于废除案目制，实行卖票制。废除了泡茶、递手巾、要小费的种种积弊。经过这些改革，戏园在剧场化的方向上迈出了很大的一步。收费更为简单化、规范化，摆脱了过去那种繁冗的计账收费，取消了不必要的服务和开支，剧场管理进入了一个新水平。

戏价的高低也就直接制约了观众的社会层次。一些设备考究、服务"周到"的大戏园，收费也十分昂贵，普通百姓是不敢涉足的。如同治时期，满廷芳戏园楼上楼下统售每位一元。丹桂茶园开张之初，正厅头等席每位八角，后来也涨至一元。而同治中叶，上海的大米市价为两元钱一担，市上大饼和馒头每只仅三四文钱，普通市民人均生活费每日为十几文钱，据当时慈善机构的统计，上海"戏馆每二人戏资，可为每一月五名寡妇养赡之费"②。由此可见，对于一般市民阶层，特别是下层平民说来，以半担米的代价进戏园看一次戏，几乎是不可能的。这种情况直到光绪时期才有所转变。

---

① 《梨园旧话》对其中奥秘颇有揭露："可异者，付价之外必索酒资，不厌其欲不止。甚至于观听适宜之座位，并未卖出，司座者（南方谓为案目）谬谓己为人占定。深悉其中窍要者，辄谓非运动不为功，至有赂以多资，其数浮于戏价者。"

② 论寡妇宜赡恤勿令定入局勒肯事[J]. 申报. 同治十一年（1872年）六月初五日.

戏园与戏班的关系在清代有南北之别。北方以北京为代表，戏园与戏班关系比较松散，所谓"戏园如逆旅，戏班如过客"。南方以上海为代表，戏园与戏班往往合二为一，所谓"有班必有园，无园不成班"。京、津戏班中艺人南来应聘进入戏园，即在受雇合同规定期限内失去其相对独立性，戏班及艺人全部隶属于戏园，并长期固定在此演出。这样，戏班及艺人成了戏园的雇员，其经济分配上也就不再是北京那种利润分成，而表现为戏园给戏班艺人发工资。戏班艺人演唱收入全部归戏园业主（老板）所有，营业盈亏由业主承担，演员按月从戏园领取月俸作为收入。

三、曲艺市场

中国的说唱艺术历几千年的发展，经唐、宋，至清代已达到鼎盛时期，其内容包括评话、评书、弹词、琴书、大鼓词、道情等许多曲种。

（一）流动卖艺

评弹艺人们往往于闹市或其他人多的场所逢场作戏，收取一定的报酬。扬州是道情比较发达的城市，在街坊茶肆及轮船中，经常有艺人献艺。"这些艺人在唱完一曲向听众取资时，并不是直接伸手拿钱，而是很巧妙地把听众放在桌上的铜元，用简板夹起，然后再把铜元放在竹筒里。这竹筒便是渔鼓。"据说，"如直接把钱交给艺人，他们是不便收受的"①。由于这种流动卖艺的形式有如此许多的不便和屈辱，清代大部分艺人，尤其是造诣较深的艺人都已不采取这种方式，而转向坐堂卖艺。

（二）坐堂卖艺

坐堂卖艺主要是艺人向人赁屋说唱，或假座茶楼酒馆，说唱助饮。收钱的方式有两种。一种是按座收钱，这大概是比较早的收钱方式，后来改为在进场时就预先收钱，即第二种方式：买筹入场。最初大概也并没有完全正规化，仅仅是有人在书场门口收钱放人，后来由于有座位上的讲究，遂有卖筹之说。

为了招徕听众，书场不仅要在"门外悬牌"进行预告，临开讲时还要派专人在门外大声招呼。书场一般都附带提供茶水服务，有的甚至就是从茶馆改造的，故有时听书钱与茶水费又是一道收的，甚至直接就以茶钱的名义收听书钱。点石斋印《申江胜景图》中有一女书场图。书场依水而建，门外挂一长牌，曰"特请姑苏马双珠、王逸卿先生弹唱古今全传"。门口横放一桌，上有小牌，曰"每盅茶五十文"，桌后有一人面向门而坐，大概是收钱的。门外长凳上还坐有一人，可能是招听客的，因场内已经开讲便坐在那儿歇息。书场还接受听客点书，并收一笔点书钱，这种花费同样也不多。

---

① 陈汝衡. 说书史话[M]. 北京：人民文学出版社，1987：255.

（三）上堂卖艺

由于说唱艺术本身无须繁杂的道具，只要一把琵琶，甚至一把扇子，很便于流动。加之清代尚无扩音设备，评弹多适宜在小范围内表演。因此，说唱艺人受人邀请、去人家中演讲或演唱者很多。总的说来，上堂会演出要比一般在书场演出报酬高一些，请来一天，给银三五钱至一二两不等。

第三节　文学业

中国文学市场到清代有了很大变化，自宋以后逐渐衰微的碑志市场[①]至此已几近消失，代之而起的是书稿市场和捉刀市场。

在明后期出现的话本小说热，使刊刻出版业成为颇有利可图的新行业。通过大量销售文学读本，刊刻者获利无算。这样一来，印刷业开始向出版业发展，一部分书坊主摇身一变成为出版商。既然是出版商，他就不仅需要关心印出的书有没有人买，而且也需要考虑如何和作家打交道，以便用最少的钱买下其书稿。这就使得文学市场的报酬形式由润笔向稿费过渡。从清初开始出现的这种情况表明，中国的文学市场正在由古代型文学市场向近代型文学市场嬗变。

清代文学市场的另一个新情况是捉刀市场的发展。清代，接宋人代拟奏章的余绪，捉刀又起。上自公卿奏折，下至商贾祝颂文字，常有代笔者时隐时现、若即若离。代笔者之所以乐此不疲，归根到底还是为了钱。

一、卖文方式

清代，大多数卖文者都开始积极主动地向外推销自己的文章诗篇。市场形式的活泼多样，是清代文学市场的一大特色。

（一）卖文取润

清代许多名作家仍采取这种古老的方式卖文。大学者包世臣晚年回南京后，"裹足不出城阓，惟以卖文字自给"[②]。名士俞樾在上海、苏杭一带讲学 30 多年，晚年居家，求其写文章的人非常多，他拟"润格"一则："余从前作文，不受润笔，后以虚名流播人间，求者无虚日，不得已自定章程：不满 1000 字者银 50 两，1000 字以上者银 100 两。"

---

① 《寄园寄所寄・卷七・獭祭寄・人事》："以财乞文，俗谓润笔之资。"
② 姚东之《书安吴四种后》。

（二）捉刀市场

代人写诗作文，受人馈金，这在清代很常见。有些权贵豪商甚至常年雇人在家，以应不时之需。当时连一些有名气的文士也为巨额酬金所动，以捉刀所入补贴生计。

（三）书稿市场

清代，出版商向作家所付报酬与润笔有本质不同。作品的内容对于出版商本人来说是毫无意义的，出版商买书稿也绝不是为了个人消遣阅读，而是为了借此出书赚钱。因此，作家和出版商不仅是经济关系中的对立双方，也是一种合作关系和伙伴关系，作家和出版商所得的钱最终都要从读者口袋里掏出来。但作家与出版商确实也在买卖书稿，计算稿酬，进行着一场交易。这种交易是建立在大规模的、工业化的生产基础之上的，因为没有这种大规模的、工业化的刊刻印刷，书商便赚不到钱，便无须向作家买书稿、付稿酬。所以说，以支付稿酬为中心的书稿市场的成立，标志着中国文学市场由传统型向近代型的市场发展。

二、作家经济收入与市场价格水平

清代文学市场的价格差异很大，同样一首诗、一篇文章，价格低者仅卖几十文，高则千金不敌。一般书生靠卖文为生者，很少有富裕的，大多生活得比较窘迫。相比之下，文坛名士们文价高昂，收入则相当可观。乾隆年间，金农在扬州卖画以外也兼卖文。《两浙辋轩录》说他"寄食淮扬几二十年，卖文所得，岁计千金"。金埴则记述了大文人钱谦益卖文的盛况，颇有传奇色彩：

> 有故人子远来求援，公命少俟，曰："润毫至，丰蔀尽，以照子，可归矣。"适一帅具百金请序，公尽与之。其人失金于途，去复来，乃获三百金，则其盛何减于古人。[1]

"故人子"拿着钱走到半路上丢了，再回来时，就已赚了"三百金"，这样快而多地赚取润笔实在是令人难以置信。由此，我们足以看出清代文学市场交易的频繁、名士收入的丰厚。

第四节　书画业

一、宫廷书画业

清廷书画赞助虎头蛇尾，乾隆以后，迅速衰退，在困顿的内政外交中，惨淡收场。

---

① 金埴《不下带编》卷二。

（一）购藏书画：与宣和内府相比肩

清代前期，皇家收藏比明代丰富。原有的公私书画收藏，都陆续进入内府，如著名鉴藏家梁清标、高士奇、安岐的收藏就多为清室所收集。从清内务府档案等资料可见，清朝初年宫廷向民间收购画作几乎每天都有进账。到了乾隆年间，存世的唐、宋、元、明名画几乎被收罗无遗，蔚为大观。从当时编订的《石渠宝笈》《秘殿珠林》等书的著条来看，乾隆时期的皇家书画收藏几可与宋徽宗宣和内府相比。

（二）蓄养书画家：如意馆中的洋画师

清朝未设画院，但在"如意馆"中亦延致了不少画家。所不同的是，如意馆中除了安置画家以外，还有若干雕工、艺匠等。由于如意馆毕竟不是画院，馆中画家最初也多视同匠人，与其他工匠同列，直到乾隆九年（1744年）才统一改"南匠"之称而谓"画画人"。康乾之世，宫中曾有不少名家侍奉，如焦秉贞、冷枚、唐岱、丁观鹏、金廷标、姚文翰等人，还有一批外国传教士画家如郎世宁（其《弘历观画图》见插页图 11-3）、王致诚、艾启蒙等人。这些职业画家一般都是通过荐举、考核后入宫的，并根据艺术水平的高低，给予一定的经济待遇。

1. 俸秩

据雍正四年（1726年）内务府《造办处各作成做活计清档》载，"六品官阿兰泰奉旨：着给画画人丁裕、詹熹、丁观鹏、程志道、贺永清每月每人钱粮银八两、公费银三两。"乾隆年间，开始根据不同画家的情况支给不同的俸银。总体上说，清代宫廷画师作为职业画家经济收入并不丰厚，远不能与一些在朝为官的士流画家的收入相比。

2. 赏赐与责罚

清朝对宫廷画家赏罚分明。乾隆元年（1736年），画师唐岱和郎世宁曾各得人参二斤、纱二匹的赏赐；乾隆七年（1742年），老画师冷枚获得银五十两的重赏。但如作画不称旨亦常受到责罚。除了除名，主要还是经济处罚，即削减其俸银，甚至停发。如乾隆十一年（1746年），宫廷画家金昆在作《大阅图》时将八旗的位置画错。事后，金昆当月的俸银即被扣掉一半，督察失职的催总花善也只得到一半俸银。

二、绘画市场

（一）概述：清代画家超过前此各代的总和

清代是中国传统社会崩溃的前夜，各种社会问题都在国泰民安的繁荣表象下涌动。这种枯杨生稊式的兴隆使各种艺术门类都突然重新绽出新绿，大有盛世气象。绘画亦然，据俞剑华《中国绘画史》称，清代见诸记载的画家竟达五六千人之多，几乎超过前此各代画家的总和。在商品经济持续发展的背景下，卖画成了画坛的时尚，变得理直气壮，到了乾隆年间卖画润格逐步固定化，甚至出现了板桥笔榜那样明码标价的做法。从此不少大小画家都公开亮出自己的润笔标准，体现了清代绘画市场交易日益规范化的趋势。

为了易于出售，当时画家的画价大多并不很高，收入主要是靠成交次数而增大的。相对说来，名家的画价要高一些。如郑板桥笔榜云："大幅六两，中幅四两，小幅二两。书条、对联一两。扇子、斗方五钱。"按钱泳《履园丛话·旧闻·田价》载："至本朝顺治初，良田不过二三两。康熙年间，长至四五两不等。雍正间，仍复顺治初价值。至乾隆初年，田价渐长。然余五六岁时，亦不过七八两，上者十余两。"钱氏五六岁时当为乾隆二十八九年（1763—1764 年），郑板桥写笔榜亦与此几乎同时（为乾隆二十四年，即 1759 年），故可知，当时郑板桥一大幅画价值约近一亩良田。客观地说，这样的价钱对于一般中下层平民来说，已不是小数目，但对于富商权贵来说还是相当低廉的。名家尚且如此，其他一般画家的画价就可想而知了。

清代市场上古人的画作价格相对要高一些。但也要看名头，不很著名者的作品也只能达到十几两左右。而某人"有倪云林山水一幅，估价一百二十金"。[1]这可确实是相当高的价格了。这里，倪云林因是元代名家，故其作品价格比一般古画高出一个档次，相当于郑板桥一大幅画的 20 倍。若是古代名家名作，售价更是高得惊人，如王维的名作《江山雪霁卷》，"本为华亭王氏嫁奁中物，后归娄东毕部郎润飞，其值一千三百金。"[2]这个价格相当于郑板桥一大幅画的 217 倍，能购藏这样高档次名画的能有几人呢？

（二）绘画价格决定：清内务府档案的记载

为了研究清代绘画价格的决定因素，我们从清内务府档案中选取顺治十五至十七年（1658—1660 年）对明人画作的收购价格来进行分析。这些画家均系明宫廷画家，甚至就是皇帝本人，但作品价格悬殊仍很大。

第一，将定价一直计较到银几钱，如戴进的《夏景山水轴》为七钱，林良的《芦雁轴》为三两五钱，表明随着绘画市场的成熟，绘画市场价格也日益精确化。绘画市场的计价方式和精确性也深刻地影响到宫廷向民间收购字画时的定价。

第二，绘画时尚对画价有极大关系。明宫廷大画家、"浙派"倡始人戴进画名甚大，但因其山水师马远、夏圭，故被归入山水画的北宗一系。在当时看来，这与以南宗为基础的"四王"流行画派是对立的，因此受到贬抑。内务府档中，戴进作品的平均价格最低，甚至还远低于一些不很知名的小名头画家。画价最高也只有十两，最低仅值二钱。

第三，画家的特长对画价也有影响。明画家商喜擅长人物画，其次山水画，至于花鸟则并不是他的长处。内务府档中，商喜卖价最高的作品是人物画，如《四仙横披一轴》三

---

① 姜绍书《韵石斋笔谈》卷上《定窑鼎记》。
② 《清朝野史大观》卷十一《杜村画癖》。

十两，《洞宾轴》三十两；其次为山水画，如《子陵雪景轴》二十五两；再次为花鸟画，如《竹鱼轴》二十两，《鱼图轴》价格最低，仅四两。

（三）民间绘画市场：画工行会

清代的民间绘画在乾嘉之际最盛，画工活跃在城镇乡村，并组建了行业组织。

1. 艺人行会

清代画工所画的内容极其丰富，画工流传说法是："要画人间三百六十行，要画神仙美女和将相，要画花木龙凤和鱼虫，要画山水博古和天文。"即所谓"品足"。从画工本身的行当看，也是应有尽有。清末浙江"上三府"的画工中曾有这样的概括："寺庙与学舍，粉壁神仙轴，船花酒坛口，龙灯鸡蛋壳。"不同行当的画工为活跃民间绘画市场起到了重要作用。

但画工毕竟生活在社会的下层，平时被视为"短衣"，在经济上也少有保障。同光时期，浙江宁波、台州一带流行一种叫《十二愁》的唱词，其中两首反映了当时画工的生活状况。唱词曰："油漆先生画大厨，泥工搭架画墙头，看来作画开心事，柴米断时万斛愁。""鼓手年年奏新曲，画工岁岁画封侯（蜂猴）。画工鼓手如兄弟，西北风前一样愁。"

画工也联合起来成立自己的行会组织，以保护画工权益，避免不必要的竞争。行会名称不同，有的称"会"，有的称"棚"或"帮"，也有称"馆"的。行会以一致对外、内部平衡为宗旨，也开一些画店，内部从画师到学徒分若干等。画工行会内部按不同等级制定工资进行分配。订于光绪二十一年（1895 年）的《四明邱兴龙画业同人行例》涉及这方面的内容都用当时江湖切口，如"么三银""右四银""红利以勾三折六计"等，具体涵义还有待进一步研究。

2. 年画产业

到了清代，明代形成的几个木版年画之乡非常兴盛，主要的有河北杨柳青，山东潍县杨家埠，苏州桃花坞，福建泉州、漳州，广东佛山，四川绵竹等地。其中的杨柳青年画在乾隆年间达到极盛，所印制的木版年画，曾远销国内各省各地。大多数男女都参加工作，有的作为主业，有的作为副业，不会绘刻的就做染色工作。真可谓"家家都会点染，户户全善丹青"。晚清时期，武强南关画商云集，画业作坊遍布乡壤。仅南关有字号的画店就有 144 家之多，县城周围 42 个村庄都设有画业作坊。最好的年份用纸高达 3000 多件，若按自然张计算约有 2 亿多张，也就是说当时的 4 亿中国人中如果平均分发，每两人就可能有一张武强年画。

3. 赝品及其他相关产业

清代造假画之风很盛，甚至形成了一些地方特色，略有苏州片、扬州片、河南造、湖南造、广东造、北京后门造等。这些做假活动完全是为了牟利，真正有艺术价值者并不多。

由于书画市场的繁荣，与此相关的其他产业也十分发达，其中最典型的是裱褙业。李斗在《扬州画舫录》中说："吴县叶御夫装潢店在董子祠旁。御夫得唐熟纸法，旧画绢地虽极损至千百片，一入叶手，遂为完物。"许多裱褙名家由于见多识广，还常常具有独到的鉴定眼光。在清代的两本小册子《识小录》和《消夏闲记》中，都提到一位叫汤勤的裱褙匠识破《清明上河图》赝品的故事。

（四）外销商品画：十三行

18 世纪，随着西方传教士和商人越来越多地进入中国，更由于中国陶瓷、丝绸、漆木家具在欧洲市场的进一步扩大，西方对中国这片神奇的土地有了更多的了解，从而产生了对中国艺术的向往和对中国绘画的需求。作为对外开放最早的海岸和最早的商埠，广州也是最早接受西方文化影响的大都市，广东十三行的外销画应运而生（见插页图 11-4）。

广东口岸（主要在广州、香港、澳门）生产的出口商品画主要有两类：一类是被西方人称为"悬挂纸画"（Painted Paper-Hangings）的纸本绘画；另一类是彩色木版画，在形式上与前一类是一样的，但它不是手绘的，而是由木板刻印的，有的是套色印制，有的在黑白板上手填颜色，这类彩色版画大致是佛山作坊出品的。大概在 18 世纪下半叶，广东的出口商品画也开始向美国输出。除了纸画，广东还出口一种玻璃画或镜子画，一般都镶有欧洲风格的雕花金色镜框。大致在 19 世纪，广东出口画逐渐被油画所取代。

外销画铺大多数开设在十三行的靖远街和同文街（外国人称中国街和新中国街），画铺的铺主本人就是画师，他们雇佣一些画工和店员，当时从事这一行业的人数有两三千人。最著名的画家是关乔昌（啉呱）、关联昌（庭呱）兄弟。这些画店大多兼有作画与卖画两种功能。啉呱画店雇了二十个年轻画工在那里摹画。19 世纪 30 年代至 70 年代是广州外销油画的鼎盛时期，这些外销商品画成了中国向西方输出的重要商品。在当时的中国海关缴税表上，外销画分为油漆画（即油画）和通纸画（纸本或通草纸本水粉画）两类，分别抽取不同的出口关税，每年也是一笔不菲的收入。

三、书法市场

中国书法市场到清代已基本成熟，包括佣书市场、润笔市场、作品市场、古帖市场和碑拓市场。这五种市场构成了清代书法市场完整而庞杂的系统。

最先明码标价、挂牌卖字的是清初的明遗民戴易，他为人筹款买地，"榜于门，书一幅止受银一钱，人乐购之"①。但郑板桥的笔榜显然要比戴易的笔榜名气更大，更具体，更带商业味。

大幅六两，中幅四两，小幅二两。书条、对联一两。扇子、斗方五钱。凡送礼物、食物，总不如白银为妙。公之所送，未必弟之所好也。送现银则中心喜乐，书画皆佳。礼物既属纠缠，赊欠尤为赖账。年老神倦，亦不能陪诸君子作无益语言也。画竹多于买竹钱，纸高六尺价三千。任渠话旧论交接，只当秋风过耳边。乾隆己卯，拙公和尚属书谢客。板桥郑燮。②

当郑板桥请工人将此笔榜刻石立于西口庵③时，肯定满城轰动。对于这份笔榜的历史价值无论作多高估价也不过分。这是一件具有划时代意义的革命性文献，集中概括了中国几千年书法市场在经济形式上的发展成就。其一，将画幅（或字幅）大小（面积）与价钱如此明确地联系起来，是空前的。其二，强调只收现银，不收他物，反映了商品货币关系在法书市场已基本成熟。其三，反对赊欠，进行现货交易，使书法市场内部交易关系更加简单化、明确化。其四，不与买者作无益言语，说明书法市场已不再需要人情的面纱来遮掩，书家与买家之间仅仅是一般的商业关系。

板桥笔榜一出，引起巨大争议，但此后便成为一种风尚。《春在堂随笔》载：吴平斋、周存伯等"书画润笔，皆准板桥所定，即以此帖为仿单，不复增减。"④清末随着报业的兴起，很多书家都在报纸上公开刊登润例广告。《苏报》主人陈梦坡之女陈颉芬就曾在《苏报》上刊登"颉芬女史鬻书润例"。

大多数职业书家，价格定得还是比较低的。"顾响泉光旭能诗工书，求书必索润笔，甚廉。"⑤有时，即使是同一书家的作品，价格悬殊也很大。有不少人只能维持在勉强糊口的水平上。但大多数书家都希望通过卖字而有更多的收入，甚至为此而斤斤计较。若是名家，书价高，求者众，可以成为大富。乾隆十二年（1747年）郑板桥说：

王篛林澍，金寿门农，李复堂鱓，黄松石树谷，后名山，郑板桥燮，高西唐翔，高凤翰西园，皆以笔租墨税，岁获千金，少亦数百金，以此知吾扬之重士也。⑥

总之，清代书法市场已高度发达，虽然旧的传统雅俗之辨和人情交谊仍不时地对其有这样那样的干扰，但自扬州八怪以后，大多数书家都已能冲破各种偏见和人为障碍，理直气壮地卖字，名正言顺地收钱。

---

① 潘耒《遂初堂集·戴南枝传》。

② 此碑拓片现藏山东潍坊博物馆。板桥笔榜当不仅此一种。清人邹弢于张仲轩画裱册页中所见，与此个别字上有所参差。
  见《三借庐笔谈》卷八《书画格》。

③ 疑为西方寺，在今扬州红园附近，叶调生曾亲见此石。

④ 俞樾《春在堂随笔》卷二。

⑤ 马宗霍《书林纪事》卷二。

⑥ 《郑板桥全集·板桥集外诗文·板桥偶记》。

第五节 工艺业

一、宫廷工艺珍宝

（一）皇家工艺制作的败落

清顺治二年（1645 年）废除匠籍后，工艺技师逐步散失，皇家工艺制作也就不可避免地进一步败落下去。

清代皇家工艺制作业主要来源于两大系统：一是广储司所属银、铜、染、衣、皮、绣、花七作，一是养心殿造办处所辖 42 个作坊。此外还有景德镇等地的"官窑"，工艺作坊从总数上看已比明代有进一步的减少，但其内部分工仍十分精细，显示了更高的技艺水平和组织管理水平。景德镇的御窑厂有仿古作、雕镶作、印作、画作、创新作、锥龙作、写字作、色彩作、漆作等 23 个，可见分工状况之一斑。

（二）官工作坊的耗费："大禹治水图"玉山

鸦片战争前的清官工作坊仍较多地保留了中国传统皇家赞助工艺制作业的特点，不计工本，精益求精，出现了不少妙绝人寰的稀世珍宝。乾隆时在扬州雕成两大玉山，其中"青玉秋山行旅图"玉山，以清代宫廷画家金廷标同名绘画为蓝本雕成，历时五六年，用工近三万人，耗白银三千余两。"大禹治水图"玉山更是令人惊叹不已。这块巨型和田玉，经过加工后，还重约 5330 千克。且不谈当时如何把庞大的石料从新疆运到北京，又从北京运到扬州，仅雕刻成玉山就用了 7 年多时间。据有人推算，雕刻一项约需用工 15 万人，耗白银 1.5 万两。

清代后期，国力衰微，但宫廷工艺制作之奢靡仍不减当年。以慈禧太后随葬的工艺珍品为例，据李莲英和他侄子所著《爱月轩笔记》载，慈禧尸身头戴珍珠串成的凤冠，冠上最大的一颗珍珠重四两，大如鸡卵，价值达一千万两白银。当时人估计，慈禧的棺椁中仅皇家随葬品入账者就价值五千万两白银，而当时清政府的财政总收入每年才不过八千万两。

二、工艺品市场：从东印度公司到"实业救国"

随着中国商品经济的不断发展，民间私营经济在清代已有很大发展。尤其是一些技艺独特的工艺品制作，以家庭或个体劳动为单位日趋活跃。同时，官营工艺业的衰落也在客观上为私营工艺业的发展提供了更多机会。以此为基础，工艺品市场也更加多样化、商业化。

科学技术水平的提高，使清代手工业发生了质的分离。一部分如造纸业、纺织业等，大量使用机械进行大规模生产，工业化色彩越来越浓厚，作坊内部较多地实行雇工制和计时、计价工资。另一部分如刺绣、雕刻、金属工艺等一时在技艺上仍无普遍提高，基本上仍以人工技巧进行制作，艺术性较强。这一部分工艺业生产单位较小，产品数量有限，雇工较少。当然也有一些工艺性较强的行业如陶瓷业、年画业也进行大规模生产，但其产量的提高仍主要依赖于人力的投入，而不是机器的使用，因而在本质上仍属于后一类。由于中国小生产者分布极广，人数极多，其工艺制品源源流向市场后，便一发而不可收拾。就清代工艺品市场的商品种类看，包括陶瓷、髹漆、刺绣、染织、泥面塑、砖石雕、竹木雕、玉牙雕、金属工艺、年画、剪纸及各种杂艺，门类之齐全在中国历史上是少有的。

清代中外交流日益频繁，作为中国特色艺术品的某些工艺制品也深受外国人士的青睐，洋人常不惜重金购求中国的民间工艺品，从而在一定程度上刺激了工艺品市场和工艺品的出口。清末福建脱胎漆器艺人沈绍安的作品因在南洋劝业会的一次展览中获特等奖，受到广泛的国际称誉。不久便有外国商人来华以重金收购其作品，甚至还有人特地到福州去等候他的出品，往往每成一件漆器，就被运出国外，存世作品在国内者反而不多。[1]至于外国人在中国零星购买工艺品的就更多了。崇彝在琉璃厂见一昌化石章，精巧绝伦，"许以百六十元，不售；后为东洋估客以重值收去"[2]。

由于外国人对中国民间工艺品如此爱好，国内不少有经营头脑的人开始有意识地组织制作一些专供出口的工艺品。广东佛山的美术陶瓷久负盛名，道光年间曾仿造"明三彩"大量输出欧美各国。当时生产特别发达，有陶窑一百多座，工人三万多人，出口量也相当大。由于出口形势较好，清代连私人也经营工艺品的外贸生产，枝巢子《旧京琐记》曾记载：

当时潮流中，能讲工艺实业者，首推黄学士思永。庚子时，被收入狱，在狱中日书大字数百，心志颇坚定。事定出，复故官，乃设工艺局于琉璃厂。提倡珐瑯、雕漆、栽绒诸业，得超等文凭于法国赛会，出口岁增数百万。惜财力薄，无大资本家助之，所招股本，特乡里世好，戋戋廉俸而已，故终止停办。

这次实践显然受到光绪年间实业救国思潮的影响，尽管最终失败了，但毕竟是进行了工艺生产外向型经营的有效尝试。曾有人在纽约见一"康熙款大芦菔尊"，"高二尺四寸，珠霞苔晕，一如圆盒。旁书洋文一行，斜上如雁阵，曰：中国某年某官某人所售，价系美金七千余圆"[3]。

为了从总体上进一步分析中国清代工艺品出口的状况，我们仍以瓷器为例。据佛尔克所著《瓷器与荷兰东印度公司》一书记载，早在清初，中国瓷器出口就是一项交易额惊

① 胡寄尘《虞初近志》。

② 崇彝《说印·昌化石章》。

③ 寂叟《海王村游记》。

人的大宗买卖。1602—1682 年的短短八十年内，我国瓷器仅经荷兰东印度公司的输出量就达一千六百万件以上。若考虑其他出口渠道，清初，中国瓷器年出口量大致在数十万件以上。①

当时中国瓷器出口量大，价值也很高。据佛尔克书载，1643 年 3 月 16 日，从苏拉特开往阿拉伯摩查的"尤特该司特"号船就装有十万八千六百九十三件细瓷，值五千九百六十二弗罗林。东印度公司在中国一般都采用供样订货的方式。

三、古董市场

清代士大夫在学术上迫于严酷的文字狱，多醉心于小学，尤自乾嘉以后考据之风盛行，金石之学复兴。士大夫中崇古、玩古者日众。元明时期略见衰弱的古董市场再度兴起，发展态势甚至超过两宋。

（一）古董商

古董商一般是有较强的经济实力和专业知识的职业商人，它们是清代古董市场的主角。德宝斋古玩店的老板李诚甫，所以能在三十年内资本增加百余倍，除了经营有方，还应归功于他"鉴别古彝器甚精"。识货者从不识货者手中购得价值连城的宝物，也许并不花什么成本，但如果不识货者将宝物低价卖出，就会导致巨大的经济损失。

另一方面，古董店的经营还需要有较为雄厚的资本。一是收购古董时，因古董价高而需垫付很大一笔资金，二是古董非日用消费品，价格亦不致太廉，需长期陈列，以待知音。因此，古董经营的资金周转速度很慢，大量资金可能被积压，一般小商户很难承受。

（二）古董贩

古董贩以低价从陌巷僻乡收买小值古玩，赚一些蝇头小利。两浙一带称其为"骨董鬼"。吴炽昌在《客窗闲话》卷四《和阗灰鼠》中讲了一个故事，嘉禾曾有一个张骨董，跟着换糖的担子在四乡走动，有一次见一个大户人家的婢女拿了一只灰玉鼠换糖，便花了百钱将其买下，几经转手倒腾，这只玉鼠最后竟卖到五万两。

古董贩将廉价购来的古董寄售于大城市的古董店，待价而沽。一旦成交，古董商照"行规"，从成交额中提取 10%的佣金。如果运气好，会经营，古董贩每做成一笔生意，利润相当可观。上述灰玉鼠最终以五万两成交，行家另得一百两作为寄售佣金。古董贩张某最初只花一百钱购得的玉鼠，经行家帮助，识者高估其值，获利达 80 万倍。

（三）牙人

由于古董交易具有极强的专业性，所以市场上的牙人很活跃。他们靠为别人介绍、促成生意而获取佣金。牙人亦称牙侩、市侩、互郎。邹弢说，"尝有市侩持端砚一方求售，

---

① 陈万里. 宋末－清初中国对外贸易中的瓷器[J]. 文物，1963（1）：5.

底刻小字，……知为赵氏物。异价昂不可得。后来某绅购往闽中矣，余至今惜之。"①估计当时古董市场上的牙人还很多，他们往往见缝插针，善于经营。能主动寻找，并把握机会正是他们立足于市场并不断扩大经营的基础。

（四）古董市场价格：灰玉鼠的身价

古董价格的确定几乎是毫无规律可循的。同样一件古董，由于各人对其认识不同，评价也不同。这些都直接影响到古董的实际成交价格。若以前文所引嘉禾张骨董的灰玉鼠为例，先后出现的几种估价大相径庭，如表 11-2 所示。

表 11-2　灰玉鼠的不同估价

估价人	婢女	货糖者	某骨董鬼	本地行家	吴门行家	相国
估价	少于百钱	百钱	一千钱	五十金	百金	五万金
指数	小于 1	1	10	约 800	约 1600	约 800 000

由于各人对同一古董之评价悬殊很大，一般古董店多无故抬高价格，并不急于求售，一旦遇识者便可得数倍乃至数十倍之利。上述灰玉鼠市场估价如此悬殊，除其本身价值极高外，更由于名家对这种价值的直观认识及评价。这种评价直接决定古董商的收入。因此，古董行的日常成交量是相当有限的，大部分顾客因不能出到卖主的最低期望价值而无法成交。

第六节　其他文化产业

一、唱片业

1877 年，爱迪生发明留声机以后，并没有立即实现产业化。直到 20 年后，才真正出现产业化的唱片业。很快，这种会发声的机器就被传到中国，特别是在华洋杂处的上海得以发展。当时出现在上海的唱片和留声机，均为洋行销售的外国产品，洋行在报纸上刊登广告，推销相关产品，也在推销一种全新的娱乐方式。

1905 年 2 月 18 日《时报》就登载有"英大马路英商谋得利有限公司"的广告，大标题为"普天下第一等"，该洋行称："刻由英美名厂托本公司独家经理头等唱戏机器，比以前他项之货大不相同，每只自念四元至二百余元，京调、徽曲、广调、昆腔、帮子、各省小曲、洋操时调、男女哭笑，一应俱全。"

除了洋行，一些别的机构也会参与此道，包括报馆。同年 3 月 2 日《时报》又刊登时报馆"寄售留声机器"的广告，内称"今有美国哥伦波制造之头等留声机器，全副唱筒三

---

① 邹弢《三借庐笔谈》卷八《怀珠阁厄言》。

打，均唱外国戏调，装置一匣，售价七十五元。如合意者请来本馆领看可也"。20 世纪初叶，胜利公司（Victor Talking Machine Company）、哥伦比亚唱片公司（Columbia Recorders）在美国的留声机及唱片生产方面处于"三分天下有其二"的局面。1905 年前后，上述两家企业的业务已经延伸到了上海，彼此进行竞争。

外国唱片公司还注意加入中国本土的内容，灌制中国传统戏曲唱片。如 1904 年胜利唱片公司灌录孙菊仙的《举鼎观画》《捉放曹》等。中国的这些早期"本土唱片"直到 1917年以前，都是由外国公司委托代理洋行先在中国灌音，然后在国外加工成唱片；或是灌音、制作过程全部在国外完成。这是中国早期唱片的一大特色，也反映了外国公司为打开中国市场所做的本土化努力。

新的产业也提供了难得的商业机遇。法国人乐浜生于 1908 年设立了东方百代唱片公司，常请京剧名角前来灌音，运回法国制成唱片后返销中国。又经过几年的发展，到了民国时期，东方百代公司逐步发展成为中国最有影响力的唱片公司之一。

二、影戏业

影戏业包括较早的皮影戏、拉洋片以及后来的电影放映业。拉洋片起源于清朝同治年间，也叫西洋景或拉大画儿，是老北京庙会或市场上常见的一种文艺表演形式。著名的天桥"八大怪"之一的大金牙，正是凭借其"拉洋片"的绝活名震京城。

清光绪二十二年（1896 年）电影传入中国，但当时仅夹杂于各种游艺活动之中，并无固定放映场所。1903 年，西班牙人雷玛斯用一架陈旧的放映机和一些残缺的短片，在上海四马路青莲阁放映，称为"西洋影戏"，时间仅 10 余分钟，收每个观众制钱 30 文。他还雇了几个印度人拿着铜鼓和喇叭，在门口吹吹打打，广为招徕。由于生意兴隆，雷玛斯又在虹口创办了一家有 250 座的正式电影院。

在天津，电影短片一般在戏院、茶园演出的戏曲和杂耍节目中穿插放映。最初看电影不收费，后来随着观众的增多开始收费。1906 年 2 月 30 日天仙茶园每晚 8 点至12 点开演电戏（即电影），分座位等次收费，最高的大洋 10 元，最低的 5 角。1906 年3 月 8 日，天津青年会在天仙茶园放映电戏（电影），不但明确了收费标准，还设立了代售票处。

1907 年 1 月 8 日，天津人最早独自经营的影院——权仙电戏院诞生。这是中国最早的电影院。权仙电戏院的前身是权仙茶园，初建于 1904 年 7 月，由法国百代公司电影部经理周子云创建。1906 年 12 月 8 日开始放映电影，有几十条长板凳，可同时容纳观众200 余名，影片内容为世界各地名胜风景和滑稽短剧。每 3 日更换一次新片，男女分坐，每晚 9 点开映至 11 点停映，营业收入颇佳。和 1895 年电影在法国一家咖啡馆里第一次放映一样，中国最早的电影也是在茶馆里落户。

 **本章小结**

▶ 清代大规模的营造活动以皇宫的修建和皇家园林的建造为主。包括紫禁城的修复、扩建，颐和园、圆明园的营建，皇陵的兴建、修葺。"样式雷"家族作为皇家建筑的最高设计建造机构，为中国传统宫廷建筑的精彩谢幕做出了不可估量的贡献。民间建筑主要可分为私人园林宅第的建造和出资兴办公共建筑。

▶ 清代是我国宫廷歌舞戏剧的又一高峰。这固然与歌舞、戏剧自身的发展有关，同时也与清代宫廷的巨额经济赞助有很大关系。赞助包括蓄养戏班艺人和打赏的经济资助以及打造金编钟、德和园大戏台等物质资助。

▶ 清代是中国戏剧市场发展的鼎盛时期，各戏班、名角争妍斗奇，艺术水平有了飞跃性的提高。同时，作为一种经济活动，戏班与戏园的经营也有了新的变化，戏剧市场几乎成了人们日常生活不可或缺的成分。中国的说唱艺术历几千年之发展，经唐、宋，至于清代已达到鼎盛时期，其内容包括评话、评书、弹词、琴书、大鼓词、道情等许多曲种。

▶ 中国文学市场到清代有了很大变化，自宋以后逐渐衰微的碑志市场至此已几近消失，代之而起的是书稿市场和捉刀市场。大多数卖文者都开始积极主动地向外推销自己的文章诗篇。市场形式的活泼多样，是清代文学市场的一大特色。

▶ 清朝宫廷书画赞助虎头蛇尾，乾隆以后，迅速衰退。清代民间见诸记载的画家竟达五六千人之多，几乎超过前此各代画家的总和。在商品经济持续发展的背影下，卖画几乎成了画坛的时尚，交易次数大幅上升，但是大多数价格不高，画工联合起来成立自己的行会组织。还出现了年画产业、赝品和其他相关产业，以及十三行外销商品画。

▶ 中国书法市场到清代已基本成熟，包括佣书市场、润笔市场、作品市场、古帖市场和碑拓市场。这五种市场构成了清代书法市场的完整而庞杂的系统。

▶ 随着中国商品经济的不断发展，民间私营经济在清代已有很大发展。尤其是一些技艺独特的工艺品制作，以家庭或个体劳动为单位日趋活跃。同时，官营工艺业的衰落也在客观上为私营工艺业的发展提供了更多的机会。以此为基础，工艺品市场也更加多样化、商业化。清代中外交流日益频繁，洋人常不惜重金购求中国的民间工艺品，从而一定程度上刺激了工艺品市场和工艺品的出口。元明时期略见衰弱的古董市场再度兴起，发展态势甚至超过两宋。

▶ 留声机被传到中国，特别是在华洋杂处的上海得以发展，形成了产业化的唱片业。较早的皮影戏、拉洋片以及后来的电影放映业共同构成了影戏业。

思考题

1. 简述清朝文化建筑业的成就。
2. 清朝戏剧市场和说唱艺术为何会走向鼎峰？
3. 清朝书画市场有哪些商品化的表现？
4. 简述清朝民间私营工艺业的繁荣状况。

第十二章

中华民国时期

 学习目标

通过对本章的学习，学生应了解或掌握如下内容：
1. 掌握中山陵的营建历史；
2. 掌握民国时期繁荣的戏剧市场和现代演艺业；
3. 掌握民国时期文学出版业的兴起；
4. 掌握民国时期商业美术和传统字画的润格；
5. 掌握民国时期传统工艺品制造业和外向型古董业；
6. 掌握民国时期电影业的发展及好莱坞的影响；
7. 了解民国时期的新兴文化产业。

 导言

中华民国只持续了 37 年，但波谲云诡，几乎一刻也没有消停，各种战争似乎成为民国时期的主基调。当然，在一些大都会，人们早已习惯了"城头变幻大王旗"的日子，只要稍有安宁，便从容地做起买卖。戏园里依然笙歌不断，人们对文化人及其故事津津乐道。

第一节　文化建筑业

一、中山陵的营建

1925 年 3 月 12 日孙中山在北京病逝，中国国民党中央和北京政府决定在南京紫金山麓兴建中山陵，并很快组建葬事筹备委员会。1925 年 10 月，委员会通过招标，初聘吕彦直为建筑师，约定以陵墓建筑价伸算百分之四为酬金。12 月，吕彦直制备工程详图后，开始出布告召求包工投标。向全社会招标建筑如此大型的工程，这在中国建筑艺术史上还是第一次。

自 12 月 1 日招标到 19 日开标，应征者有七家，最低价为三十九万三千两，最高价为六十万两，均超出建筑师的原预算。后经筹委会等部门与建筑商进一步具体谈判，最终与姚新记谈妥，开价四十四万三千两。约定十四个月竣工，逾期每天处罚五十两。付款分为十五期先后支付，于兴工后一个月始，每回付二万八千四百五十两。第十五期于完工后，三个月付四万四千七百两。

中山陵营造费用最初主要由广东一省筹措负担。至 1925 年 7 月，大元帅府改组为国民政府后，财政状况并未有实质性改观，仍按月向上海汇寄葬事经费，一次约四五万两。北伐成功后，"因军事影响，陵工延缓。本处职员以时局急迫，均参加革命工作"①。此后，由于国内渐趋统一，中山陵费用改由国民政府财政部直接开支。经费仍时常有所拖欠。当然，中山陵建设费中，海外人士和社会各界的捐款、馈赠也有不少。

此外，中山陵的雕塑、工艺制作也值得提及。1925 年 10 月，为制作孙中山像，预算"石像十万元，铜像十万元"②，实际费用当不过此数。1928 年 1 月，决定香港石华表由新金记承造，计银三万六千八百三十六两③。1936 年 8 月，费时一年半建成三民主义碑刻，共十五万五千言，镌石一百三十七方，共用国币一万七千余元。1932 年还制成铜质孝经鼎，全部造价三万余元，等等。总之，兴建中山陵反映了中国人民的心愿。尽管在营造过程中进行科学管理，并本着节约原则多方设法降低造价，但毕竟所费宏巨，堪称民国期间国家赞助管理的最大建筑工程。

二、其他公私营造

民国时期国家文化建筑中，值得一提的尚有明长陵的修葺。据《明长陵修缮工程纪要》（北平市政府工务局编）记载，1935 年 1 月，北平市政府根据国民政府保护古物的命令，对长陵进行修缮经费。总计用工 18 517 个，费款 37 845.5 元。

私家园林之兴造在民国已不盛行，但偶有可观者。1922 年，在上海做棉纱生意的金锡之在家乡苏州东山镇兴建"春在楼"。这是一座占地仅 2 亩的庄园式仿明建筑群，尤以雕刻精美著称。当时共有木工、泥水工、雕花匠、石匠、漆匠、铜匠、园艺匠等 250 余名工匠，历时 3 年建成，总造价达 15 万银元，约折合黄金 3741 两。

---

① 葬事筹备处移交经费致总理陵管会之说明书（1929.7.31）。
② 孙中山先生葬事筹委会第十三次会议记录。
③ 孙中山先生葬事筹委会第五十五次会议记录。

第二节　演艺业

一、权贵富户的耳目之娱

演艺业在民国时期进入一个新的阶段，既继承前清之遗风，又有西风东渐之时尚。私家蓄养门客艺术家的现象几乎绝迹，而聘请名角、剧社唱堂会相当普遍。请堂会戏的主人常聘请懂行的人制定戏码、安排一切，被聘请的人称为"戏提调"。他分别同每个演员的管事人（即"经励科"）研究演什么戏，怎么搭配。基本演员和龙套由某个班包下来，即"班底"。不同社会地位、经济实力的私家堂会规模大不一样，一些大型堂会往往要耗费巨资，有时一场堂会开销不下万元。

堂会戏的戏价在民国期间不断上涨，"在民国三四年间，每次不过二百元，后慢慢增到一两千元，到民国五六年，最大的堂会到了五六千元，到民国十六七年，到过七千元。"[1]1928 年国民政府南迁以后，堂会戏就基本不大见到了。

堂会反映了民国初年北洋军阀政府统治的黑暗和腐朽，但对于戏剧艺人来说却是挣钱的大好机会，"那时一个名演员在园子唱一场，只拿几十元或上百元的份，而唱堂会常常拿三四百以至七八百元，别外还有主人或宾客赠予的所谓外赏，二三百元或者更多，不等。"[2]演员堂会收入的多少固然与艺术水平和知名度有关，但更主要的还要看为谁家上堂会。在 1924 年，溥仪被冯玉祥逐出紫禁城之前，这个昔日的皇家仍然是戏剧艺术的重要赞助人，只不过这时它不能代表国家，而只是一个大贵族而已。他们一掷千金，体现了一种糜烂昏聩的"皇家气派"。根据有关档案记载：1923 年"八月二十三日，赏升平罚民籍教习，银二千四百二十五元。"另赏梅兰芳等"共三十八名，三千一百元。《霸王别姬》一千六百元。富连成班银五百五十元。"这些"承应"赏金显然要比一般堂会显得阔绰。

二、戏剧市场

民国时期是中国戏剧的鼎盛时期，戏剧市场极大繁荣。

（一）戏班（剧团）收支

乡村的戏班一般是由有戏箱的财主家办的。财主家拿出戏箱，并提供一笔钱做"垫办"，交给所谓"承事"，让他找人搭班演戏。其收支方式与清代一样。在众多的改良剧社

---

① 齐如山. 齐如山回忆录[M]. 北京：中国戏剧出版社，1989：231.

② 韩世昌. 我的昆曲艺术生活[M]//中国人民政治协商会议北京委员会文史资料研究委员会编. 燕都艺谭. 北京：北京出版社，1985：33-34.

中，陕西易俗社颇具代表性，其最主要的收入来源是剧场演出收入，约占年总收入的90%，全年可达50万元左右。[1]此外，剧社受到当时实业救国思想的影响，注意通过举办实业，开展多种经营而获得收入。易俗社就曾将其所属的西安盐店街的部分房屋和关岳庙剧场外的空地常年出租给小商贩，由此获得的房地产出租收入约占该社每年总收入的78%。

就易俗社而言，剧社开支主要是演职人员的收入分配和剧社的公共开支，后者约占剧社总开支的20%。公共开支大致用于购买剧社房地产、购置戏箱，以及社务办公费、募捐费和其他杂项开支（招待费、老艺员的供养费、丧葬费、抚恤金及艺员其他优待费等）。

（二）剧场的经营

民国以后，新式剧场日益增多，旧式茶园剧场已不占主要地位。新式剧场的收入主要是通过出售门票并与剧团分配后获得的。有的剧场也可能像今天一样寻求冠名赞助商和广告，如老北京舞台正墙赫然大书"红楼商标"。

1. 票价

抗日战争前，中国城市社会比较安定，剧场的门票大都不高。梅兰芳曾追忆，"大京班的最高票价，在当时也不过五角至七角。超过一块钱的票价，恐怕就要算这家'丹桂第一舞台'了"[2]。据梅兰芳所保留的一张民国初年在上海演戏的戏单，特别包厢和特别官厅都卖一元二角，约相当于两斗米的价钱。头等包厢一元，头等正厅八角，二等正厅五角，三等正厅三角。戏单的说明中还规定支付票价的货币是"大洋"，并对小洋加收"贴水"。当时"看座的"（案目）有权决定看客的座位好坏，直到后来普遍实行对号入座的办法后才有所改观（见插页图12-1）。

但如《哀梨新语》所说："近来先期售票对号入座办法已渐普遍，但皆换汤不换药，欲找好座仍须向看座的设法。听七毛两吊之白天戏，总要化一元出头。"[3]此外，卖票时还不能都收到现金，不少老主顾都以记账办法取票，到节日才一并结算给钱，因而上座情况并不与当天票房收入直接相连，常常还出现钱不够周转的情况。抗战之前，戏剧票价一直存在地区差别，同一戏班在不同城市演出，票价也不同，一般情况下，京沪等大城市的票价较高。同时，戏价也有一个不断上升的趋势。

2. 戏班（剧社）与戏院（剧场）的关系

民国戏班与戏院的经济关系有两个时期。民国初年，戏班与戏院继承光绪末年以来分成（劈账）办法，按照约定的比例，将票房收入在戏班与戏院之间进行分配。但这种方式一方面不能保证戏院的基本经营收入，另一方面又不能使名角和名班充分体现艺高酬

---

① 李旭东. 中国戏剧管理体制概要[M]. 中国戏剧出版社，1989：147.

② 梅兰芳. 舞台生活四十年：第一集[M]. 北京：中国戏剧出版社，1961：142-143，144-145.

③《戏剧月刊》第1卷第5期（1928年10月）。

丰，因此到了 20 世纪 20 年代，随着房地产业的兴起，戏班与戏院的经济关系也发生了重大变化。戏院不再完全作为戏班的合伙人面目出现，而只是作为剧场的"房东"，戏班每演出一场，无论票房收入如何，都支付给戏院一定数额的"场租"。当然在具体细节上，南北方仍有一定的差别，如上海的剧场仍向剧团提供舞台布景、道具和基本服装（"官中"衣箱等），并常年设置基本演员，如配角、龙套等，这在北京是没有的。

3. 经励科制度

比其他艺术市场出现经纪人稍晚，在民国时期，戏剧市场上也出现了独特的经纪人——经励科。他们是联系戏班、演员与戏院的重要媒介。

在戏院面前，经励科代表演员和戏班的利益，与剧场经理针锋相对，力求抬高戏码；在演员和戏班面前，经励科又多方诉苦，压低演员报酬，并从中获得利益。当然，每联系成一次演出，他提取"佣金"则更是名正言顺。

（三）剧团的收入分配与演员收入

剧团内部分配制度在民国时期大致有两类：一类是沿续清代戏班的分配体制，采用包份制和分账制；另一类则实行以工资制为中心的新制度。

民国初年，在上海，包银是由戏园经理根据演员的造诣和影响，事先和演员约定的。后来改由经励科代为商谈确定。民国时期更多地采用分成（账）制的办法分配演职员收入。如河南豫声剧院，演员和场面、乐师，人按份劈钱，技艺高的算一份，技艺差的为若干厘。份子钱每六天劈一次账。将这六天的演出总收入，扣除演出费用、办公费用和百分之十的公积金后，按总份数在演职员中进行分配。对于主要演员还要另外"加子儿"，即再从票价中分给他一到二成的钱[①]。显然，这种分配办法更利于调动大家的积极性。

但这种分账制仍是很粗糙的。一是未能充分拉开名角与一般配角、龙套的收入差距，不利于提高名角的积极性；二是演员的基本生活仍无法得到保证；三是一般演员的学习积极性不高，新剧目无法迅速排演。这些问题被另一种新的剧团分配制度所部分克服，这就是将工资、奖金和生活供给相结合的分配制度。这种制度在当时的改良剧社中很普遍。

工资制的实行虽然保证了名角的较高收入和一般演职员的生活需要，但如果演出形势不好，演出收入极少，演员的收入还是相当有限的，最终甚至不得不中止演出活动。

三、现代演艺业

民国时期，在一些开放的大都市，人们开始热衷于尝试新的、洋味十足的娱乐，比如坐在舒适而安静的剧场里欣赏歌剧或听一场音乐会。

---

① 李旭东. 中国戏剧管理体制概要[M]. 北京：中国戏剧出版社，1989：152.

（一）西洋歌剧的引入

1874 年，由上海纳税西人会募集基金，在博物馆路（今虎丘路）英国领事馆附近重建的兰心戏院落成。至 1929 年，上海西人爱美剧社在此演出计 180 多场，其他中外剧团也纷纷假座演出。1931 年，新建的兰心大戏院兼映电影，观众座位 723 个，是当时上海设施最完备的剧场，也是当时一座高贵的娱乐场所，晚场常有西方剧团演出或音乐会，男士均身穿燕尾服，女士则穿曳地长裙。

（二）文明戏

20 世纪初，上海兴起戏剧改良运动。新舞台是中国第一家国人兴建的西式剧院。辛亥革命前后演出过不少时装新戏，如《黑奴吁天录》《中国国会万岁》等，成为宣传革命、汇演新戏的重要场所。清末竹枝词云："南市初开新舞台，一班丹桂旧人才。改良戏曲寻常事，灯彩谁家比得来。"1912 年，孙中山手书"警世钟"帐幔，赠送新舞台，表彰其演新剧、提倡革命的功绩。1916 年，剧场迁至九亩地重建，1927 年关闭。

第三节　文学出版业

一、投稿取酬的基本格局：书报出版业的兴起

1926 年，齐白石父母先后病故，身在北京的齐白石"亲到樊樊山那里，求他给我父母，各写墓碑一纸，又各做象赞一篇，按照他的卖文润格，送了他一百二十多元的笔资"[①]。教育家陶行知为给乡村教育筹集资金。于 1932 年 12 月 12 日在《涛声》刊登《卖艺启事》，大意是：卖文，每篇 10 元；卖字，每幅 10 元；卖讲，大中小学分别为 30 元、20 元、10 元。但总的看，这种情况在民国已不多。

由润资向稿费的过渡早在清代就已萌芽，民国期间已基本定型[②]。各地报纸经常向社会征文，并悬以赏格，客观上刺激了文学市场的繁荣。1926 年，天津《庸报》出广告征文。一是长篇小说，至少 5000 字，故事的时间愈短愈好；二是短篇小说，不得超过 500 字，故事愈复杂、时间跨度愈大愈好。约定每种录取三名，长篇第一名奖金 20 元，短篇第一名奖金 10 元。

---

① 齐白石. 白石老人自述[M]. 长沙：岳麓书社，1986：81.

② "稿费"一词在中国出现大约在辛亥革命前后，尤其是报纸有了副刊以后才普遍使用。在此之前，向报纸投稿不仅没有稿费，而且还要倒贴"广告费"。仅有少数情况例外，如《申报》创刊号（1872 年 4 月 30 日）所登的"本馆条例"中有两条："一、如有骚人韵事，愿以短叶长篇惠教者，如天下各名区竹枝词，及长歌纪事之类，概不取值；二、如有名言傥论，实有系于国计民生、地利水源之类者，上关皇朝经济之需，下如小民稼穑之苦，附登斯报，则一概不取酬。"对于这些于报纸十分有用的文字也仅仅是不收取广告费而已，对于其他文章又谈何稿费！

在不同时期、不同地方的不同报纸，稿费标准并不一样，即使同一报纸，对于不同作者、不同质量的稿件所付稿酬也颇有参差。20 世纪 20 年代，给北平的报纸写类似《笑林》的笑话，篇幅 1000 字左右，稿酬是每篇大洋二角至三角。这是比较低的。《申报》刊登的海外通讯有的一篇稿费竟达 50 元，而当时米价仅值 5 元一担（合 75 千克）。当然，这里谈的是稿酬较高的几种，一般报纸当达不到这个水平。况且抗日战争以后，报纸大多不景气，稿费又一落千丈，有时只值几个烧饼钱。

二、文人收入：大作家在地狱的坦白

报刊为了保证文字的数量和质量，除了广泛吸引来稿外，还聘请了不少专职和特邀记者以及评论员等。这些文人因此与报纸有着较为稳定的经济联系，其身份也不再是文章的卖主，而成为买主的雇员。他们的文章报酬不再表现为计件型的稿酬，而是计时型的薪金。当然，报馆老板在对文士的雇聘上也要分别对待，给与不同等级的薪水。《申报》和《新闻报》在 20 世纪 20 年代为了招徕读者，凭其资金雄厚，曾以每月 300 元的厚薪，聘请邵飘萍、张季鸾等名家任驻京记者，发电和撰寄通讯。至于主笔，维系报纸之生命，报馆更不惜重金聘任大家。1933 年，天津《益世报》礼聘新月派领袖罗隆基主"笔政"，一星期发表三四篇社论，月薪高达 500 元（当时大学教授不过月薪 300 元），另外还供给专用汽车。报社于文士不可谓之不厚。

书报杂志出版业的兴起，为文化人以文谋生创造了较为体面的交易方式。鲁迅作为一代文豪，其收入不仅稳定而且相当可观，其中最主要的来源就是其著作 25% 的版税收入。根据《鲁迅日记》逐年统计，1922—1936 年鲁迅总共收入 12 万多银圆，约合今人民币 480 万元。

大学者陈寅恪对稿费也相当看重，他在致傅斯年的信中说到袁守和约稿一事，"弟除史语所外，作文须酬金，现在润格以一篇 10 000 元为平均之价目（已通告朋友，兹以藉省麻烦），而守和兄只复以 300 字 1000 为酬，弟实不敢应命"。还说，"不能贱卖以坏信用"。

有些文人甚至不满足于这种卖文得钱或者受职收贿的小买卖，而是借助写文章或写书来进行"经营"并积聚更多的财富。抗日战争后期，钱钟书发过小说《灵感》，反映了文化人的生财之道。故事写的是"一个有名望的作家"不幸进了地府，当地府的司长告知门外有人在等着他算账时，作家对司长说道：

你以为现代的天才还是潦倒寒酸不善理财的梦想者，一头长发、一屁股债么？你还中着浪漫主义的余毒，全没有认识现实生活呢！我们不是笨人，了解经济在生活里的重要，还怕自己不够精明，所以雇用了经纪人和律师来保障我们的利益。

大宗的版税和稿费，我们拿来合股做买卖。当然有许多文化人是名副其实的斯文叫化，我可是例外哪！我临死的时候，就有几个剧本的上演税没收到，几本小说的版税没领，几千股股票没有脱手，一家公司的本期利息没领出。只有我向人家讨债，哪有人和我算未清的账目！①

三、图书广告：鲁迅亲自写的广告

鲁迅曾经亲自撰稿，写了一篇"绍介《海上述林》上卷"的图书广告，刊载于 1935 年《中流》第六期：

本卷所收，都是文艺论文，作者既系大家，译者又是名手，信而且达，并世无两。其中《写实主义文学论》与《高尔基论文选集》两种，尤为煌煌巨制。此外论说，亦无一不佳，足以益人，足以传世。全书六百七十余页，玻璃版插画九幅。仅印五百部，佳纸精装，内一百部皮脊麻布面，金顶，每本实价三元五角；四百部全绒面，蓝顶，每本实价二元五角，函购加邮费二角五分。好书易尽，欲购从速。下卷亦已付印，准于本年内出书。上海北四川路底内山书店代售。"

四、文学业的新领域：《啼笑姻缘》的多重收入

当元朝传统文人功名无望时，曾将创作的激情转向杂剧和度曲，那是一种无奈而风雅的选择。20 世纪，随着电影的传入，文人们又有了新的领域，那就是电影剧本的创作。因为其读者与电影观众的高度同构，"鸳鸯蝴蝶派"作家受到电影公司的追捧，后来包天笑、周瘦鹃等鸳鸯蝴蝶派文人甚至为电影公司所聘，专门从事编剧工作。后期的代表人物则是张恨水，他可以说是现在所谓"言情文学"的祖先，他同时给七八家报纸创作连载小说。张恨水一部《啼笑姻缘》引起轰动后，成了南京文坛稿费收入最多的人，极盛时期，每月有两三千元的稿费收入。其小说的电影改编权也是一项新的交易，并且引发了一场轰动一时的官司，史称"《啼笑姻缘》双包案"，是中国有史以来第一桩影坛官司。

第四节　书画业

民国时期的绘画市场总的来说比较活跃，也出现了不少新情况。当时的画家大致可分为两类：一类是长期受中国传统文人画影响的新兴"文人画家"，如齐白石、黄宾虹、潘天寿、张大千等；另一类是留学归来，兼蓄中西的留洋画家，如徐悲鸿、刘海粟、汪亚尘等。这两类画家在经济来源上也有所区别，前一类画家悬格卖画者居多，后一类画家办学课徒者居多。他们多是一些名画家，当时若不具备一定的资格、名望，美术院校当不至于延聘，即使鬻画也少有人问津。至于尚未成名者，则又是另一种情形。商业美术往往成

---

① 钱钟书. 人・兽・鬼　写在人生边上[M]. 福州：海峡文艺出版社，1991.

为一部分年轻画家的生活之源。

一、商业美术的兴起：文化苦力的饭碗

民国时期，中国的民族工商业获得了一定的发展，为了招徕顾客、争夺市场，以商业美术为主要形式的工商业广告制作业也应运而生。当时的画家中，有不少人通过商业美术这条路踏进了艺术的大门。如徐悲鸿、蒋兆和等人都曾在中国工商业中心城市上海做过广告画，或其他商业性绘画。

商业美术这种艺术形式本身就是与经济活动紧密结合的，在激烈的市场竞争中，这方面的开支对于工商业主来说甚至是不可缺少的。但它对于画家艺术水平的要求往往并不高（少数除外），因而也成了无名画家的生活之源。

二、卖字画收润笔：齐白石的例子

民国时期收取润笔、送人字画的艺术市场相当发达，几乎所有当时的画家都曾挂榜卖画。不少书画家在南纸铺（店）挂"笔单"（即各种规格字画的价目表），通过南纸铺出卖作品。在民国书画市场上，齐白石是颇具代表性的重要人物（见附页图12-2）。

有位贵妇向齐白石买画问价，齐白石说："这是二尺画，十块银洋，我不会因为你是某夫人而多要钱，也不能因为你是某夫人而不收钱。"[1]齐白石冲破中国社会的"情面"束缚，认钱不认人，他曾多次声明："卖画不论交情，君子自重，请照润格出钱。"[2]他不仅这样声明，而且也这样做了。他还在大门口张贴了这样一张告白："我画画卖钱，送礼者决不受，门房谨知。"[3]

不仅如此，齐白石还打破私人订制式的卖画惯例，拒绝命题。20世纪30年代，齐白石在其润例中写道："山水人物、工细草虫、写意虫鸟皆不画。指名图绘，久已拒绝。"[4]确实有利于处理艺术与市场的关系。

齐白石还较好地处理了艺术市场化过程中的金钱问题，既要钱又有节制，既卖艺又有气节，可谓不易。齐白石在卖画时对钱十分认真，他曾多次声明"无论何人，润金先收"[5]，而且"绝止减画价"[6]，但他也绝不贪得无厌地追逐金钱。民国十四年（1925年），有位同乡宾恺南力劝白石老人游历日本，以为兼卖画，足可致富。他答道："余居京华九年矣，可以过活，饥则有米，寒则有煤，无须多金反为忧患也。"（1925年白石日记）

---

① 齐白石. 白石老人自述[M]. 长沙：岳麓书社，1986：172.
② 同①99.
③ 同①.
④ 同①202.
⑤ 同④.
⑥ 同②.

三、润格种种

民国时期，文人悬榜卖字、卖画、卖文乃为通例，如"吴湖帆自二十五岁（1918 年）起悬格鬻画，题材以山水为主"[1]。其他书画家同样情况也相当普遍。一些文化人曾刊出自己的润格价码挂牌治印，如 20 世纪 20 年代瞿秋白的润格是："石章每字 2 元，一周取件。限日急件，润格加倍。边款不计字数，概收二元。牙章、晶章、铜章另议。"20 世纪 40 年代，闻一多的润格是："石章每字 1200 元，牙章每字 3000 元……润资先惠，七日取件。"

民国绘画市场中仍是以名家画价为高，当时吴昌硕、溥心畲、张大千等人画价都很惊人。如 20 世纪 20 年代，"吴昌硕这时名望很大，日本人很推崇他。出一百两银子买他的画"[2]。但如果不为世人赏识，画得再好也无法卖得善价，李可染曾回忆道，"我刚到北京时，黄宾虹的画在琉璃厂一幅只卖两块钱，还没人懂没人买。"[3]

一般来说，画家的名气越大，画价越高，这不仅可以从同一时期不同画家之间的润格差异中看出，而且可以从同一画家不同时期的润格中看出。由于齐白石的卖画生涯贯穿民国始终，同样尺寸的画，画价由二元一直涨到六元二角，其间陈师曾为其在日本高价卖画，对润格的影响也是十分明显的。

民国时期润格的一个新情况是进一步把润格与绘画内容（题材、色彩等）联系起来，力图更加精确地计算书画价格。如名画家吴湖帆，某次江兆申代人向他求画扇面，"湖帆定例也是十六元一面，因为我是代求的关系，湖帆一高兴，给画了青绿。等我拿了十六块钱去取件时，他却说：'青绿加倍，要三十二块。'我只好净贴腰包"[4]。齐白石也一样对不同画题或着色的画作收取不同的润笔，按他当时的润例，"画红色较多的花卉，以及山水人物，工笔草虫等，特别增收一成"[5]。诗人艾青在 20 世纪 50 年代向齐白石买画时也遵照这种差别润例付钱，"他原来的润格，普通的画每尺四元，我以十元一尺买他的画，工笔草虫、山水、人物加倍"[6]。

四、市场状况：字画的保值功能

为了扩大卖画（字）的影响，不少书画家都很重视润格的宣传。齐白石就常年在琉璃厂南纸铺张挂润格，而且在其住所也张挂，当时人们拜访白石老人时，"一进大门就看见屏门上贴着画的润格，进客厅后又看到润格贴在墙上"[7]。甚至还有在报刊上刊登润格广

---

① 戴小京. 吴湖帆传略[M]. 上海：上海书画出版社，1988：23.

② 刘海粟. 往事依稀怀阿寿[M]//卢狂. 潘天寿研究. 杭州：浙江美术学院出版社，1989：28.

③ 张凭. 虚怀者得，持正者胜：李可染老师教诲琐记[J]. 美术. 1990（3）：2.

④ 江兆申. 摩耶精舍谈往：纪念张大千先生周年忌辰[J]. 故宫文物月刊，1983，2（1）.

⑤ 齐白石. 白石老人自述[M]. 长沙：岳麓书社，1986：169-170.

⑥ 同⑤156.

⑦ 同⑤111.

告的。1912 年，李叔同在上海《太平洋报》任文艺编辑时，曾在该报上刊登《李叔同书例》，按照尺寸大小规定相应的价格。袁世凯二公子袁克文晚景落魄，1927 年夏，"三月南游，羁迟海上；一楼寂处，囊橐萧然"的袁克文在上海报纸上也登出鬻字启事。

民国时期，康有为在报刊上登载卖字润格广告，或在上海、北京各大书店放置"康南海先生鬻书润例告白"，中堂、楹联、条幅、横额、碑文杂体，有求必应，无所不写。其润格为"中堂七尺者三十圆（银圆），每减一尺减二圆，每加一尺加二圆；小横额三尺内二十圆，磨墨费加一（圆）"。至于为厅堂楼阁题写"匾额"，价格就更高了。当时的官僚、地主、军阀、富商，附庸风雅，趋之若鹜，纷纷收藏康有为的字书，据说此项收入每月在 1000 银圆左右，合今人民币四五万元。

当时的名书画家通常都有一些固定的代理人，但主要是代售代销，或低进高出，从中谋利。如齐白石的画经陈师曾在日本高价卖出后，"琉璃厂的古董鬼，就纷纷求我的画，预备去做投机生意"①。由于古董商与书画家有稳定的经济联系，互相依靠，往往关系都还不错，有些人为了求名书画的作品往往并不直接去请书画家本人，而是通过古董商向画家求购。古董商为书画家承接一笔交易，则从中提成一部分。如齐白石当年与琉璃厂南纸铺的关系就属于这种情况。

1927 年后，随着中国政治和经济中心的转移，南京、上海已成为政治新贵、商贾名流的云集中心，其中为数不少的人愿意一掷千金，置办几件体现身份的名家字画。中国书画市场迎来了一个难得的繁荣时期。但假画、中介等市场问题也随之而来。1936 年，齐白石就曾专门聘请个人的法律顾问，维护自身的权益。

20 世纪 40 年代以后的经济混乱和通货膨胀对书画市场冲击很大。一方面由于纸币持续贬值，人们纷纷购取名人字画以保值；另一方面，书画家收到成捆的贬值纸币后，经济损失惨重，得不偿失，不少人不得不暂停卖字卖画。对于这些情况，齐白石老人在其自述中颇有揭露，他说，"金圆券"发行以后：

物价的涨风，一日千变，比了"法币"，更是有加无已。囤积倒把的人，街头巷尾，触目皆是。他们异想天开，把我的画，也当作货物一样，囤积起来。拿着一堆废纸似的"金圆券"，订我的画件，一订就是几十张几百张。我案头积纸如山，看着不免心惊肉跳。朋友跟我开玩笑，说："看这样子，真是'生意兴隆通四海，财源茂盛达三江'了。"实则我耗了不少心血，费了不少腕力，换得的票子，有时一张画还买不到几个烧饼，望九之年，哪有许多精神？只得叹一口气，挂出"暂停收件"的告白了。②

恶性通货膨胀对艺术市场的如此破坏和冲击在中国艺术经济史中可以说是绝无仅有的，由此亦可见相对稳定的外部经济环境对艺术市场的重大影响。

民国时期的书画市场还出现了一种新的卖字画的形式，即办书画展，扩大社会影响，

① 齐白石. 白石老人自述[M]. 长沙：岳麓书社，1986：78.
② 齐白石. 白石老人自述[M]. 长沙：岳麓书社，1986：108.

并借机卖画,据画家高冠华的回忆,"抗战期间,在重庆,个人画展,风靡一时,不少是为名逐利",这种借画展卖画的活动相当普遍,画家自己就曾这样卖画并颇有积蓄,"1943年,我自己在昆明、重庆举办了五次个展,积累黄金百两。"[①]1943年11月19日,傅雷操办"黄宾虹八秩书画展览会",画展期间,共计卖掉字画160件,售得款项约14万3千余元,去掉各项开支,"大致净盈余在十二万左右"。

第五节　工艺业与古董业

一、工艺品的生产和贸易:刺绣的国际行情

1937年以前,随着中国经济的持续增长,人民生活水平有较大提高,对高档生活用品的需求也十分旺盛。这一切都使中国的传统工艺品制造发展迅速。20世纪二三十年代,是民国上海工艺美术的全盛时期,仅玉石雕刻、象牙雕刻、木雕、漆雕等作坊就有300多家,从业人员达到3000余人。当时上海不少地段已成为工艺美术各业经营和生产的集散地:小东门的彩衣街专营戏剧服和道具,昼锦里(现山西南路)专营绣品、珠宝首饰和绒花等,北海路一带经营灯彩业(时称纸扎业、巧玲珑),山东路一带经营画像,新北门和南京路红庙一带经营红木家具。其间,先后成立了玉器、牙刻、木器、漆器、银楼、地毯、裱画、画像、镜木、刺绣、抽绣花边、证章和刻字等同业公会。

同时,随着国际交往的增多,外国对中国工艺品的需求也较大。民国十五年(1926年)上海珠宝业派员作为中国代表团成员参加了美国费城博览会。民国二十二年(1933年)在美国芝加哥博览会上,上海口岸出运的展品约200箱,其中不少是工艺美术品。苏绣创始人沈寿以摄影做绣稿制作的《意大利帝后肖像》,在万国博览会获"世界至大荣誉最高级之卓越奖凭"。另外,她的《耶稣像》在1915年的巴拿马博览会上获得一等大奖,售价高达13 000美元。

二、古字画市场:前清皇室盗卖国宝被骗

民国时期,由于中国积贫积弱,民众财力不支,一些价值连城的国宝遂非洋人莫属,国内古董商们也把注意力转向洋人的钱袋。有人甚至提出要出售古董换取中国工业化的资金。[②]这种情况使得民国古董市场实际上成了一种外向型市场。另外,由于国民政府开

---

① 高冠华. 诲与学[M]//卢狂. 潘天寿研究. 杭州:浙江美术学院出版社,1989:95.

② 1938年,清华大学教授吴景超提出要政府把一些古董拿到国际市场上去拍卖。他说,"我们是一个贫弱的国家,现在不是玩古董的时候","我们可以借这些古董的力量,来使中国工业化的速度加增,使中国富强的日子早日到来"。并认为如果一定要玩古董,待日后中国富裕了再从海外买回来也不迟。(吴景超. 中国工业化的途径[M]. 北京:商务印书馆,1938:15-16.)

始采取措施禁止文物外流，古董出口便失去了正常的渠道。因此，民国古董市场与走私有了特殊关系。

民国时期，不仅当代书画家的作品市场繁荣，古字画的生意也相当大。其中有不少是民间传世作品的转手，但更大的古字画来源却是被废黜的前清皇室。以清朝末代皇帝溥仪为首的这个"超级贵族"集团，大量盗运、售卖宫中收藏的字画。据溥仪的"大臣"胡嗣瑗的《直庐日记》1931 年 3 月 19 日载：溥仪盗卖字画，被美国人所骗，后经反复交涉，该美商"始允将重价者五件，多取者一件，如数交出，余四件须如原议售价与之，以全体面……并出示交回及留售各件清一纸，窃见所留者售价与拟价相差无几，自可照允。交回者为李成两卷、燕文贵一卷，宋人无名氏两，原拟价三十万元以外，所还不及二万，幸已索回，否则遭此巨骗，处置极难矣"[1]。通过此类情形，前清皇室将大量珍贵字画低价售出，甚至流出国外，其数量已不能详估。

此外民间古字画转手交易也很多，民国初年，民间仍颇受有清一代习俗影响，厚今薄古，清初名家作品价格都不低于宋元两朝。

近来厂肆之习，凡物之时愈近者，直愈昂。如四王、吴、恽之画，每幅直皆三五百金，卷册有至千金者。古人惟元四家尚有此直，若明之文、沈、仇、唐，每帧数十金，卷册百余金。宋之马、夏视此，董、巨稍昂，亦仅视四王而已。书则最贵成邸及张天瓶，一联三四十金，一帧逾百金，卷册屏条倍之。刘文清、王梦楼少次，翁苏斋、铁梅庵又少次，陈玉方、李春湖、何子贞又次，陈香泉、汪退谷、何义门、姜西溟贵于南而贱于北。宋之四家最昂，然亦仅倍成邸；松雪次之。思白正书次之，然亦不及成、张；行书则不及刘、王。若衡山、希哲、履吉、觉斯等诸自郐。此皆时下赏鉴，而贾人随之。[2]

由于古字画交易额较大，成交频繁，民国期间还有不少集中买卖古旧字画的场所，著名的如北京琉璃厂的海王村一带，不仅有大量字画店常年营业，而且有不少街头摊贩麇集于斯。

民国时期，中国古字画通过民间渠道流出海外者也很多。当时国内政局混乱，关禁废弛，使大批优秀古字画得以轻易出口。至于外国人在中国境内收购古字画并携出海外者则更是司空见惯。辛亥革命以后的 16 年，由于新老军阀连年混战，各派势力此起彼伏，一些外国财团、使馆官员和其他官僚、学者乘机贱价收购中国字画。美、英、法、日、德等国甚至在北京驻有古董商收买中国字画文玩。南京国民政府成立后，虽在文物出境上有所管制，但能查获的仍极其有限，大量珍贵字画通过走私渠道照样被偷卖出去。日本侵华期间被强"买"、劫掠去的字画更是数目惊人，其罪行罄竹难书。

① 杨仁恺. 国宝沉浮录：故宫散佚书画见闻考略[M]. 上海：上海人民美术出版社，1991：87-88.
② 孙殿起. 琉璃厂小志[M]//震钧. 天咫偶闻. 北京：北京古籍出版社，1982：60.

三、古董商的大额交易：岳彬与普爱伦的合同

古董行有一句俗话：行市是买起来的。因此市价之涨落基本上也可反映购买的状况。1916 年后，明清名人字画价格暴涨，1916 年的价格比清末翻了几倍，有的画甚至涨了十多倍。从民国元年直到抗日战争全面爆发为止的 26 年间是中国古玩字画市场最兴盛的时期之一，这也反映了私家购藏之风的盛行。抗日战争全面爆发后，由于长年内外战争不断，国家经济濒于崩溃，民间财力物力也消耗殆尽，能收购赏玩字画古董者大为减少，中国私家收藏终于疲乏困顿，写上了一个无力的句号。

民国古董市场在早期仍继承清代古董市场的基本方式，著名的北京琉璃厂仍然是独领风骚的文物渊薮。1928 年后，由于迁都南京，北京地位下降，大批文人、商人都随之南迁，琉璃厂古董市场的"繁荣状态一落千丈"。[①]与北京琉璃厂盛极而衰相对应的是南方工商业城市——上海古董市场的迅速崛起。

民国古玩商对其搜集来的古董有"洋庄"与"本庄"之分。所谓"洋庄"是走私到国外市场的古玩珍品，"本庄"则是指国内市场上的二三流古玩。当时能做洋庄生意的往往是一些大古董商，如上海古玩业的四大金刚叶叔重、张雪庚、戴福保、洪玉林所经营的四爿古玩店，即号称"四足鼎"的"禹贡""雪畊斋""福源斋""珊瑚林"，都是主要以经营洋庄生意发大财的。

这些大的垄断古玩商为了牟取暴利，形成了一整套的盗窃、走私程序。他们在外国"收藏家""博物馆职员"的指使下，有组织、有计划地四处搜求，甚至盗窃文物，然后再行贿海关，走私外流。他们根据国际市场的行情，千方百计地猎取文物，盗卖出国。叶叔重在 1927—1942 年与外国订立契约，经他亲手收进并盗卖给英、美、法、日、瑞士等国博物馆的各类珍贵文物就达 8000 件之多，仅销往美国的就达 300 万美元。与上海的古玩商大肆走私、盗窃珍贵文物相呼应，北京一些古玩商亦铤而走险，毫不逊色。岳彬就是这样一位奸商。1954 年，北京市人民法院在对岳彬进行调查时，检查出盗卖剩余文物达 15 339 件，其中有重要艺术价值的历史文物 4979 件，有一般艺术价值的历史文物 2431 件。[②]岳彬最令人发指的罪行是对洛阳龙门石窟石刻的盗窃、破坏。这些石刻文物被岳彬运走后，除一部分卖给国内其他古玩商如上海叶叔重等，转售国外以外，大部分由他自己直接卖给外国人。

通过这些盗卖走私活动，古玩巨头们获得了数以万计的利润。在很长一段时期内，由于连年战乱，政府打击不力，这些古玩奸商为所欲为，使一大批珍贵国宝流失海外。

---

① 张涵锐. 琉璃厂沿革考[M]//孙殿起. 琉璃厂小志. 北京：北京古籍出版社，1982：2.

② 唐占蕴. 盗窃佛教珍贵文物的奸商岳彬受严惩[J]. 现代佛学，1955（4）.

第六节　电影业

电影是近代科技发展的产物。当 1896 年电影传入上海时，人们为其取了个中国名——"影戏"，并迅速得到观众的欢迎。

一、电影院：看客和院线

电影是近代工业文明与商业文明的完美结合。电影面世不久，其商业性特征就相当显著。无论是投资方式还是制作发行方式都是相当商业化的，以盈利为目的的。

民国初年，中国的电影产业中虽然有了民族工业的萌芽，但真正起主导作用的还是欧美。欧洲人中又以法国人势力最大。虽然他们没有大量介入影院、院线领域，但法国百代公司等却垄断了影片供应。从留声机到电影胶片，法国百代公司都提供了完整的链条业务，他们在加尔各答、孟买、香港、天津和上海都设有办事处。首映电影，每 500 米胶片，法国人的平均要价为 500 元（民国旧币），相当于当时的 211.5 美元。第二轮片子租价则为 400 元，第三轮降为 300 元。电影租金要预先支付，由片主从租借人的押金中扣除。虽然美国人在亚洲也有负责租售其电影的代理处——设在菲律宾的马尼拉，但当时在中国流行的美国电影，大部分也是由法国人发行的二手货。

由于放映电影可以获得巨大的收入，各地建设的影院越来越多，也越来越高档。与此相应的，票价也越来越高。据说 20 世纪二三十年代上海最高级的大光明影院一场电影的门票从 6 角到 2 元 5 角不等，而当时一担米的价格是 8 元，对于一般市民而言，一个月的饭钱也就在 6 元到 8 元之间。这个时候进电影院的人已经与当初茶楼里的看客有了很大的不同。旧上海的一则报纸简讯报道过那时最常去影院的五类人，他们是谈恋爱的年轻男女、厌倦舞台剧的有闲妇女、无聊的富商、逃避生活的青年以及影评人。

截至 1926 年 3 月，当时全国已有一百五六十家影戏院，其中绝大部分为外商所开设或控制；只有 8 家中国人创办的影戏院公司，此外还有 20 来家由中国人管理的影戏院。影院的成功又刺激电影发行商仿照连锁经营的方式，形成自己的院线。1926 年，法国百代公司与明星影片股份有限公司（1922 年由张石川、郑正秋、周剑云等人在上海发起创立）合作，集资收购或承租夏令配克（Olympic 的旧译）等 5 家影院，以原有的中央大戏院领衔成立中央影戏公司。

二、电影制片公司：国学大师看不懂好莱坞

院线的成功又带动了电影生产的发展。民国初年，除欧美开设的电影公司外，中国自

己创办的电影公司也此起彼伏。从 1918 年商务印书馆活动影戏部成立开始，特别是 1923 年明星影业公司的《孤儿救祖记》成功带来的巨额利润刺激和鼓舞了人们拍摄电影的热情，众多的电影公司纷纷成立，到 1927 年，中国已有如天一影片公司等 100 多家电影公司。当然其中仍有不少是具有外资背景的。图 12-3 为 1935 年电通公司拍摄电影《风云儿女》的现场照片。

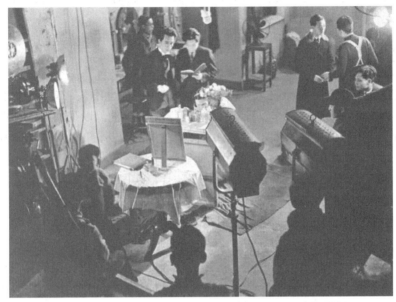

图 12-3　电通公司拍摄电影《风云儿女》现场，金石声摄

除在中国投资设立电影公司和办事处外，好莱坞等国外制片商也开始在中国拍摄电影，这对中国电影界实际上是一个送上门来的示范。美国福斯公司就曾在上海南京路拍摄有声电影，无论是从装备还是做派上讲都堪称楷模。

对于中国人来说，美国好莱坞的产业化运作似乎很难理解，特别是仅仅为了拍摄一部供娱乐的影片，竟当真花费巨资，实在是不可思议。当时王国维与胡适的一段对话就颇具代表性，也反映出两代人的认识距离。

据《胡适日记》1923 年 12 月 16 日所记：

往访王静庵先生（国维），谈了一点多钟。……他又说，西洋人太提倡欲望，过了一定限期，必至破坏毁灭。我对此事却不悲观。即使悲观，我们在今日势不能跟西洋人向这条路上走去。他也以为然。我以为西洋今日之大患不在欲望的发展，而在理智的进步不曾赶上物质文明的进步。

他举美国一家公司制一影片，费钱六百万元，用地千余亩，说这种办法是不能持久的。我说，制一影片而费如许资本工夫，正如我们考据一个字而费几许精力，寻无数版本，同是一种作事必求完备尽善的精神，正未可厚非也。

三、好莱坞电影在中国的倾销

根据尹鸿等人的研究，从第一次世界大战在欧洲打响的时候起，美国电影就开始全面进军中国市场。到战争结束时，好莱坞电影已经取代了欧洲电影。用一句美国外交官当时的话说，"现在中国上演的电影已经几乎全是美国片了"。一项资料显示，美国出口到中国的胶片从 1913 年的 189 740 英尺[①]（包括已摄制的胶片和没有曝光的原胶片）增加到 1918 年的 323 454 英尺。"一战"过后，到 1925 年则达到了 5 912 656 英尺（价值 151 577 美元）。这些数据表明，就在这段时期，美国对中国的输出总额从 1913 年的 2100 万美元剧增到 1925 年的 9400 万美元。而从比例上看，1913 年美国对中国的电影出口额仅为美国出口总额的 0.04%，而 1925 年就增加到了 0.16%。

此后，中国电影院几乎成了好莱坞的天下，到 20 世纪三四十年代更加突出。据南京国民政府电影检查委员会的统计，1934 年有 412 部外国电影在中国放映，其中有 364 部来自美国，占进口影片的 88%。这个 364 的数字与好莱坞那一年生产的长故事片总数目基本一致。这个数字再次说明，从 20 世纪 20 到 30 年代，好莱坞出品的百分之八九十的影片都会在中国得到发行放映。从老上海电影院前香烟糖果摊后面的海报看，放映的都是好莱坞影片。

随着好莱坞电影进入中国，20 世纪 30 年代初，在许多大城市甚至出现了大型户外电影海报。这种纯商业化的运作，对于中国传统戏曲来说几乎是不可想象的。在这种大手笔宣传广告的背后，是巨额的电影发行利润。据美国影业行内人士的估计，好莱坞通过海外发行和租赁，平均每年有 8 亿～9 亿美元的收入。而中国在这个总收入中所占份额为 1%，即每年 800 万～900 万美元。

电影业催生了中国最早的广告明星。如 20 世纪 30 年代被评为"电影皇后"的上海女影星胡蝶就多次应邀拍摄商业广告，说明物质生产企业开始认识到影星等公众人物代言其产品的巨大号召力，影星们也因此多了一个新的收入来源。

第七节　新兴文化产业

一、唱片业：留声机引领新生活

到 20 世纪 30 年代，中国民族唱片业逐渐形成了包括"百代"、胜利、大中华三大唱片厂，以及十几个小型唱片公司在内的行业体系，它们录制生产了大量戏曲、曲艺、歌曲的唱片，销往全国各地。

[①] 1 英尺≈0.3 米。

20 世纪 30 年代，新兴的流行歌曲被市民所喜爱，成为唱片录制的重要内容，诞生了一批著名的歌星，如周璇、胡蝶、李香兰、姚莉、王人美等。通过与电台广播、有声电影等新娱乐方式的交叉传播，影星们具有很强的社会知名度，成为各唱片公司争夺的对象。为了争取明星们录音，各公司专为她们"量身定做"歌曲，并不惜给予优厚的报酬，如百代公司曾给予周璇 6% 的版税。有些年纪尚轻的女歌星一个月的收入可达 20～30 元，令世人羡慕。此外，唱片公司也大力争夺京剧以及其他戏曲名角，谭鑫培、孙菊仙、王瑶卿、梅兰芳、程砚秋、尚小云、周信芳等一大批京剧名角也纷纷录制唱片，使戏迷们足不出户就能反复欣赏名家的唱段。

据资料记载，百代、大中华、胜利 3 家公司在 1949 年以前共出版各种牌号的粗纹唱片 8000 余种，制作数量达数百万张。当然，唱片的发展与留声机进入家庭是分不开的。由于受到市场需求以及高利润的刺激，上海本地的留声机制造业也日趋兴旺。1930 年前后，上海的唱机行已经达到 10 余家，比较著名的品牌有宝芳牌、大声牌、洋洋牌。当时比较高档的国产唱机一般采用沈祥记的镀金铜配件、钟才记的木壳，外衬高级丝绒，机芯从瑞士进口，售价在 80 元左右，与进口唱机的价格大致相同；而比较普通的国产唱机则使用本地机芯，外装饰也比较实惠，售价通常在 40 元左右。后来更加便宜，鲁迅在 1935 年就为儿子拿出 22 元去买了一台留声机。[①]这一切都为中国音乐产业的发展奠定了物质基础。

二、文化传播业：谁买得起收音机

1923 年 1 月 23 日，中国无线电公司经理奥斯邦（美国人）与《大陆报》合作创办的中国第一座广播电台正式开播。以唱片选段收尾的广播音乐会使听众受到了极大的震撼。1927 年，新新公司建成中国第一座国人自建的民营广播电台。截至 1934 年 2 月 5 日，上海共有 41 家广播电台，数量居全国之最。这些电台中有外商投资设立的，也有民营的，还有官办的，以及宗教团体等设置的。

除个别如华美西人广播电台、其美电台等之外，播放唱片在绝大多数广播电台的节目表中占有很大的比重，内容包括京剧、申曲、弹词、滑稽、宁波滩簧、流行歌曲、西乐等。收音机在早期仍然属于高端用户特有的娱乐工具，因为其价格之高绝非一般工薪家庭所能承受。1935 年，洪深认为，只有每个月赚 500 块钱的人的生活中才应该包括一台收音机。[②]

后来，广播电台的兴盛使收音机在中产阶级市民中逐渐普及，越来越多的人开始从收音机里欣赏音乐。广播事业对音乐产业的贡献在于扩大了唱片的用途与影响，为其开拓了一个全新的市场，同时促进了流行歌曲、戏曲、曲艺的发展和普及，为丰富唱片内容

---

① 鲁迅. 鲁迅选集：第 12 卷[M]. 北京：中国文史出版社，2002：692.

② 洪深. 大饭店[J]. 良友画报，1935（111）：11.

做出了贡献。更重要的是，广播事业的发展，也进一步改变了人们的娱乐方式。人们可以收听的内容空前丰富，欣赏的成本也大为下降。音乐第一回成为"免费的午餐"。

三、游乐业：黄楚九的传奇

1912 年，上海新新舞台老板黄楚久提供新新舞台的楼顶，"地皮大王"经润三出资并设计施工，两人共同经营，利润分成，建成上海第一家游乐场——"楼外楼"，还有人叫"屋顶花园"。规模虽然不很大，但是这种娱乐消费相兼的综合游乐场当时独此一家。开张之后，门庭若市，生意十分兴隆。

因"楼外楼"经营的成功，投资者又决定在泥城桥附近跑马街转角处，租下一块空地，合资建造一座三层楼房的大型游乐场。1915 年，游乐场正式落成，取名"新世界"，由黄楚九出任经理。新世界买卖兴隆之后，带动了上海新兴娱乐事业的大发展。此后，由于投资方之间的矛盾，黄楚九决定自己筹资 80 万，募股组建公司，建设更大的游乐场。由于前面成功的先例，很快就筹集了足够的资金建成了"大世界"，成为上海最大的游乐场，建筑面积达 14 700 平方米，每天接纳观众 2 万多人次。

四、舞厅业：百乐门的惊险故事

百乐门大饭店舞厅是上海著名的综合性娱乐场。1932 年，中国商人顾联承投资 70 万两白银，购静安寺地块并营建 Paramount Hall，并以谐音取名"百乐门"。这座三层建筑被称为"东方第一乐府"。该娱乐场建成之后，一度租给某法国人来经营。由于出租合同规定，"百乐门"老板根据客人人数抽成，这位法国人即规定舞客一律自带舞伴，而收费极为昂贵，这使"百乐门"蒙受极大的损失。不久，"百乐门"辞退该法国人，重新易人经营，并向社会招聘舞女。当时，舞女的月收入高达 3 千～6 千元，是普通职员的十倍以上。

1941 年太平洋战争爆发后，一位叫陈曼丽的舞女因拒绝为日本人伴舞，被日本人派人枪杀在舞厅内。

 本章小结

▶▶ 兴建中山陵反映了中国人民的心愿。尽管在营造过程中进行科学管理，并本着节约原则多方设法降低造价，但毕竟所费宏巨，堪称民国期间国家赞助管理的最大建筑工程。在中国建筑艺术史上，这是第一次向全社会招标建筑如此大型的工程。

▶▶ 演艺业在民国时期进入一个新的阶段。私家蓄养门客艺术家的现象几乎绝迹，而聘请名角、剧社唱堂会相当普遍，戏剧市场极大繁荣。新式剧场日益增多，旧式茶园剧场已不占主要地位。在一些开放的大都市，人们开始热衷于尝试新的、洋味十足的娱乐，比

如西洋歌剧、文明戏、音乐会等。

➤➤ 由润资向稿费的过渡早在清代就已萌芽，民国期间已基本定型。各地报纸经常向社会征文，并悬以赏格，客观上刺激了文学市场的繁荣。报刊除了广泛吸引来稿，还聘请了不少专职和特邀记者以及评论员等。书报杂志出版业的兴起，为文化人以文谋生创造了较为体面的交易方式。

➤➤ 民国时期，中国的民族工商业获得了一定的发展，以商业美术为主要形式的工商业广告制作业应运而生。传统的收取润笔、送人字画的艺术市场相当发达，几乎所有当时的画家都曾挂榜卖画。为了扩大卖画（字）的影响，不少书画家都很重视润格的宣传。20世纪40年代后的恶性通货膨胀对艺术市场产生了巨大的破坏和冲击，在中国艺术经济史中可以说是绝无仅有的，由此亦可见相对稳定的外部经济环境对艺术市场的重大影响。

➤➤ 1937年以前，随着中国经济的持续增长，人民生活水平有较大提高，对高档生活用品的需求也十分旺盛。这一切都使中国的传统工艺品制造发展迅速。20世纪20—30年代是民国时期上海工艺美术的全盛时期。同时，随着国际交往的增多，外国对中国工艺品的需求也较大。

➤➤ 民国时期，由于中国积贫积弱，民众财力不支，一些价值连城的国宝遂非洋人莫属，国内古董商们也把注意力转向洋人的钱袋。有人甚至提出要出售古董换取中国工业化的资金。这种情况使得民国古董市场实际上成了一种外向型市场。另外，由于国民政府开始采取措施禁止文物外流，古董出口便失去了正常的渠道。因此，民国古董市场与走私有了特殊关系。通过这些盗卖走私活动，古玩巨头们获得了数以万计的利润。由于连年战乱，政府打击不力，古玩奸商的走私活动使一大批珍贵国宝流失海外。

➤➤ 民国初年，中国的电影产业虽然有了民族工业的萌芽，但真正起主导作用的还是欧美。从第一次世界大战在欧洲打响的时候起，美国电影就开始全面进军中国市场，中国电影院几乎成了好莱坞的天下。

➤➤ 民国时期形成了三大唱片厂，以及十几个小型唱片公司在内的唱片业行业体系。广播事业为丰富唱片内容做出了贡献，使音乐第一回成为"免费的午餐"。游乐业兴建了"楼外楼""新世界""大世界"等游乐场。舞厅业中，"百乐门大饭店舞厅"被称为"东方第一乐府"。

 思考题

1. 简述中山陵的营造管理流程。
2. 民国时期的演艺业发生了哪些变化？
3. 简述稿费制度对文学业的影响。
4. 如何评价民国的古董业？
5. 通货膨胀对民国书画业产生了什么影响？

第十三章

中华人民共和国时期[1]

 学习目标

通过本章的学习，学生应了解或掌握如下内容：

1. 掌握新中国成立初期文化产业的公有化和事业化；
2. 了解文化产业的边缘化时期；
3. 掌握改革开放初期文化产业的复苏；
4. 掌握全面建设市场经济时期文化市场体系的建立和文化产业化的推进；
5. 掌握完善市场经济体制时期文化体制的改革；
6. 掌握大国崛起期文化产业成为国家战略性产业的情况；
7. 了解文化产业的新使命。

 导言

  1949 年以来，中国共产党领导全国人民不懈探索社会主义先进文化建设道路，凝聚中国力量，构筑了中国精神、中国价值，丰富了人民的精神文化生活，满足了人民对美好精神文化的需求，取得了重要的文化建设经验和成果。文化产业的发展是我国经济建设的重要体现，也是社会变革、思想变化的折射。由于文化产业本身的意识形态属性，新中国成立 70 年来我国文化产业经历了曲折的发展道路，从一个侧面反映了中国政治生态的变迁和社会生活的变革。但总体来看，随着社会不断进步，人民生活水平不断提升，产业环境不断完善，文化产业呈现了从小到大、从弱到强、从单一到融合的特点，内涵不断延伸，新业态不断涌现，在国民经济中占有重要地位。

  我国政府调动一切积极因素，从政策指引、制度建设、基础设施建设等方面为文化产业发展提供了保障，奠定了社会主义文化基础。制度是资源配置的实际决定因素，制度的

---

① 李向民，杨昆. 新中国文化产业 70 年史纲[J]. 福建论坛：人文社会科学版. 2019（10）：59-72.

短缺或制度供给滞后会制约经济发展。文化产业兼具意识形态载体和经济建设功能，在新中国成立之后一直是国家和政府重点关注的对象。国家通过制度和政策影响文化产业发展，从宏观的政治、经济、文化背景到微观的企业生产、经营、销售等，指导文化产业发展方向，制定文化体制，规范文化市场，激励文化消费，促进文化生产力的提升和文化产业社会效益、经济效益的协同发展。

新中国70年文化产业经历的曲折但又昂扬的发展过程，可以说是新中国成长史的一个缩影，也从另一方面呼应了国际形势、技术进步、金融创新等外部环境。总体上看，这一历程可以分为7个阶段：一是新中国成立初期的17年（1949—1966年），社会主义公有制计划经济迅速确立，文化产业逐步事业化；二是徘徊中的前进期（1966—1978年），文化产业被边缘化；三是改革开放初期（1978—1992年），文化体制改革相对滞后，文化产业艰难复苏；四是全面建设市场经济时期（1992—2002年），文化市场逐步繁荣，文化体制改革逐步破题；五是完善市场经济体制时期（2002—2009年），积极做强做大文化产业市场主体，完善市场体系，文化产业的经济功能日益凸显；六是大国崛起期（2009—2017年），文化产业作为战略支柱性产业受到重视，文化产业在产业融合、业态创新中地位突出；七是新时代（2017年以来），文化产业在满足人民对美好生活需要中发挥重要作用，文化的引领作用进一步彰显。这7个阶段都有一些标志性的重大事件。

第一节　新中国成立初期（1949—1966年）: 文化产业的公有化和事业化

新中国成立初期，我国以"一化三改造"为核心全面推进公有化改造：一是逐步实现社会主义工业化；二是逐步实现对农业、手工业和资本主义工商业的社会主义改造。在此过程中，中国旧文化产业通过社会主义改造被纳入计划经济体制。文化单位规划生产、统销统分，直接导致资源高度集中、统一调配。许多原来的文化企业不再是一个独立的经济实体，不能自由支配其运营收入，运营所需设备资产等需要专门的拨款，所取得的利润全部上交财政。由于政治、文化体制的变革，文化供给、市场价格体系都被纳入计划与公有体制，这种变革对党和国家的政策宣传和文化建设都有积极推动作用。

一、文化及产业政策

新中国成立初期，社会主义基本制度确立，为当代中国一切的发展进步奠定了根本的政治前提和制度基础，文化产业面临新的政治环境与经济环境，更加突出文化的意识形态属性，弱化甚至否定其市场价值和产业特性。文化产业的主要特征表现在两个方面：一是开始并逐步完成对工商业的社会主义改造，文化产业的产权制度和管理制度发生深刻变化，文化生产活动均以文化事业的形式面向社会；二是国家对文化人、艺术家实行工薪制，面向市场的文化艺术家从自由职业者等市场主体转变为文化艺术工作者，成为文化艺术单位的一分子。

文化产业一方面有意识形态的特点，另一方面也具有经济属性特征。无锡泥人、景德镇瓷器、苏州刺绣等手工艺品的商品化特点比较明显，依然具有一定的市场流通度。但另一部分精神产品如戏剧、电影等主要强调意识形态的承载功能，1949 年 8 月，中宣部在《关于加强电影事业的决定》中指出，"电影艺术具有最广大的群众性和普遍的宣传效果，必须加强这一事业，以利于在全国范围内及在国际上更有力地进行我党及新民主主义革命和建设事业的宣传工作"。新中国国家电影工业主要服务于政治宣传与新社会的文化建设，传统电影产业链迎来了根本性变革。电影在形象传播上具有大众化、通俗化的特点，因而成为国家传播意识形态、构建文化主导权的重要方式。戏剧演出团体逐渐国有化、专业化。"破旧立新"的时代主题使得传统文化研究领域出现了教条化现象。针对此现象，"百家争鸣""百花齐放"的"双百"方针被逐步提出。1951 年 4 月 3 日，毛泽东为新成立的中国戏曲研究院题写"百花齐放，推陈出新"，成为新中国成立初期戏曲工作的指导方针。1951 年 5 月 5 日，政务院发布了《关于戏曲改革工作的指示》（五五指示），明确了戏剧演出的意识形态宣传作用，提出剧团和剧场管理制度等"改戏、改人、改制"的改革基本方针。1953 年，毛泽东就中国历史研究问题提出了"百家争鸣"的主张。直到 1956 年，新中国正式进入社会主义建设时期，4 月中央政治局扩大会议上，"双百"方针被正式提出，是新中国成立以来党的文化政策的重大转折。1958 年的"三并举"和 1963 年的"大写十三年"，把现代戏的创作和演出提到了首要位置。

二、文化经营主体

新中国成立后迅速开展社会主义改造，以期实现生产关系的飞跃，消灭私有制成为此阶段的主要政治任务。因此，文化产业也出现了两个变化：一是大型文化企业如上海的电影公司、景德镇的陶瓷厂及一些民间手工业企业等开始通过公私合营等方式转变为公有经济；二是以个体劳动和自由职业为基础的文化产业也开始逐步转变为文化事业，如天桥的杂技艺人、民间剧团、书画家等开始成为各类文化事业单位的工作人员。

新中国成立初期，公有经济和私营经济并存。1949—1952 年，电影事业迅速恢复发展，国营电影制片厂和十几家私营电影企业共生产故事片 101 部，其中仅 1950 年即生产 60 部（国营 29 部，私营 31 部），形成了新中国成立后电影创作的第一次高潮。1949 年、1950 年的两次电影局扩大行政会议中提出，国营电影事业必须实行企业化，并在企业化过程中奠定了人民电影的经济基础。国有电影体制迅速成长。1949 年 11 月建立的上海电影制片厂、1946 年 10 月成立的东北电影制片厂和 1948 年接收的北京电影制片厂，成为新中国成立后三大国家电影制片厂，为社会主义电影事业的发展奠定了组织、物力、人力基础。

新中国成立后，手工业作为新民主主义国家 5 种经济成分之一，写入《中国人民政治协商会议共同纲领》，政府对手工业的社会主义改造采取积极领导、稳步前进的方针，承诺在经营范围、原料供给、销售市场、劳动条件、财政政策和金融政策等方面加以扶持。工艺品的生产公司属于计划经济体制，个人无法进行生产资料的组织和销售，只有调拨，没有市场。一些带有贸易性质的交易则主要面向国外。1953 年，中华全国合作总社召开会议，提出经过合作化道路，把手工业分散的个体小生产变为集体生产，逐步实现半机械化或机械化，从而开始了手工业合作化的变革。1956 年，上海工艺美术行业先后建立 118 家生产合作社，当年完成工业总产值 2259.7 万元，其中出口 1079.8 万元，占 47.78%。

在劳动报酬方面，新中国成立初期一定程度上继承了民国时期的出版制度，作家通过稿酬、版税等收入保持高收入水平。当时一部长篇小说能得稿费数千元，万字左右的论文能得 200 元，但普通职工的平均月薪只有 40 元左右。高额的稿酬和"版税制"与收入分配制度格格不入。1950 年 9 月，第一届全国出版会议初步拟定了新中国的稿酬制度。1953 年，中国新闻出版总署统一口径，制定了"按基本稿酬加印数定额付酬"的付酬标准，拉开了降低稿酬的序幕。1958 年，随着国家政策的调整，稿酬大幅度下降。文化部、中国作家协会甚至主动向中央请示彻底废除版税制，彻底改革稿酬制度。"基本稿酬"与"印数稿酬"不断减少，重印也不再给稿酬。上海市作协从批判资产阶级法权、缩小文学工作者和劳动人民的薪酬差距出发，发表了《中国作家协会上海分会为〈收获〉〈文艺月报〉〈萌芽〉〈跃进文学研究丛刊〉降低稿费标准告读者、作者书》，同年 7 月 14 日，文化部颁发《关于文学和社会科学书籍稿酬的暂行规定草案》，正式制定了统一的稿酬标准。10 月，文化部发布《关于北京各报刊、出版社降低稿酬标准的通报》，规定"今后报刊的稿酬标准应以每千字三至十元为宜"。随着政治形势的变化，"印数稿酬"又多次下降。1966 年 6 月，各出版单位自动取消稿酬，稿酬制度实际上被停止。

戏剧影视行业的演员薪酬也出现了类似变化。1951 年的"五五指示"规定戏剧团体的经营权和所有权相分离，对演员的薪酬分配制度也进行了变革，著名演员和普通演员之间的薪酬差异缩小，不再出现几十倍、上百倍的差距。1957 年，电影人的酬劳制度改革为基薪、酬金的按劳取酬制度，一时间刺激了影片的生产。但 1960 年困难时期，全国各地开始采取撤并剧团、精简演员的紧缩政策，1962 年国营剧团进行改制，对合作经营的专业剧团给予更广阔的市场空间。

三、文化市场和消费

这个时期文化市场的政治化倾向明显，发展经费主要来源于国家赞助。1953—1957年，国家文化事业费总投入为 4.97 亿元，占基本建设投入的 1%。重视创作轻视演出是这一时期的特点，把剧团当作一个创作部门而不是一个演出团体，戏剧的商业化、市场化和娱乐性被忽视。

艺术家成为国有演出团体的专业文艺工作者，1950 年，北京人民艺术剧院（即"北京人艺")成立,组建了一支包括话剧队、歌剧队、舞蹈队和乐队的综合性表演艺术团体,制作出话剧《龙须沟》,获得了巨大成功。

以美国为首的资本主义国家在政治和外交上对新中国施加各种压力。随着东西方阵营的对立和"冷战"的开始,中国在政治上实行有鲜明立场的政策,对以美国文化为代表的资本主义文化持批判态度。国内文化市场主要对社会主义国家及亚非拉等国家开放,与欧美国家文化交流几乎中断,对外文化市场处于半封闭状态。因此,以好莱坞为首的商业电影在中国失去了生存空间,国内放映的主要是苏联、东欧和朝鲜等地的影片,且数量较少。

由于消费惯性和观众黏性,新中国成立初期的文化消费并没有大幅度波动。但随着国家对文化产业的主动性加强,人们的消费意识和思想认识逐渐改变,文化消费需求产生变化。起初传统戏剧仍有很大的市场,剧团为保证票房持续营业,反复上演20世纪50年代的《梁山伯与祝英台》和《白蛇传》两部剧,同时也创作出话剧《茶馆》和豫剧《朝阳沟》等一批经典作品。这个时期,政府鼓励演员和剧团在经济上降低对国家的依赖,文化部号召所有国营剧团争取在1958年达到自给自足甚至有盈余。

电影业方面,当时负责制片厂开支、电影院和放映队开支以及全国发行收入、代理中外影片发行佣金收入等事宜的,均为各大行政(或军政)委员会文教部。新中国成立初期,各大城市的电影票价逐渐降低。1954年出台政策,将电影院划分为3个等级,并将电影票调整为6个等级,全国平均0.2元。这个价格从20世纪50年代持续到80年代,一直没有改变。农村地区的电影放映发展迅速,观影人次在1952年达到1.8亿人次,放映机构696个。1957年后电影事业有了突破性发展,电影事业整体发展向上,如图13-1所示。

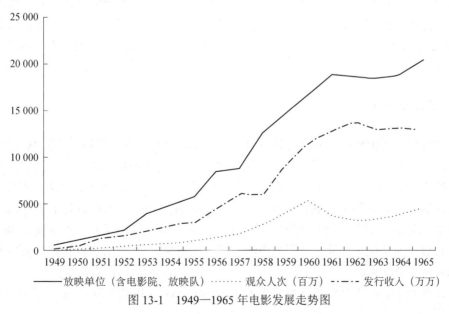

图 13-1　1949—1965 年电影发展走势图

新中国成立后，我国创造性地完成了新民主主义革命向社会主义革命的转变，建立起独立的、较完整的工业体系和国民经济体系。形成了文化单位事业化、文化事业管理高度集中、文化资源统一调配的崭新的社会主义文化体制，"双百"方针逐步成为社会主义文化发展的核心思想。在社会生产力水平相对落后的情况下，文化产业的发展积累了重要经验。

第二节　徘徊中的前进（1966—1978 年）：文化产业的边缘化

这个时期，在特殊的政治环境下，无论是文化供给还是文化消费都处于匮乏状态。文化产业除了工艺品出口贸易，主要以文化事业的形式存在。文艺作品内容趋于单调，创作有着严格的指导和分配。文化消费单一，以样板戏为代表的主流文化成为主要的文化供给。

一、文化及产业政策

这个时期的文艺创作主要依据中央下达的文件、指示来确定文艺作品的内容和艺术原则，不以市场为导向，而以政治任务来进行，内容、形式相对单调。

二、文化经营主体

由于取消了稿酬制度，自由职业已经没有生存空间。各类剧团单位主要从事样板戏的移植和传播，创作和演出的自由在一定程度上被取消。一些手工艺企业，如宜兴紫砂工艺厂，因政治原因制壶工艺质量下滑，直到后期得到日本、香港地区的大宗外销订单后才逐步恢复元气。

三、文化市场和消费

这个时期，剧团和演员演出传统剧目受到限制，全部上演"样板戏"的八九个剧目。"样板戏"产生很多文化衍生品，比如根据"样板戏"制成的彩色电影、电视纪录片、广播剧、唱片、连环画、中小学语文课本，甚至发行剧本、曲谱、挂图、年历、明信片、字帖、画片等，还有各种无偿的特许经营权内容，如各类相关标志和人物形象都出现在簿本、面盆、瓷器、烟标、玩偶、年历片、家具上。尽管缺乏营利动机，但事实上却打造了有史以来最大的文化生产链，其影响力绝不低于米老鼠、唐老鸭，"样板戏"衍生产品的开发和销售十分红火。

此阶段的电影也主要以"样板戏"为主，1966—1976 年共发行了 70 部长片，其中 6

部是重拍片，12 部是"样板戏"和移植"样板戏"的舞台纪录片，外国影片 36 部，《新闻简报》是当时的热门电影。中影公司在此阶段只向阿尔巴尼亚、朝鲜、越南和罗马尼亚等少数国家输出一部分"样板戏"，同时也只准以上 4 国的影片进口，朝鲜电影《卖花姑娘》成为当时的热映影片也是这个原因。图 13-2 为京剧名家赵燕侠等在基层演出"样板戏"《沙家浜》中的"智斗"。

图 13-2　京剧名家赵燕侠等在基层演出"样板戏"《沙家浜》中的"智斗"

1976 年后，由于解禁了一些影片，如《红楼梦》《洪湖赤卫队》等，文化消费出现反弹性激增（见图 13-3）。高需求、无成本、高回报是这一时期的典型特征。越剧电影《红楼梦》解禁后，反响巨大。

此阶段艺术类图书的出版数量明显多于其他类型的图书，小人书（连环画）如《地雷战》《地道战》《白毛女》等，价格为 1 角钱左右。1966 年出版的《大海航行靠舵手》歌曲集，价格为 2 分钱。1967 年出版的单幅月历为 6 分钱一幅，1973 年 12 月上海人民出版社的《1974 年摄影月历》，价格高达 2.5 元。

1971 年国有出版社仅存 46 家。广大人民群众读书的需求无法满足。此后，在毛泽东、周恩来等领导人的过问下，图书出版得到一定程度的恢复。广播事业发展较快，成为人们日常的主要文化娱乐方式。城镇居民观影大多是由单位包场买下所有电影票发给单位职工。农村居民观影则依靠公社的流动放映队，费用由"公家"统一支付。1970 年 6 月，降低了电影票价。新的标准是：大、中城市分为 4 级，即 0.3 元、0.25 元、0.2 元、

0.15 元；小城市（镇）、县城分为两级，即 0.15 元、0.1 元；农村则不售票，以包场为主。文艺演出的票价与电影票价大体相当。

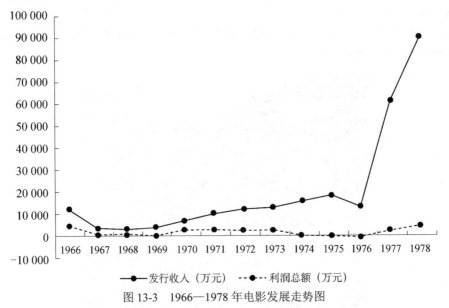

图 13-3　1966—1978 年电影发展走势图

此阶段文化产业发展虽然已到边缘化，但民族工艺品手工业的生产贸易仍在继续，以样板戏及其衍生产品为主流的文化供给数量极高，且产生了规模化、复制化、流水化的文化生产，形成了特殊时期的文化产业发展模式。

第三节　改革开放初期（1978—1992 年）：文化产业在摇摆中复苏

国家对文化的认识开始变化，但仍然在摇摆和争论期，不提倡文化商品化。文化领域的改革开放均滞后于经济领域。文化事业与文化产业不分，文化消费逐步复苏，文化市场重新萌芽。文化产业开始自上而下进行改革试点。东南沿海地区和少数大城市成为文化市场和文化产业化的中心和重要发动机。此阶段的政策仍有明显的"双轨制"特征，计划经济的惯性不断牵绊着文化事业的改革步伐，反复、摇摆成为文化产业制度变迁前期的重要特点。

一、文化及产业政策

改革开放为文化发展带来新的契机，文化建设迈入了新的历史时期。"改革"是发展的核心思想，首先反映在我国经济建设方面，商品经济迅速发展，市场需求爆发式增长，一时间出现了政策供给与市场需求的不平衡。文化产业处于产业发展的萌芽状态，尚未形成独立完整的产业形态。政府对文化产业发展方面的政策处于探索阶段，主导思想仍然是坚持管制为主，允许文化产业在一定范围内发展并给予有力的支持。

此时，电影业市场化运作的要求与发行权统购的模式形成明显矛盾。1979 年，国务院批转文化部、财政部的《关于改革电影发行放映管理体制的请示报告》明确规定，中影公司所留利润"不得用于电影制片厂的基本建设"。制片部门和发行放映部门利润倒挂。一部影片只要文化部电影局通过即可，国家实行售价统购包销，彩色片每部 70 万元，黑白片每部 60 万元。1982 年，中央和地方财政投入约 13 亿元资金用于发展电影业，使电影发行放映事业以空前的速度发展。全国电影放映单位 3 年间共增长了 17.63%。1984 年，中央颁布《中共中央关于经济体制改革的决定》，进一步扩大企业经营自主权，电影业具有了企业性质，开始了事业单位企业化经营的模式，独立核算，自负盈亏，通过银行借贷筹资生产、实现利润。

这一阶段，国家越来越认识到文化的经济属性。1985 年 4 月国家统计局在《关于建立第三产业统计的报告》中首次把文化艺术作为"第三产业"的一个组成部分列入国民生产统计的项目，说明已经承认了文化艺术的产业属性。1988 年 9 月，国务院批转《文化部关于加快和深化艺术表演团体体制改革的意见》，1989 年 1 月财政部出台了《关于事业单位财务管理的若干规定》。改革政策的相继出台，保障了文化单位经营形式的多样化和灵活性，推动了文化市场各行业的逐步开放。1991 年 6 月 10 日，国务院批转的文化部《关于文化事业若干经济政策意见的报告》在肯定"以文补文"活动的同时，正式提出"文化经济政策"的概念。

二、文化经营主体

文化事业单位开始企业化转型。1978 年，党的十一届三中全会推出了文化范式进入以经济建设为中心的新范式，开始了改革开放新时期的探索。改革开放成为我国加快发展建设的主要途径。在计划经济向市场经济过渡的社会背景下，最突出的矛盾在于文化市场对开放的迫切需要和意识形态控制的强度。1978 年，《人民日报》等首都 8 家报社要求试行"事业单位属性、企业化管理"。1979 年，财政部颁发《关于报社试行企业基金的管理办法》，着重明确报社是党的宣传事业单位，但在财务管理上实行企业管理办法。1982 年 2 月，文化部、财政部、国家工商局发布《文化事业单位开展有偿服务和经营活动的暂行办法》。1983 年开始，全国文化事业单位开始试行以经营承包责任制为主要形式的体制改革。一些文化事业单位为了获取收益，缓解经费不足的矛盾，开展了"以文补文"活动。

1978 年之后，全国各地的剧团迅速恢复上演传统剧目，江苏省从 1965 年的 51 个剧团恢复到 1979 年年底的 155 个剧团。文化部于 1983 年发文"严禁私自组织演员进行营业性演出"，政策对剧团及演员加强管理，一定程度上减缓了剧团经营市场化的步伐。1984

年 4 月，中国戏剧家协会组织了首届中国戏剧梅花奖的评选，戏剧演出日渐活跃，剧团数量从 1975 年的 2836 个一度增长到 1980 年的 3533 个，但 80 年代之后，电视机逐步进入家庭，很大程度上冲击了戏剧市场。戏剧演艺业面临巨大的发展危机，剧团数量、演出场次和收入水平均呈下降趋势。

稿酬制度逐步恢复，1980 年 7 月恢复了印数稿酬。1981 年 12 月，国家出版局发布《关于对"文革"前遗留稿费问题的处理意见》，指出虽然关于"文革"前遗留的稿费问题尚无明文规定，"但针对不同情况，原则上都应予以解决"。包括：对"文革"前夕正式出版的著译，出版社未付酬者，应补付；被错划右派或错判刑，现已平反者，其著译在出版社正式出版后，未付酬的，应补付；"文革"前夕，按约稿合同交稿，作者著译稿合乎出版社要求，由于出版社原因不能出版者，出版社应按合同规定视具体情况酌情付给著译者一部分赔偿费。这些政策做法体现了实事求是、拨乱反正的精神。1984 年 12 月，国家又增加了基本稿酬的种类，印数稿酬增加一项支付标准。1990 年 7 月，印数稿酬大幅度提高，也提高了若干种类的基本稿酬。与此同时，一些艺人的天价出场费引起社会公众的关注，并且引发了最早一波"偷税风波"。

三、文化市场和消费

改革开放以后，经济体制改革的重点是将高度集中的计划经济体制转变为社会主义市场经济体制。但文化体制的改革速度与强度均落后于经济体制改革，对市场的敏感度略低。我国不断探索和发展社会主义商品经济，激发了文化生产力，文化市场逐步复苏，出现了一些具有时代意义的文化艺术精品。电影几乎成为中国人最热爱的文化消费品。著名的电影刊物《大众电影》复刊，1981 年单期发行量从起步的 50 万份一路攀升到创纪录的 965 万份。文化部和财政部出台了国发〔1979〕（198）号文件及其实施细则，规定了票房的分账模式。1980 年起，生产故事片的版权归制片厂所有，改单拷贝按 9000 元累积总拷贝量结算。1981 年，上海电影制片厂摄制的戏曲电影《白蛇传》发行 500 多个拷贝，创单片发行的最高纪录，引发了观影热潮，总观众达到 7 亿人次。

1978 年 12 月，国家出版事业管理局在全国报纸经理会议上正式宣布了报社企业化经营的决定。1979 年，我国出现了第一条报纸商业广告、电视广告、外国商业广告。1981 年，著名京剧表演艺术家赵燕侠承包了北京京剧团，这是第一个实行承包制的演艺院团。1984 年，上海开办了第一家营业性舞厅。随着政策调控和媒介技术的发展，中国的传统音乐产业逐渐崛起。1984 年、1985 年，流行歌手张蔷的磁带专辑《东京之夜》《害羞的女孩》，发行量都超过 250 万张，不仅救活了亏损多年的云南音像出版社，也使中国流行音乐产业迅速崛起。

1978—1985 年，中国图书市场总量经历了井喷式超常规增长。巨大的购书需求得到释放，图书出版业的供给能力也得到极大提升。但 1985 年之后，图书总印张数和总印数都有所下滑。1977 年，中国共有 114 家图书出版社，1988 年增加到 506 家，增长 3.43 倍。

1979 年，广州东方宾馆开设了国内第一家音乐茶座，这是我国艺术市场、文化市场逐步开放的一个重要信号。随即，营业性舞厅等经营性文化活动场所在各大城市争相开业，我国开始出现了具有现代意义和形态的文化市场。随着港台音乐文化对内地的渗透和影响，以邓丽君为代表的港台流行音乐成为一种时尚标志。内地音像业逐渐起步，形成最早的一批流行歌手，带动了演艺业和卡带复制业的迅速发展。1988 年，文化部、国家工商局联合发布《关于加强文化市场管理工作的通知》，首次在政府文件中使用"文化市场"这一概念。文化市场的兴起成为改革开放初期的一种独特社会现象，为文化的发展繁荣起到积极推动作用。

"改革开放"后，党和政府开始出于放开搞活的需要，探索文化的多样性，思想文化领域迎来了历史性变革。文化产业的复苏呈现出地域性、反复性特征。文化的经济属性和产业属性作为其社会属性的附庸，逐步被认知，但文化体制深层次的改革尚未开始，文化市场尚未形成规模，文化产品的供给尚且无法满足社会需要，文化产业处于"复苏期"。

第四节　全面建设市场经济时期（1992—2002 年）：文化市场体系逐步建立，文化产业化持续推进

1992 年邓小平同志南方谈话发表，以"三个有利于"为代表的新的"思想大解放"的共识，成为 20 世纪 90 年代后中国社会主义经济发展的重要价值取向，全社会充溢着自由创新的气象。改革开放进入快车道，各领域改革全面推进，文化体制改革开始启动，从文化事业单位的创收到民营文化企业的启动，再到文化市场的乱象和整治，国家开始意识到文化市场不仅要开放，而且要有序规范和管理。文化商品和劳动的价格体系开始形成，人民文化消费逐步增长，形成一些新的文化热点和市场热点，如贺岁影片、流行音乐等。

一、文化及产业政策

国家逐步认识到文化产业发展的重要性，指导政策上从以政府管制为主向尊重市场规律、发挥市场作用为主的方向调整，逐步运用产业政策推动文化产业健康发展。

1992 年，邓小平南方谈话是中国文化产业发展的一个重要节点。党的十四大提出"物质文明和精神文明都搞好，才是有中国特色的社会主义"，首次强调"发展文化经济、完善文化经济政策"。这给文化产业的发展提供了充分的经济环境和政策环境。1992 年 7 月国务院办公厅编著的《重大战略决策——加快发展第三产业》首次使用了"文化产业"的概念。此阶段，我国出台了一系列指导文化体制改革的相关政策。1996 年，党的十四届六中全会在《中共中央关于加强社会主义精神文明建设若干重要问题的决议》中指出：

"要遵循文化发展的内在规律，发挥市场机制的积极作用，理顺国家、单位、个人之间的关系，逐步形成国家保证重点、鼓励社会兴办文化事业的发展格局。"1998年文化部文化产业司成立，这是我国政府部门第一次设立文化产业专门管理机构。2000年十五届五中全会通过《中共中央关于制定国民经济和社会发展第十个五年计划的建议》，第一次在中央正式文件中使用了"文化产业"的概念。此时，文化与产业、文化与经济开始了"合法化"的融合发展，标志着文化经济化和产业化发展的探索，自此文化产业与文化事业并驾齐驱。从中央到地方出台了一系列政策鼓励文化产业发展，文化产业进入发展快车道。

电影的市场化改革主要包括由计划分配转向市场分配、由管理与经营一体化转向管理权与经营权相分离、引进世界通行的分账发行方式等。1993年1月5号颁布的《关于当前深化电影行业机制改革的若干意见》及其《实施细则》，明确指出"电影制片、发行、放映等企业必须适应党的十四大确立的社会主义市场经济体制"，"要看社会、经济两个效益"，同时打破了中影公司长达40年的发行垄断，电影业开始了触及体制核心的改革。

因中国即将加入WTO组织，文化产业可能面临前所未有的机遇与挑战，1999年起，国家大力推动国有文化企业集团化发展，传统文化企业相继合并组成大型集团公司。2000年，广电总局、文化部联合下发《关于进一步深化电影业改革的若干意见》，国家电影局随后又出台了《关于加强宏观调控发行放映好国产影片的实施细则》和《关于建立35毫米影片交易中心和单拷贝销售的实施细则》，重点提出了电影制片发行放映一条龙改革试点，组建电影集团，进行集约化发展。2001年，国家广电总局、文化部发布了《关于改革电影发行放映机制的实施细则》（试行），打破了中国电影市场的行政分割和地域界限，推动了影院之间的联合，促进了资源的流动。2001年，中共中央办公厅、国务院办公厅转发《中共宣传部、国家广电总局、新闻出版总署关于深化新闻出版广播影视业改革的若干意见》，组建70多家文化团体，文化市场进入整合发展和结构调整时期。

二、文化经营主体

经过十多年的改革开放，社会主义市场经济体制不断发展完善，市场在资源配置中的基础性作用得到了认可，人们的物质需求不断得到满足。党的十五届五中全会提出将文化产业列入国家发展战略，区分公益性文化事业与经营性文化产业，深化对文化属性的认识。国有经营性文化单位转企改制为文化市场主体，转变政府职能，实行管办分离、政企分开、政事分开，极大地解放了文化生产力。1997年，非国有文化部门创办的文化经营单位占整个文化经营单位的88.6%。

20世纪90年代初，演艺市场的灵活需求和国营剧团的僵化体制之间存在矛盾，演出成本不断提高，剧团盈利困难，由此促生了民营剧团的复兴，不少国营剧团内部的演员以个体身份参加民营剧团演出。各级政府对演艺市场的控制逐渐放宽。1994—1996年，演艺团体的体制改革成为文化部的重点工作，1997年出台《关于继续深化艺术表演团体体制改革的意见》。出版业市场化改革逐渐步入正轨，1992年10月，全国首个具有独立法人资格的编辑出版学术团体——中国编辑学会成立。同年，文化行业第一家股份制有限公司——上海东方明珠股份有限公司成立，并于 1994 年 2 月在上海证券交易所率先上市，迈出了国有文化企业借助资本市场发展壮大的第一步。其后，无锡中视影视、湖南电广传媒、成都博瑞传播、北京赛迪传媒、北京歌华有线、陕西广电网络等企业先后直接或间接上市，成为国有上市文化企业的"第一梯队"。这一时期对国有文化企业上市尚未形成统一、明确的政策，已上市企业均具有探索性的"个案"色彩。文化企业逐步出现集团化发展趋势。1997 年广州日报报业集团成立，1999 年上海世纪出版集团成立，开始了我国出版企业集团化、规模化发展的阶段。2001 年，证监会在新颁布的《上市公司行业分类指引》中将传媒与文化产业列为上市公司 13 个基本产业门类之一，其下含出版、声像、广播电影电视、艺术、信息传播服务业 5 大类，表明文化上市公司的行业地位已获得资本市场的初步认可。一些民营文化企业开始崭露头角。如华谊兄弟公司从一个广告公司涉足电影业，借鉴港台经验，推出了以《甲方乙方》为代表的贺岁片，在商业上取得成功，也使一度沉寂的电影市场迎来了新的春天。

为体现对知识和人才的尊重、对市场规律的尊重，1999 年 6 月起，国家改革图书稿酬制度，变指令性的付酬标准为指导性和指令性相结合，以指导性为主、指令性为辅，增加了"版税"和"一次性付酬"两种使用作品的付酬方式。历经 40 余年，"版税制"重新成为支付稿酬的主要方式。与此同时，演艺明星的高收入再次因一些名人的税务事件而引发社会讨论。

三、文化市场和消费

改革开放后，市场经济是主要的经济体制变革方向，文化资源配置更具市场化，文化要素市场开始孕育生长。此阶段经济发展进入快车道，市场经济开始体现出规模效益。但文化市场整体规模较小，参与的市场主体较单一，主要集中在新闻出版、广播电视等内容行业。

由于电视机和录像机、光碟机进入家庭并迅速普及，电影和戏剧表演产业在这一时期持续下滑。票房收入从 1990 年的 32.34 亿元下降到 2000 年的 9.3 亿元，观影人次也由 79.37 亿下降到不到 1 亿，农村市场几乎不存在，中小城市及县城影院的票房收入占全国票房的比例不到 10%。这个时期，中国人均看电影人次不足美国的 1/10，年票房收入不足美国的 1/30。1994 年，为克服行业和市场双双疲软的难题，中影公司开始每年从海外引进 10 部分账大片，同年 11 月，首部分账片《亡命天涯》在国内上映，获得 2580 万元的票房收益，拉开了分账大片独步影坛的序幕。1998 年，分账大片《泰坦尼克号》在中国内地市场获得高达 3.59 亿元的票房。1994—2000 年，中影公司共引进海外分账片 46 部，总票房 17.4 亿元人民币。小剧场戏剧开始重新"复兴"，小剧场戏剧在京、沪地区发展迅速，并且出现了 20 世纪 90 年代初期和末期的两个演出热潮，出现了上海人艺的《留守女士》爆满 400 多场的动人景象，一定程度上改善了戏剧的市场处境。

文化市场的交易方式也迅速与国际接轨。1992 年 10 月，中国文物艺术品拍卖的首场交易——"1992 北京国际拍卖会"在北京 21 世纪饭店剧场举行。1994 年，全国共举办 10 多场文物艺术品拍卖会，共实现成交额 1.8 亿元；1994 年 6 月，中国拍卖行业协会成立，直接推动了《拍卖法》的诞生。1996 年国家文物局下发了《关于一九九六年文物拍卖实行直管专营试点的实施意见》《关于加强文物拍卖标的鉴定管理的通知》。1999 年，北京翰海、中国嘉德、北京荣宝、上海朵云轩四大公司成交拍品 8000 件，成交总额为 3.6 亿元。1992 年之后，中国图书产业结束了调整和徘徊，图书出版的品种、数量、定价总金额和质量等指标都出现迅速攀升。1995—2005 年，图书品种由 101 381 种增长到 222 473 种，图书总印张数由 316.78 亿印张增长到 493.29 亿印张，定价总金额由 243.62 亿元增长到 632.27 亿元，分别增长了 119.44%、55.72% 和 159.53%。

中国特色社会主义市场经济体制的建立为文化市场体系的建立奠定了基础，"文化产业"与"文化事业"逐步脱离，"文化产业"开始走上独立发展的道路，并且呈现出多元化、市场化的特征。

第五节　完善市场经济体制时期（2003—2009 年）：文化体制改革全面推进

2003 年以后，随着中国加入 WTO，国家开始有意识地发展文化产业，规范文化市场，人民文化消费占生活消费的比重逐步增长。好莱坞电影等国外文化产品对中国本土文化产业形成冲击。国家进一步放开国内文化投资，社会资本开始向文化产业集聚。在文化产业发展这一战略思路被正式提出后，文化产业如何发展，经济效益与社会效益二者间关系如何处理是发展中面临的最大问题。

一、文化及产业政策

这一时期，国家文化和产业的政策继续鼓励放开搞活，全面深化文化体制改革，释放文化生产力，降低社会资本进入文化产业的门槛，鼓励社会投资文化产业。2002 年党的十六大召开，国家全面推动文化体制改革，促进了文化市场主体有组织、有计划的培育，这是文化产业发展史上的又一转折点。文化主力军逐步涌现，国有文化事业单位开始全面转变为文化市场主体，同时进一步放开和鼓励民营文化企业成长。2003 年 6 月，中央成立文化体制改革试点工作领导小组，同年召开全国文化体制改革试点工作会议，全国文化体制改革试点工作正式启动。2006 年，我国第一部文化发展规划《国家"十一五"时期文化发展规划纲要》出台，提出要发展重点文化产业，优化文化产业布局和结构，转变文化产业增长方式，培育文化市场主体，健全各类文化市场，推动国有文化企业转制。

随着社会主义市场经济的深化，金融资本对文化市场的影响愈加明显，文化产业资本来源也逐步开放和多元。2005年公布的《国务院关于非公有资本进入文化产业的若干决定》，使得非公有资本的进入具备理论依据和法律依据。

文化产业规模不断扩大，经济效益明显提高，国家对文化产业的统计范围和标准做出了更加明确的规定。2004年4月，国家统计局印发了《文化及相关产业分类》，对我国文化产业的范围和分类进行明确界定。2005年出台了《文化及相关产业指标体系框架》。2006年5月，国家统计局首次公布文化产业统计数据，开启了我国文化产业标准化、科学化的研究时代。2004年起，中国（深圳）国际文化产业博览交易会，成为中国文化产业领域的年度盛会（见插页图13-4）。

二、文化经营主体

适应市场经济发展和文化体制改革需要，出版业呈现产业化、数字化发展的特点。出版形态、业态和生态都发生重大变化。江苏省在组建新华报业、凤凰出版、江苏广电、江苏演艺集团之后，又成立了全国首个以文化产业命名的省级文化集团——江苏省文化产业集团。但这一时期的企业集团在经营范围上，大多延续了过去行业分割的格局，而且企业和事业之间的界限也不清晰，客观上存在着只更换"马甲"、不更换观念和机制的问题。而且大多数国有文化企业集团内部都存在着人员身份"双轨制"的问题，既有事业人员又有合同制企业人员，在内部管理和激励机制上存在很多隐患。

此期间政府出台多项产业准入政策，鼓励多种经济成分共同发展。2005年8月《国务院关于非公有资本进入文化产业的若干决定》出台，明确鼓励和支持民营资本进入文艺表演团体、演出场所等文化产业领域，在文艺表演团体和演出场所等文化公司中可持有股份。文化经济政策相对宽松灵活，扩展了非公有制资本进入文化产业领域的边界。一些以互联网为基础的新型民营文化企业如腾讯、百度、盛大等迅速发展，既推动了文化业态的创新，也极大地丰富了人民的文化生活。

为推动文化产业市场主体做大做强，从2008年起开始评选"全国文化企业30强"，首届30强名单在一定程度上体现了当时中国文化企业的最重要的样本。这些企业多数是国有事业单位转企后成立的文化企业集团，以及少数与旅游演出相关的民营文化企业。

三、文化市场和消费

2003年国家广电总局颁布《电影制片、发行、放映经营资格准入暂行规定》（第20号），电影制作、放映环节基本放开，发行环节则大幅开放，鼓励境内国有、非国有资本（不含外资）与现有国有电影制片单位合资、合作或单独成立制片公司。境外资金涌入，"合拍片"成为中国电影的一个市场化需求。2004年末，电影生产的国有企业投资比例已下降到50%以下，境外资本、民营资本联合拍摄的影片达到80%。2003年，电影《英雄》

创造了高达 2.5 亿元的票房收入。

随着文化体制改革的深入推进，文化产业从小到大呈现蓬勃发展态势，整体规模和实力快速提升。2010 年，我国文化产业法人单位实现增加值 11 052 亿元，比 2004 年增长了 221.3%，占国内生产总值的比重由 1.94% 上升到 2010 年的 2.75%。全国共出版图书 32.8 万种，总印张数为 604.7 亿；全国新闻出版、印刷和发行复制业总产出为 12 698 亿元，实现增加值 3503.4 亿元。全年制作广播节目 681 万小时、电视节目 274 万小时，生产电视剧 14 685 集，国产动画产量超过 22.05 万分钟，电影产量 526 部；全国广播电视系统总收入达到 2302 亿元，电影综合效益达到 157.21 亿元；艺术品成交总金额达到 1694 亿元；互联网和移动网游市场规模达到 349 亿元。同时，涌现出一批总资产和总收入超过或接近百亿元的大型文化企业，成为文化产业领域的领军力量；现代文化市场体系初步建立，资产、产权、人才、信息、技术等文化要素市场逐步完善。文化产业日益成为经济发展新的增长点，在繁荣社会主义文化、满足人民精神文化需求、创造就业机会、优化产业结构、加快转变经济发展方式、提高国家文化软实力等方面发挥了重要作用。

总之，随着加入世界贸易组织，国家加大对文化产业的政策支持，文化体制改革开始破题，社会资本逐步向文化产业聚焦，文化产业呈现规模化、国际化的新特点，进入快速发展时期。

第六节　大国崛起期（2009—2017 年）：融合创新的文化产业成为国家战略性产业

2008 年北京奥运会成功举办，2010 年中国经济总量首次超过日本，成为世界第二大经济体。2012 年中国第一艘航母辽宁舰正式入列，标志着中国的综合国力和国际地位迈上了新台阶。党和国家更加重视发展文化产业，文化产业政策成为经济和文化政策体系中的重要组成部分。

一、文化及产业政策

这一时期，党和国家对发展文化产业的思路更加明晰，不仅重视文化产业的意识形态属性，对其产业发展也给予了高度重视，相继出台多项规划和政策措施。在全球金融危机之后，世界各国重视文化产业的发展，我国也更加注重文化产业在经济振兴中的重要作用。2009 年 7 月 22 日，我国第一部文化专项规划《文化产业振兴规划》出台，文化产业上升为国家战略性产业。

2011 年 3 月发布的《中华人民共和国国民经济和社会发展第十二个五年规划纲要》，第一次将文化产业明确为"支柱性产业"，提出"推动文化产业成为国民经济支柱性产业，增强文化产业整体实力和竞争力"。2011年10月，党的十七届六中全会通过了《中共中央关于深化文化体制改革推动社会主义文化大发展大繁荣若干重大问题的决定》，提出加快发展文化产业，推动文化产业成为国民经济支柱性产业，坚持把社会效益放在首位，社会效益和经济效益相统一的发展思路。2012年召开的党的十八大更加重视文化建设和文化产业发展。十八大报告指出，"促进文化和科技融合，发展新型文化业态，提高文化产业规模化、集约化、专业化水平……增强国有公益性文化单位活力，完善经营性文化单位法人治理结构，繁荣文化市场。"2013年党的十八届三中全会通过《中共中央关于全面深化改革若干重大问题的决定》，国家文化政策的第一主题词从文化产业转变为现代文化市场，显示了政府将文化产业市场化发展的决心，重视发挥市场在资源配置中的作用。2014年2月，中央全面深化改革领导小组通过了《深化文化体制改革实施方案》，新一轮文化体制改革进入全面实施阶段。同年3月国务院出台了《关于推进文化创意和设计服务与相关产业融合发展的若干意见》。此阶段的政策已凸显将文化产业作为先导产业，同时与其他产业融合发展的指导思想。8月，文化部、财政部联合发布《关于推动特色文化产业发展的指导意见》，将特色文化产业发展工程纳入中央财政文化产业发展专项资金扶持范围。

2014年10月，习近平总书记在文艺工作座谈会上的讲话强调要"坚持发展以人民为中心"的社会主义文艺。一部好的作品，应该是把社会效益放在首位的作品，同时也应该是社会效益和经济效益相统一的作品。2015年9月14日，中共中央办公厅、国务院办公厅印发《关于推动国有文化企业把社会效益放在首位、实现社会效益和经济效益相统一的指导意见》，对迅速发展的文化企业参与市场竞争、经营性文化事业单位转企改制等问题做出规范引导。此阶段的文化产业政策体系和结构更加完备，涉及的范围和领域日益全面。国家对文化产业的分类更加明确、更具指导意义。从2009年联合国教科文组织《文化统计框架》发布后，2011年我国颁布《国民经济行业分类》（GB/T 4754—2011），文化新业态不断涌现，2012年我国又出台《文化及相关产业分类（2012）》，调整了类别，更加准确地反映了文化产业发展的未来趋势。

二、文化经营主体

这一阶段是中国文化产业规模迅速增长的时期，同时也是文化业态加速迭代更新的时期。文化企业的所有制结构更加多元化、文化企业集团开始跨地区、跨行业经营，市场竞争明显加剧，企业综合实力持续增长。涌现出以腾讯、万达、阿里、百度、方特为代表的大型民营企业，呈现出资本多元化、聚集程度高等特点。

随着政策的扶持、科技的进步和资本的支持，文化产业发生了根本性的变革。在金融部门大力支持下，大量社会资本涌向文化产业，大企业、大项目不断涌现。文化企业相互整合资源，呈现全产业链发展的模式。从2007年开始，我国许多传统的出版传媒公司并购合作，纷纷成立大型集团。截至2017年底，出版业上市公司中净资产过百亿的公司有中南传媒、凤凰传媒、中文传媒和华闻传媒 4 家。技术发展和行业融合催生了出版传媒业的许多新业态，网络游戏、移动音频等行业的发展成为文化产业的新兴力量。2017 年，中国上市游戏公司的数量达 185 家，市场销售收入 2036.1 亿元，相比 2008 年增长了 10 倍。2012—2016 年，文化法人单位数量由 66.3 万家增长至 130.02 万家，增长 96.12%；规模以上文化及相关产业企业数量由 36 469 家增长至 54 728 家，增长 50.07%；营业收入由 56 264 亿元增长至 94 050 亿元，增长 67.16%，市场主体发展迅速。

中国文化"走出去"也取得了积极成效，图书和影视剧出口逐年提高，在国外的商业演出屡创新高。2013 年，杂技剧《猴·西游记》在纽约林肯艺术中心商演 27 场，票房达 1200 万美元。

三、文化市场和消费

2013 年，习近平总书记提出"一带一路"倡议。文化是促进各国人心相通最好的纽带，文化产业的对外贸易和交流取得了跨越式增长。2013 年，我国文化产品进出口总额为 1070.8 亿美元，同比增长 20.65%。2017 年，我国文化产品和服务进出口总额为 1265.1 亿美元，同比增长 11.1%。其中文化产品进出口总额为 971.2 亿美元，占比 77%；文化服务业进出口总额为 293.9 亿美元，占比 23%。文化产品出口的科技含量有所提升。影视作品、图书出版等主要出口对象为东南亚、日本、韩国等地区。这一时期是中国文化消费迅速扩大的时期。中国电影市场持续快速扩张，影院银幕数和影院票房数都迅速增长。2009—2017 年，银幕数从 4723 增长到 50 776，增长近 10 倍；票房收入由 62.06 亿元上涨到 559.11 亿元，增长 8 倍；观影人次由 1.82 亿上涨到 16.2 亿，增长 7.9 倍。

与此同时，文化消费结构也在加速转型，一些传统行业开始式微，一些与互联网相关联的新型文化产业迅速崛起，传统媒体报纸销售和订数则面临新的挑战。4G 网络的商用推动了移动网络的发展和文化产业进一步转型。2013 年 12 月 4 日，工信部向中国移动、中国电信、中国联通发放 TD-LTE 牌照，标志着我国电信产业正式进入 4G 时代。我国的手机用户数量也持续增长，2009 年为 7.5 亿户，2017 年达 14.2 亿户，短短 8 年翻了一番。移动互联网的普及推动了文化消费方式的转变和文化业态的创新，带动了中国文化数码产业不断创造新高。

2016 年，文化部联合财政部在全国确定 45 个文化消费试点城市，从丰富产品供给、创新文化业态和消费模式等多方面，培育、引导、激发居民的文化消费能力，更好地满足人民群众日益增长的美好生活需求。

我国综合国力的提升和经济的健康发展是文化产业繁荣的坚实基础。此阶段文化体制逐步完善，文化产业发展的目标更加明确，文化生产力显著提高，数字文化产业异军突起，中国文化"走出去"硕果累累，文化产业在国际竞争中更加自信。文化产业呈现数字化、现代化的特征。

第七节　新时代（2017年以来）：文化产业的新使命

在党的十九大上，习近平总书记做出中国特色社会主义进入新时代的伟大论断，指出现阶段我国社会的主要矛盾已经转化为人民日益增长的美好生活需要和不平衡不充分的发展之间的矛盾。文化产业在满足人民群众日益增长的精神文化需求方面担负着更重要的作用，成为促进经济转型、社会进步的重要支柱。

一、文化及产业政策

党的十九大的召开为文化产业发展提供了难得的历史机遇和广阔的发展空间。文化产业作为支柱性产业，有力地推动全国经济高质量发展，既体现在整个GDP中所占比例达到一定规模，更重要的是带动其他相关行业在上下游产业链上有所发展。2018年国家机构改革，新组建了文化和旅游部、国家广播电视总局、中央广播电视总台，中宣部统一管理新闻出版工作和电影工作。机构改革大力推动了文化产业管理机制的完善，有助于文化产业的结构性变革。

2017年6月颁布了新的《国民经济行业分类》，2018年4月，国家统计局修订了《文化及相关产业分类（2018）》，适应了文化新业态不断涌现的新特点。针对文化产业概念表述不严谨、统计范围不规范等问题，2018年5月，《国家统计局　中共中央宣传部关于加强和规范文化产业统计工作的通知》发布，要求各地坚持以文化属性定位定向，继续统一使用文化产业概念，不宜简单以文化创意产业、数字文化产业等新概念代替文化产业概念、自行扩大统计口径。众多政策的推行，有助于为推动文化产业发展提供数据支撑和决策参考。

党的十九大指出，"文化自信是一个国家、一个民族发展中更基本、更深沉、更持久的力量"。文化自信体现在文化产业蓬勃的发展态势中，也反映在我国文化对外交流的过程中。2017年，国家印发了《关于实施中华优秀传统文化传承发展工程的意见》，营造了传统文化传承发展的良好政策保障和社会氛围。文化产业各领域创作出大量高品质、高效益的文化产品。央视的《国家宝藏》、国产优秀动画片《大禹治水》等都取得了良好的社会效益。2018年我国文化产品和服务进出口总额为1370.1亿美元，同比增长8.3%。演艺行业统筹国际和国内两个市场，扩大了市场份额和影响力。

文化法制环境进一步改善。2019年6月文化和旅游部发布《文化产业促进法（草案征求意见稿）》，从政策引导到法律规范，法案在人才、科技、金融财税等方面都有所涉及，为文化产业发展提供了全方位的扶持保障。政府对文化产业的管理更加科学有效，给予文化产业宽松的发展空间，合理调动了社会资本和资源，促进文化产业健康发展。2017

年 2 月，《文化部"十三五"时期文化发展改革规划》重点提到政府鼓励和引导社会资本进入文化产业，鼓励社会资本进入文化企业孵化器、文化众创空间、文化资源保护开发等新兴领域。

党和国家的新一轮机构改革既赋予文化产业更重要的社会责任，也为其加速发展铺设了轨道。根据新的机构改革方案，新闻出版、版权、电影等职能划归党委宣传部门，文化和旅游部门合并组建文化和旅游部。文化与旅游的融合发展成为新的课题。与此同时，国家加强对内容的意识形态管理和引导，文化产业面临新的时代任务和发展机遇。

二、文化经营主体

文化产业成为国家战略性、支柱性产业，文化企业进入跨行业融合发展的新阶段，数字文化产业迅速发展壮大。

传统文化产业转型升级步伐加快，数字出版、数字影音、游戏动漫、智慧旅游等文化产业新业态发展迅速，创新了文化企业的商业模式。行业中出现许多具有国际竞争力的独角兽公司和大型文化企业。2019 年《财富》榜上世界 500 强排名中，与文化产业有关的中国企业有 9 家，分别是华为投资控股有限公司、京东、中国恒大集团、中国保利集团、万达集团、阿里巴巴集团、腾讯控股有限公司、苏宁云商集团和小米。与此同时，国有文化企业整体实力进一步增强。

国内数字影音行业呈现快速发展的态势，爱奇艺、哔哩哔哩等一批数字影音企业在 2018 年相继上市。中国网络视频行业的营业收入由 2013 年的 136 亿元增长到 2018 年的 952.3 亿元，5 年来平均增速达到 50% 左右。网络视频用户由 2013 年的 4.28 亿人增长到 2017 年的 5.79 亿人，占整体网民规模的 75%。

数字技术引领文化产业的深度变革，改变着人们的娱乐方式，网络游戏和数字动漫成为当下年轻人最主要的娱乐消费，中国动漫游戏行业也进入了发展高速期。2018 年，动漫产业总产值突破 1500 亿元。

三、文化市场和消费

2018 年是改革开放 40 周年，我国文化产业进入快速发展新时期。据国家统计局数据显示，2018 年我国文化产业实现增加值 38 737 亿元，比 2004 年增长 10.3 倍，近 3 年文化产业增加值年均增长 18.9%，远高于同期 GDP 年增速。文化产业增加值占 GDP 比重由 2004 年的 2.15% 提高到 2018 年的 4.30%，为 GDP 创造的价值逐年递增。截至 2018 年，全国文化产业增加值过千亿的省（区、市）有 13 个，其中，广东、江苏、浙江、山东等省超过 3000 亿元。文化产业增加值占 GDP 的比重超过 5% 的省市有 4 个，分别是北京（9.64%）、上海（6.79%）、浙江（6.19%）和广东（5.37%）。我国已成为世界图书出版、电视剧制播、电影银幕数量第一大国，电影市场规模稳居全球第二（见图 13-5）。

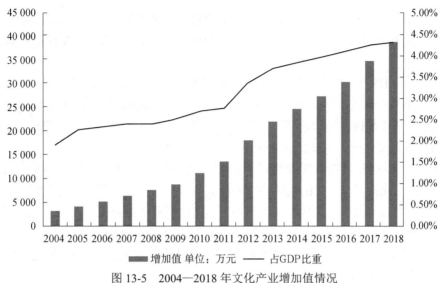

图 13-5　2004—2018 年文化产业增加值情况

　　随着信息化、数字化、科技化的发展趋势，文化产业也越来越重视培育新兴文化业态，着力推进"文化+"等战略，进行跨行业融合、跨地域发展。在传统的新闻出版业基础上，近年来出现了有声书和知识付费产品两大新型出版形态，到 2018 年初达到高峰。

　　文化消费是人们为了满足精神需要，在精神产品和服务方面的支出行为。随着我国经济实力的日益增强和文化产业的快速发展，我国文化投资和消费水平不断提高，且日益多样化。据不完全统计，截至 2018 年底，通过创新文化业态和消费模式，全国 45 个文化消费试点城市累计吸引居民消费约 6 亿人次，实现文化消费约 1500 亿元，参与试点的公共文化机构数量达 8344 家，参与试点的企业、商户数量达 31 544 家，形成了推进供给侧结构优化改革，释放需求端消费潜力、打通渠道端上下游、加强大数据应用等若干促进文化消费的有效模式。2018 年，全国居民用于文化娱乐的人均消费支出为 827 元，占全部消费支出的 4.3%，是拉动内需和调整产业结构的重要因素。

　　经过全党全国各族人民持续奋斗，我们实现了第一个百年奋斗目标，在中华大地上全面建成了小康社会，历史性地解决了绝对贫困问题。我们正在意气风发向着全面建成社会主义现代化强国的第二个百年奋斗目标迈进。文化产业正面临前所未有的历史机遇，在实现经济的高质量发展、满足人民对美好生活的需要中担负更加重大的历史使命。

　　中国文化产业任重道远。

 本章小结

　　▶ 新中国成立初期，我国以"一化三改造"为核心全面推进公有化改造。在此过程中，中国旧文化产业通过社会主义改造被纳入计划经济体制。文化单位规划生产、统销统分，直接导致资源高度集中、统一调配。由于政治、文化体制的变革，文化供给、市场价格体系都被纳入计划与公有体制，这种变革对党和国家的政策宣传和文化建设都有积极推动作用。

▶▶ 1966—1978 年，文化产业边缘化。这个时期，在特殊的政治环境下，无论是文化供给还是文化消费都处于匮乏状态，文化产业除了工艺品出口贸易，主要以文化事业的形式存在。文艺作品内容趋于单调，创作有着严格的指导和分配。文化消费单一，以样板戏为代表的主流文化成为主要的文化供给。

▶▶ 1978—1992 年是改革开放初期，国家对文化的认识开始变化，但仍然在摇摆和争论期，不提倡文化商品化。文化领域的改革开放均滞后于经济领域。文化事业与文化产业不分，文化消费逐步复苏，文化市场重新萌芽。文化产业开始自上而下进行改革试点。东南沿海地区和少数大城市成为文化市场和文化产业化的中心和重要发动机。此阶段的政策仍有明显的"双轨制"特征，计划经济的惯性不断牵绊着文化事业的改革步伐，反复、摇摆成为文化产业制度变迁前期的重要特点。

▶▶ 1992—2002 年文化市场体系逐步建立，文化产业化持续推进。1992 年邓小平同志南方谈话发表，以"三个有利于"为代表的新的"思想大解放"的共识，成为 20 世纪 90 年代后中国社会主义经济发展的重要价值取向，全社会充溢着自由创新的气象。改革开放进入快车道，各领域改革全面推进，文化体制改革开始启动，从文化事业单位的创收到民营文化企业的启动，再到文化市场的乱象和整治，国家开始意识到文化市场不仅要开放，而且要有序规范和管理。文化商品和劳动的价格体系开始形成，人民文化消费逐步增长，形成一些新的文化热点和市场热点，如贺岁影片、流行音乐等。

▶▶ 2003—2009 年，随着中国加入 WTO，国家开始有意识地发展文化产业，规范文化市场，人民文化消费占生活消费的比重逐步增长。好莱坞电影等国外文化产品对中国本土文化产业形成冲击。国家进一步放开国内文化投资，社会资本开始向文化产业集聚。在文化产业发展这一战略思路被正式提出后，文化产业如何发展，经济效益与社会效益二者间关系如何处理是发展中面临的最大问题。

▶▶ 2009—2017 年，党和国家更加重视发展文化产业，文化产业政策成为经济和文化政策体系中的重要组成部分。这一时期，党和国家对发展文化产业的思路更加明晰，不仅重视文化产业的意识形态属性，对其产业发展也给予了高度重视，相继出台多项规划和政策措施。2011 年 3 月发布的《中华人民共和国国民经济和社会发展第十二个五年规划纲要》，第一次将文化产业明确为"支柱性产业"，提出"推动文化产业成为国民经济支柱性产业，增强文化产业整体实力和竞争力"。这一阶段是中国文化产业规模迅速增长的时期，同时也是文化业态加速迭代更新的时期。文化企业的所有制结构更加多元化，文化企业集团开始跨地区、跨行业经营，市场竞争明显加剧，企业综合实力持续增长。涌现出以腾讯、万达、阿里、百度、方特为代表的大型民营企业，呈现出资本多元化、聚集程度高等特点。文化产业的对外贸易和交流取得了跨越式增长。文化消费结构也在加速转型，一些传统行业开始式微，一些与互联网相关联的新型文化产业迅速崛起，传统媒体报纸的销售数和订阅数面临新的挑战。

▶▶ 在党的十九大上，习近平总书记做出中国特色社会主义进入新时代的伟大论断，指出现阶段我国社会的主要矛盾已经转化为人民日益增长的美好生活需要和不平衡、不充分的发展之间的矛盾。文化产业在满足人民群众日益增长的精神文化需求方面担负着更重要的作用，成为促进经济转型、社会进步的重要支柱，文化产业的发展进入新时代。

思考题

1. 简述新中国成立初期公有化改造对文化产业的影响。
2. 改革开放初期文化产业的发展为何会摇摆、反复？
3. 简述文化体制改革的内容。
4. 如何促进文化产业成为我国的支柱型产业？
5. 未来文化产业有哪些新使命？

后 记

对于许多学生甚至学者来说，文化产业是一个新生事物，觉得写文化产业史，就像为一个三岁的孩子立传一样可笑。但是，事实往往超出人们的想象。翻阅本书目录就会知道，文化作为产业，几乎是和人类社会相伴随，与社会进步、市场发展和思想解放一起前行。

我是从书画市场开始研究文化产业史的。我发现早在明清时期，中国的书画市场就很繁荣，并且形成了以书画家、收藏家和商人、牙人为主体的书画产业。由此往前看，书画的产业化还可以追溯到更早的春秋战国。同时，我们发现，在遥远的古代，各类歌舞卖艺、工艺品贩卖，以及画像砖、青铜器，都是非常兴盛的产业。中国文化产业早已蔚为大观。

2006年，叶朗教授和我共同主编《北京大学文化产业前沿教材》时，我首次写了《中国文化产业史》，由湖南文艺出版社出版。这是中国第一部也是迄今为止唯一一部文化产业史著作，但篇幅较大，而且更像一部史学专著。

随着开设文化产业专业的高校越来越多，各校都需要开设文化产业史课程，但原先的《中国文化产业史》已经成为绝版，需要的师生只能到孔夫子旧书网去买，甚至高价购买劣质的翻印书。出版社也多次鼓励我编写一本篇幅略小、反映最新考古和研究成果的文化产业史。最终，我接受了任务。

但是，由于各种可预见和不可预见的因素，中间无数次启动，又半途而废，一直延宕至今。半个月前，德尔塔病毒引发的新一轮新冠疫情突袭南京，宅在家里守护绿色健康码成了文明市民唯一的贡献。于是，我重新鼓足干劲，下决心把这件事情做完。

七月的南京又遭遇了台风"烟花"，秦淮河水暴涨，网友们戏称是"涝疫结合"。看着可望不可及的城市天际线，以及在低垂的雨幕中翻飞的鹰隼，我如同古格王国悬崖洞穴里结夏安居的修行者，内心孤独而又充盈。尤其是面对自己9年前出版的《中国美术经济史》，15年前出版的《中国文化产业史》和25年前出版的《中国艺术经济史》，感到既熟悉又陌生，仿佛和年轻时的自己对话，更准确地说是在为年轻的自己批改作业。

好在电子图书馆的检索比15年前方便了许多，过去难以查找的古籍史料现在都陆续上网，甚至可以直接查阅到雕版古书。我花了较大工夫，将书中的古籍引文重新梳理校对一遍，古人反复转引中出现的错误，都一一核对，并且尽量找到原始的文献。除了校正引文中的舛误，通过知网等学术平台查阅近年来相关的史学成果和考古发现，我对史实的判断也变得更加理性，不敢窥一斑而见全豹，而是放到大历史的逻辑中，探寻伏脉千里的草蛇灰线。

　　中国古代一直有私家修史的传统，二十四史中的"前四史"都是私家著述的杰作。当年在复旦读博士期间，我整天沉浸在文科图书馆，在汗牛充栋的古籍中爬罗剔抉艺术经济和文化产业的史料，用一张张卡片摘抄出来，再分门别类地进行整理。几十年来，我一直保持着这样习惯性的嗅觉，无论是在各地的博物馆，还是在书刊网络，发现与这一专题相关的史料，都会如获至宝。就是在这样经年累月、苦心孤诣中，我对中国文化产业史史料的掌握越来越丰富，也因此更容易看清事情的全部和真相，为揭示文化产业发展的历史规律找到文献和考古依据。这样的过程，总是那么清苦而快乐，是一种不可与人言的幸福。

　　尽管这是我个人的著述，但是仍然吸取了很多人的成果，受到过很多前人的教诲。如钱学森、刘海粟、冯其庸、高居翰（James Cahill）等，都以不同方式关心和指导我的这项研究。史学泰斗章开沅先生欣然为本书题签，无疑是对我莫大的鼓励。感谢编委会和清华大学出版社。感谢王俞霖等研究生的协助。书中仍会存在错误和不当之处，自然应当由我负责，也真诚地希望读者和广大师生不吝赐教。

李向民

2021 年 8 月 3 日于南京观鹰阁

2022 年 2 月 13 日终校于建湖老宅